全本全注全译丛书

中华经典名著

苗怀明◎译注

陶庵梦忆

中华书局

图书在版编目(CIP)数据

陶庵梦忆/苗怀明译注. —北京:中华书局,2020.4
(2025.5 重印)
(中华经典名著全本全注全译丛书)
ISBN 978-7-101-14445-1

Ⅰ.陶… Ⅱ.苗… Ⅲ.①笔记-中国-明代②《陶庵梦忆》-
译文③《陶庵梦忆》-注释 Ⅳ.K248.066

中国版本图书馆 CIP 数据核字(2020)第 037199 号

书　　　名	陶庵梦忆
译 注 者	苗怀明
丛 书 名	中华经典名著全本全注全译丛书
责任编辑	刘胜利
装帧设计	毛　淳
责任印制	管　斌
出版发行	中华书局
	(北京市丰台区太平桥西里 38 号　100073)
	http://www.zhbc.com.cn
	E-mail:zhbc@zhbc.com.cn
印　　　刷	北京盛通印刷股份有限公司
版　　　次	2020 年 4 月第 1 版
	2025 年 5 月第 8 次印刷
规　　　格	开本/880×1230 毫米　1/32
	印张 12⅛　字数 250 千字
印　　　数	59001-65000 册
国际书号	ISBN 978-7-101-14445-1
定　　　价	32.00 元

目录

前言

　　提起《陶庵梦忆》这部书，不少读者脑海中浮现的想必是品茗、赏花、观剧、访古、宴饮这类奢华而不失优雅的场景，这种印象无疑是正确的，有书中的相关内容可证，但仅此对该书的理解还不够全面和深刻。作为明清时期小品文的经典之作，仅有这些显然是不够的，它还无法从众多的同类作品中脱颖而出。

　　既然能成为传世经典，自有其特别之处，欣赏该书既要看其正面，更要看其背面，因为在繁华富丽的背后还隐藏着一段充满血泪的故事，而这也是那些仅将《陶庵梦忆》作为小资读物来欣赏的读者们格外需要留意的，不能错过。

　　首先从该书的作者说起。张岱（1597—1684年后），字宗子，号石公、陶庵、蝶庵，山阴（今浙江绍兴）人。他一生著述颇丰，其中不少已佚失，今可见者有《琅嬛文集》《陶庵梦忆》《西湖梦寻》《石匮书》《石匮书后集》《四书遇》《古今义烈传》《史阙》《快园道古》《夜航船》等。通过这些流传下来的著述可以看出，张岱其人并非散文家或文学家一词所能概括，其著述涉及经、史、子、集各部，所取得的文学及学术成就也是多方面的。

　　如果不是人生轨迹因改朝换代而发生戏剧性的改变，张岱很可能不会去写这本《陶庵梦忆》，自然也不会去写另一本同类性质的《西湖梦寻》，因为他的兴趣主要在史学，他更愿意撰写《石匮书》《石匮书后集》这样的史书。即便写了，也会是格调迥异的另外一种笔墨，这是可以断言的，正如他在《史阙》一书中所说的："张择端《清明上河图》，因南渡后想见汴京旧事，故摹写不遗余力。若在汴京，未必作此。乃知繁华富贵，过去便堪入画，当年正不足观。"虽然谈的是张择端，其实说的也是他本人。

张岱出生在一个显赫、富贵的仕宦之家，从高祖到祖父，都是举业出身，其中曾祖张元汴还是隆庆五年（1571）的状元。父祖几代人的苦心经营为其营造了一个十分优越的生活环境，由此得以受到良好的教育和熏陶。他根本不需要为生计而奔波，别人辛苦一生所追求的富足和安康，他从一出生便已经拥有，而且还要更好。

没有衣食之忧，张岱过着一种清闲、适意的生活，人世间的各种享受他都曾一一亲身体验过，他曾这样描述自己当年的生活状态："少为纨绔子弟，极爱繁华，好精舍，好美婢，好娈童，好鲜衣，好美食，好骏马，好华灯，好烟火，好梨园，好鼓吹，好古董，好花鸟，兼以茶淫橘虐，书蠹诗魔。"（《自为墓志铭》）这是其入清之前日常生活的形象写照。这样的生活真是太闲适、太自在了，以至于科场上的连连失利都未给他带来太大的影响。

但是命运之神并不总是垂青于某一个人，很快，充满血腥的改朝换代所带来的沧桑巨变不仅改变了这个国家，改变了一个时代，同样也彻底改变了张岱的生活。国破家亡，这个原先在书籍上看到的抽象词汇转眼间已成为刻骨铭心的切身感受。谁能想到，一位安享人间富贵的纨绔子弟转眼间已成为让人唯恐避之不及的下层贫民，生活一下陷于十分困窘的地步："所存者，破床碎几，折鼎病琴，与残书数帙，缺砚一方而已。布衣疏食，常至断炊。"（《自为墓志铭》）但就在这种极端困顿的环境中，张岱仍然很可贵地保持着一个读书人的人格和尊严。

明亡之后，张岱曾请缨带兵三千，去诛杀奸臣马士英，但未能如愿。

他也曾参加过一些抗清斗争，但很快就发现大势已去，无力回天。随后埋名隐迹，以遗民自居，不与新朝合作。他没有获得过功名，更不是朝廷命官，却有着比达官贵人更为自觉的民族意识和文人气节，以自身的言行体现了国家兴亡、匹夫有责的可贵精神，与那些曾身居高位、转眼却在新朝委曲求全的贰臣们形成鲜明对比。

富贵、优雅的生活如过眼烟云，一阵腥风血雨的洗劫之后，剩下的只有一段不堪回首的苦难记忆。人生仿佛一场梦，正如作者本人所说的，"繁华靡丽，过眼皆空，五十年来，总成一梦"（《〈陶庵梦忆〉自序》）。品茶、赏花、观剧、宴会、远游，这些先前极为普通的日常生活如今已成为遥不可及的奢望。

但张岱并没有因此而消沉和绝望，因为还有许多重要的事情在等着他去做。他看到和听到了太多可歌可泣的人物和事迹，不管是欢乐还是悲伤，这些都是不能被忘记的。他要以个人之力，留下一段可信的历史，让子孙后代了解那些曾经发生的事情。他笔下的历史可分两种：一种是全景式的刻画，比如《石匮书》《石匮书后集》；另一种则是个人生活的描绘。《陶庵梦忆》显然是属于后者。

《陶庵梦忆》既是一部个人化的日常生活史，同时也是一部晚明时期的时代画卷，更为重要的，它是一部写满沧桑的心灵史。通过作者的所见所闻，晚明时期江南地区的日常生活特别是山水风物、衣食住行、社会习俗的各个方面如在眼前。

由于是苦难过后的追忆和反思，作者不自觉地会进行过滤，只留下那些最为美好、值得留恋的东西，以此来表达故国之思、乡土之情，抒发沧桑之感，寄托兴亡之叹。字里行间，作者不时流露出忏悔之意。不过，更应该忏悔的不是他这样一位没有任何官阶的布衣平民，而是高高在上的皇帝和那些显赫一时的权贵们。从这个角度来看，他不是一个人在忏悔，而是在替一群人进行忏悔，替一个王朝进行忏悔。

这种从富贵到破落的生活经历和痛定思痛的创作心态，很容易让人联想到曹雪芹和他的《红楼梦》。事实上，已有不少人注意到这一点，称这部书为"小红楼"。遗憾的是，有人竟然将这种本该充满诗意的联想变成生拉硬扯的附会，没有任何事实依据的将《红楼梦》的著作权硬派给张岱，可谓大煞风景。

不过，如果从比较的角度将两部书放在一起对观，这会是一个很有意思也值得深究的话题。《红楼梦》一书写尽贾府的荣华富贵，但它绝不是一部奢华生活的教科书，而是一部血泪文字，正所谓"满纸荒唐言，一把辛酸泪"。对《陶庵梦忆》一书也应作如是观，作者追忆似水年华，极力描绘改朝换代前个人生活的闲适和富足，但绝不是为了炫耀，只要看一看作者那篇写得极为沉痛的自序，就可以明白这一点。也正是因为有了这层沧桑和寄托，全书带有浓郁的抒情色彩，字里行间，透出一种难以释怀的痛苦和忧伤。相比那些沉溺于感官享受的晚明小品文，本书无疑要高出一个层次，它开创了小品文艺术的新境界，拓展了这类文体的表现空间，代表着明代散文的最高成就。

全书所写，都是极为生活化的内容和场景，这些精心描绘的种种生活细节在当时看来，也许是司空见惯，但在今天，却有着重要的史料价值和审美意义。如此十分详尽、个人化的琐细内容，各种官方文书档案自然是不屑于记载的。如果要了解晚明时期江南地区民众特别是士人阶层的生活情况和心理状态，该书的价值是无可替代的。由于作者生活优越，游历广，见识多，不经意间的描绘，往往让我们这些后人感到震惊。它所描写的，是一种感性的历史，因而也更为真实。

对不少读者来说，除了增长见闻、开阔眼界，他们更喜欢该书闲适、清新的风格和亲切、随意的文字。《陶庵梦忆》一书十分鲜明地体现了晚明小品文的特点：所谈皆为日常琐事，内容庞杂，如叙家常，但都围绕着个人的感性生活而展开，收放自如；每则字数不多，但篇篇十分精彩。

作者文笔清新、洗练且富有表现力，不管是写人还是叙事，都娓娓道来，生动形象，情趣盎然，可谓琐而不厌，细而不烦，具有很强的可读性。

需要注意的是，该书文字读起来轻松、随意，但细细推敲，实际上还是颇为考究的，遣词造句，皆见功力，毕竟轻松不是松散，随意也不是随便。全书引经据典之处，也有不少颇见作者广博的学识，只是大多用得贴切自然，不易被发现而已。这种既见才华又显学识的文字不是谁都能写得来的。

最后简要介绍一下本书的整理情况。《陶庵梦忆》主要有两个版本系统：一个是一卷本，一个是八卷本。一卷本只有一个版本，即乾隆年间金忠淳刊行的《砚云甲编》本，收录作品四十三篇，非《陶庵梦忆》一书的全部。八卷本则收录作品一百二十三篇，存世版本有多种，其中刊行最早者为乾隆五十九年（1794）王文诰评点本，该本存世较少。流传较广者为清咸丰间《粤雅堂丛书》本，现在市面上所见的整理本大多以该本为底本。

本书以最早的刊本，即乾隆间王文诰评点的八卷本为底本，以《粤雅堂丛书》本为校本，并参考其他刊本及今人的一些整理本，择善而从，因系普及读本，不再出校记。

注释偏重人名、地名、典故及部分疑难词语，并征引作者其他著述中相关的文字，以做对照和补充。我的博士王先勇、马君毅同学协助我做了部分工作。

译文力求准确传达原文的语意，并注意表达的流畅，不拘泥于逐字逐句的对译。这一部分我请了自己的三位硕士研究生参加，由她们根据我的标点、注释来译出初稿，在此基础上我再翻译一遍。具体分工如下：袁春扬同学负责卷一到卷三，高琳同学负责卷四到卷六、宋冰琪同学负责卷七、卷八和补遗。

为便于读者更为深入、全面地了解该书，将收于《琅嬛文集》的作者自序放在卷首。《砚云甲编》本有四篇作品不见于八卷本，本书作为附录收入。附录部分还收有作者的《自为墓志铭》及相关刊本的序跋，作为资料，以供参考。

　　本书是在《陶庵梦忆》评注本的基础上修订整理而成，评注本于2008年出版，这是笔者整理出版的第一部古籍，转眼间十多年过去了。评注本出版之后，自己陆续发现了一些问题，也有读者指出其中的错误，这次修订除将已发现的问题全部改正外，还对内容进行了较大的修改，尽管如此，必定还存在一些错误或不够妥帖的地方，恳请读者诸君批评指正。

苗怀明

2020年3月

自序

【题解】

这篇自序并不见于《陶庵梦忆》各版本,因涉及这本书的撰写意图,有助于读者的理解和欣赏,所以放到了本书的卷首。

细读该文,作者主要谈到三个问题:

第一个问题是生死。国破家亡,如野人一般让人惊骇的作者披发入山,不见容于世,他写过自挽诗,也经常想结束生命。了无生意,何以还要苟活人间?作者说得很清楚,那就是"因《石匮书》未成"。编撰《石匮书》,为大明王朝写一部信史,这是比生死更为重要的事情,是作者苟活下去的动力,它让我们想到了司马迁的《报任安书》。

第二个问题是忏悔。既然苟活的原因是为了撰写《石匮书》,何以还要再写一部《陶庵梦忆》?作者说得也很清楚,那就是为了忏悔。昔日豪奢的生活历历在目,转眼间陷入极端困顿,前后对比如此鲜明,让作者的内心无法平静下来。他想通过追思往事来抒发乃至排解内心的苦痛,反省自己的人生,以此来打发残存的岁月。

第三个问题是梦幻。这是作者反复提及的一个词,也是他对人生的深切感悟。"繁华靡丽,过眼皆空,五十年来,总成一梦。"话似乎说得很轻松,但无比沉痛。他也借梦自嘲,批评自己未能忘怀功名,实际上也反映了其内心的纠结,一方面觉得不应该再写这些文字,但另一方面则觉得不吐不快。

　　通过这三个问题，作者说出了撰写这部书的缘起，那就是在国破家亡之际，痛定思痛，通过追忆往日的豪奢生活，抒写内心的忏悔和苦痛，表达人生如梦的感叹。这是一部发愤而作的血泪文字，明白这一点，也就知道作者为何将书名定为"梦忆"了。

　　陶庵国破家亡，无所归止①，披发入山，骇骇为野人②。故旧见之，如毒药猛兽，愕窒不敢与接③。作自挽诗④，每欲引决⑤，因《石匮书》未成⑥，尚视息人世⑦。然瓶粟屡罄⑧，不能举火⑨，始知首阳二老直头饿死，不食周粟⑩，还是后人妆点语也⑪。

【注释】

①归止：归宿。

②骇骇（hài）：令人吃惊、惊骇的样子。骇，同"骇"。

③愕窒：惊愕得不敢喘气。接：靠近，接触。

④自挽诗：作者撰有《和挽歌辞》三首。

⑤引决：自杀，自尽。

⑥《石匮书》：作者当时正在撰写的一部明代史书。

⑦视息人世：生活于人世间。视，用眼观看。息，用口鼻呼吸。

⑧罄（qìng）：空。

⑨举火：生火做饭。

⑩首阳二老直头饿死，不食周粟：商朝遗民伯夷、叔齐，周灭商后，二人隐居首阳山，不食周粟，后饿死。事见《史记·伯夷列传》。作者似乎是说首阳二老并非不食周粟，而是因没有找到吃的被饿死，意在说明自己此时生活的困顿。直头，径直。

⑪妆点：修饰文字，渲染敷衍。

【译文】

陶庵国破家亡，无所归依，只得披头散发来到山里，样子可怕得像野人一样。故交旧友见到我，就像见到毒药猛兽，很惊恐地看着，不敢和我接近。我已写了自挽诗，每每想自我了断，但因《石匮书》还未完成，还苟活于人间。米瓮中屡屡空着，没法生火做饭，这才明白首阳山伯夷、叔齐二老径直饿死，不吃周粟，还是后人夸张粉饰的话罢了。

饥饿之余，好弄笔墨，因思昔人生长王、谢①，颇事豪华，今日罹此果报②。以笠报颅，以蒉报踵③，仇簪履也④；以衲报裘，以苎报绨⑤，仇轻暖也；以藿报肉⑥，以粝报粻⑦，仇甘旨也⑧；以荐报床⑨，以石报枕，仇温柔也；以绳报枢⑩，以瓮报牖⑪，仇爽垲也⑫；以烟报目，以粪报鼻，仇香艳也；以途报足，以囊报肩，仇舆从也。种种罪案，从种种果报中见之。

【注释】

① 王、谢：东晋时王导、谢安两大家族，其生活较为奢华。后泛指豪门世家。

② 罹（lí）：遭受，遭遇。

③ 蒉（kuì）：草鞋。踵（zhǒng）：指脚。

④ 仇：相应，匹配。簪履（lǚ）：簪笄和鞋子。指作者以往华美的穿戴。

⑤ 苎（zhù）：粗麻布。绨（chī）：细葛布。

⑥ 藿（huò）：豆叶。这里泛指野菜。

⑦ 粝：粗米。粻（zhāng）：细米。

⑧ 甘旨：美味佳肴。

⑨ 荐：草席，垫子。

⑩ 枢：门上的转轴。

⑪牖（yǒu）：窗户。

⑫爽垲（kǎi）：明亮、干燥的房子。作者在《夜航船》一书中亦有记载："爽垲：齐景公欲更晏子之宅，谓晏子曰：'子之宅近市，不可以居，请更诸爽垲。'晏子如晋，公更宅焉。反，则成矣。既拜，乃复旧宅。"

【译文】

饥饿之余，喜欢舞文弄墨，由此想到以往生在像王、谢这样的人家，生活豪奢，今日遭到这样的报应：以斗笠作为头的报应，以草鞋作为脚的报应，与以前的冠履相对；以衲衣作为皮裘的报应，以麻布作为细布的报应，与以前的轻软暖和相对；以野菜作为食肉的报应，以粗粮作为精米的报应，与以前的美味佳肴相对；以草席作为床褥的报应，以石块作为枕头的报应，与以前的温暖柔和相对；以绳子作为门枢的报应，以破瓮作为窗牖的报应，与以前的明净干爽相对；以烟熏作为眼睛的报应，以粪臭作为鼻子的报应，与以前的香艳相对；以跋涉作为脚的报应，以负囊作为肩的报应，与以前的车马随从相对。种种罪案，都可以从种种果报中看出来。

　　鸡鸣枕上，夜气方回①，因想余生平，繁华靡丽，过眼皆空，五十年来，总成一梦。今当黍熟黄粱②，车旋蚁穴③，当作如何消受？遥思往事，忆即书之，持向佛前，一一忏悔。不次岁月④，异年谱也；不分门类，别《志林》也⑤。偶拈一则，如游旧径，如见故人，城郭人民⑥，翻用自喜，真所谓痴人前不得说梦矣⑦。

【注释】

①夜气：平旦清明之气。

②黍熟黄粱：此处用卢生黄粱一梦的典故，出自唐沈既济《枕中记》。

③车旋蚁穴：此处用淳于棼梦游槐安国，醒后发现为蚁穴的典故，出自唐李公佐《南柯太守传》。

④次：排列。

⑤《志林》：《东坡志林》，北宋苏轼所写的一部笔记体著作。这里泛指一般的笔记之作。

⑥城郭人民：典出晋陶潜《搜神后记》卷一："丁令威，本辽东人，学道于灵虚山。后化鹤归辽，集城门华表柱。时有少年，举弓欲射之。鹤乃飞，徘徊空中而言曰：'有鸟有鸟丁令威，去家千年今始归，城郭如故人民非，何不学仙冢累累。'遂高上冲天而去。"

⑦痴人前不得说梦：典出《冷斋夜话》卷九："僧伽龙朔中游江淮间，其迹甚异。有问之曰：'汝何姓？'答曰：'何姓。'又问：'何国人？'答曰：'何国人。'唐李邕作碑，不晓其言，乃书传曰：'大师姓何，何国人。'此正所谓对痴人说梦耳。"另见《五灯会元》卷二十："佛说三乘十二分，顿渐偏圆，痴人面前，不得说梦。"这里指自己不被外人理解。

【译文】

在枕上听到鸡叫声，清明之气刚刚恢复，因而回想自己的一生，所历繁华靡丽，转眼之间化为乌有，五十年来，不过是一场梦幻。现在黄粱已熟，车从蚁穴归来，该如何来打发这样的时光呢？追思往事，想到就写下来，拿到佛像前，一件一件忏悔。所写不按年月为序，以与年谱相区别；也不分门别类，以与《东坡志林》相区别。偶尔翻出一则看看，好像游览以往所经之处，好像遇到故交旧友，城郭依然，人民已非，自己反而因此而高兴，真可以说是在痴人面前不能说梦啊。

昔有西陵脚夫为人担酒①，失足破其瓮，念无所偿，痴坐伫想曰②："得是梦便好！"一寒士乡试中式③，方赴鹿鸣宴④，恍然犹意非真，自啮其臂曰⑤："莫是梦否？"一梦耳，惟恐其非梦，又惟恐其是梦，其为痴人则一也。余今大梦将寤⑥，犹事雕虫⑦，又是一番梦呓⑧。因叹慧业文人⑨，名心难化⑩，正如邯郸梦断，漏尽钟鸣，卢生遗表，犹思摹拓二王⑪，以流传后世。则其名根一点⑫，坚固如佛家舍利⑬，劫火猛烈⑭，犹烧之不失也。

【注释】

①西陵：西兴，钱塘江渡口，在今浙江杭州滨江区。作者在其《夜航船》中亦有介绍："西陵：在萧山。一名固陵。范蠡治兵于此，言可固守，因名。"

②伫想：长久地凝思。

③中式：乡试得以考中举人。

④鹿鸣宴：唐代乡试后，州县长官为考中举子举行宴会，因宴会时多唱《诗经·小雅·鹿鸣》，故名。后泛指为庆贺举子考中而举行的宴会。作者在《夜航船》中亦有介绍："鹿鸣宴：《诗·鹿鸣》篇，燕群臣嘉宾之诗也。贡院内编定席舍，试已，长吏以乡饮酒礼，设宾主，陈俎豆，歌《鹿鸣》之诗。"

⑤啮（niè）：咬。

⑥寤（wù）：睡醒。

⑦雕虫：汉扬雄《法言·吾子》曾云赋为雕虫小技，壮夫不为，后人以"雕虫小技"代指写文章。

⑧梦呓：梦话。

⑨慧业：佛教语。指智慧的业缘。

⑩名心：指求功名之心。

⑪"邯郸"四句：典出明汤显祖《邯郸记》。叙卢生黄粱美梦事。漏，漏壶，古代计时器。铜制有孔，带有刻度，积水或积沙以计时。遗表，

旧时大臣临终前所写的章表,一般在死后上奏。二王,指西晋著名
书法家王羲之、王献之父子。

⑫ 名根:指好名的本性。

⑬ 舍利:指舍利子。释迦牟尼遗体火焚时形成的珠状物。后亦指高
僧火化后剩下的骨烬。

⑭ 劫火:佛教语。劫难中的火灾。佛教认为在坏劫之末,将发生水、
火、风三大灾。火灾发生时,世界将烧为灰烬。亦借指兵祸、兵燹。

【译文】

从前西陵有个脚夫帮人挑酒,不小心摔倒把酒坛打破了,想想没钱
赔偿,就久久地呆坐着想道:"这如果是个梦就好了。"有个穷书生乡试得
中举人,正要去赴鹿鸣宴,恍惚觉得不是真的,就咬着自己的手臂说:"莫
不是在做梦吧?"同样一个梦,一个唯恐不是梦,一个又唯恐是梦,但他
们都是痴人则是一样的。我如今大梦将要醒了,还在弄这些雕虫小技,
又是在说一番梦话。于是感叹那些有慧业的文人,功名之心难改,正像
邯郸之梦已尽、天要放亮之时,卢生撰写遗表,还在想着追摹二王书法,
流传后世。这点名根,就像佛家的舍利那样坚固,即便用猛烈的劫火来
烧,仍然是烧不掉。

卷一

【题解】

《陶庵梦忆》一书各卷篇目的安排看似杂乱无序，实则有着内在的匠心。本卷卷首两篇，一为《钟山》，一为《报恩塔》，从大明王朝皇帝的陵寝和报恩塔讲起，写得如此郑重其事，结合朝代更替的创作背景来看，作者显然是有深意的。特别是《钟山》的最后一段，将亡国之痛、故国之思表达得十分明显。这一段文字系根据一卷本增补的，通行的八卷本皆删去，可见后来的刊行者对此也是心知肚明，为了避免文字狱，只得割爱。一卷本还有四篇作品不见于八卷本，删去的原因也是因为写得太露骨，担心会引来麻烦。了解这一点，也就可以明白作者创作该书的意图。

作者写报恩塔，目的不在对该名胜各方面的详细描绘，其用意文中说得很明白，"非成祖开国之精神、开国之物力、开国之功令，其胆智才略足以吞吐此塔者，不能成焉"，这才是他真正想说的话。国破家亡之际，"报恩"二字是相当醒目的。

以下各篇所写皆为作者昔日所见所闻，或为奇花异宝，或为亭台名胜，或为民俗绝艺，无不体现着一个时代的繁华，但是转眼之间国破家亡，物是人非，此时的回忆正所谓追忆逝水年华。眼前的凄凉落寞，更衬托出当年的兴盛与欢乐，细腻生动的描绘中可见对往昔岁月的留恋。

就各篇所写内容而言，除了思想艺术方面的成就，还有很高的认识价值,作者所写,无论是物还是人,都达到了极致,明代文化之辉煌之灿烂,令人惊叹,尽管作品有刻意美化的成分在。

以下对卷一其他各文进行简要评述:

《天台牡丹》:所写确实是稀见的牡丹品种,难怪大家看得如此神圣,还搭台演戏,挺当一回事。这样也好,无人敢犯,"花得蔽芾而寿"。

《金乳生草花》:金乳生所建园亭为亦园,据明祁彪佳《越中园亭记》记载:"在龙门桥,主人金乳生。植草花数百本,多殊方异种,虽老圃不能辨识。四时烂熳如绣,所居仅斗室,看花人已屡满户外矣。"可与本文对读。

《日月湖》:作者在《越山五佚记》一文中也谈到平泉木石一事:"昔李文饶《平泉草木记》:以吾平泉一草一木与人者,非吾子孙也。文饶去不多时,而张全义与其孙延古争醒酒石,而致杀其身。平泉胜地,亦遂鞠为茂草,文饶所嘱之言,问之谁氏?故古人住宅多舍为佛刹,如许玄度之能仁,王右军之戒珠,至今犹在。苏子瞻以吴道子四菩萨画板舍僧惟简曰:'若得此,何以守之?'答曰:'吾盟于佛,而以鬼守之。'人苟爱惜平泉,亦当赠以此法。"读此可知作者感慨之所在。

《金山夜戏》:夜深人静,突然锣鼓喧天,唱起夜戏,可以想象僧人们惊愕、好奇的表情。听了一场没头没脑的戏,如堕雾中,确实弄不清到底是人、是怪还是鬼。在作者,实际上看了两场戏,演出的是戏,在外围观的僧人们不自觉地也配合着演了一场戏。作者举止,颇有魏晋风度。

《筠芝亭》:繁华的好处,人人理解,简约的妙处,未必个个明白。只要营构得当,恰到好处,一亭足矣。

《砎园》:得水之力、之神、之趣,且安顿巧妙。此景只应天上有,人间难得几回观,难怪两位老先生有置身蓬莱之感。

《葑门荷宕》:农历六月二十四,相传是荷花的生日,按苏州当地的民俗,这一天全城男女老少都要到荷花宕赏荷。该文描绘了当年的盛况。

《越俗扫墓》:"填城溢国"的扫墓盛况转眼间变成"收拾略尽"的"萧索凄凉","物极必反"一语后有多少难以言说的感慨和忧伤。

《奔云石》:《西湖梦寻》卷四"小蓬莱"一则写作时间当在本文之后,其结尾一段写得颇为凄凉,兹引于下:"今当丁酉,再至其地,墙围俱倒,竟成瓦砾之场。余欲筑室于此,以为东坡先生专祠,往鬻其地,而主人不肯。但林木俱无,苔藓尽剥。奔云一石,亦残缺失次,十去其五。数年之后,必鞠为茂草,荡为冷烟矣。菊水桃源,付之一想。"

《木犹龙》:作者另写有《木寓龙》一诗,诗序中说:"先君子有木寓龙,生于辽海,形如蹴浪,命岱赋之,因用东坡《木假山》诗龙。"可与本文参看。

《天砚》:作者的这位堂弟果然是位行家里手,懂得璞石的价值所在,只是得来的手段不够光明正大。

《吴中绝技》:其他版本的最后一句皆作"技也而进乎道矣",与"技也而进乎技矣"相比,显得平实且缺乏韵味。

《濮仲谦雕刻》:清宋琬在其《竹罂草堂歌》一诗中这样描写濮仲谦的技艺:"白门濮生亦其亚,大朴不斫开新斫。虬须削尽见龙蜕,轮囷蟠屈鸱夷形。匠心奇创古无有,区区荷锸羞刘伶。妙制流传真者少,何侯得之为异宝。"可为本文之补充。

钟山①

钟山上有云气,浮浮冉冉,红紫间之②,人言王气,龙蜕藏焉③。高皇帝与刘诚意、徐中山、汤东瓯定寝穴④,各志其处,藏袖中。三人合,穴遂定。门左有孙权墓,请徙。太祖曰:"孙权亦是好汉子,留他守门。"及开藏,下为梁志公和尚塔⑤,真身不坏,指爪绕身数匝。军士辇之不起⑥。太祖亲礼之,许以金棺银椁⑦,庄田三百六十,奉香火,舁灵谷寺⑧,塔之。今寺僧数千人,日食一庄田焉。陵寝定,闭外羡⑨,人不及知。所见者，门三、飨殿一、寝殿一⑩，后山苍莽而已。

【注释】

①钟山：又称"紫金山"，在今江苏南京东。

②间：夹杂，掺杂。

③龙蜕：传说龙蜕去的皮。

④高皇帝：朱元璋（1328—1398），明朝开国皇帝，谥高皇帝。刘诚意：刘基（1311—1375），字伯温。曾被封诚意伯。徐中山：徐达（1332—1385），字天德。曾被封魏国公，死后追封中山王。汤东瓯：汤和（1326—1395），字鼎臣。死后被封东瓯王。

⑤志公和尚：南朝僧人宝志（436—513）。俗姓朱，句容东阳（今属江苏南京栖霞区）人。志公去世后，梁永定公主为其建造一座五层石塔。明初朱元璋为营造孝陵，将塔迁至灵谷寺内。

⑥莑（jú）：古代一种运土的器具。这里用作抬、拉的意思。

⑦椁（guǒ）：套在棺材外面的大棺材。

⑧舁（yú）：抬。灵谷寺：在今江苏南京紫金山。初建于梁武帝时，原名开善寺，明初改名灵谷寺。

⑨羡：墓道。

⑩飨（xiǎng）殿：指陵墓的祭殿。位于陵寝中轴线"寝宫"前，为祭享之处。寝殿：陵墓的正殿。

【译文】

钟山上有云气，缓缓升腾，红紫相间，有人说这是王气，龙蜕下的皮藏在那里。高皇帝朱元璋与诚意伯刘基、中山王徐达、东瓯王汤和勘定陵墓，各自记下自己看中的地方，藏在袖子里。三人选定的相合，陵墓的位置就这样确定了。墓门的左边有孙权墓，臣下请求迁走。太祖说："孙权也是一个好汉，留他守门吧。"等到开掘墓穴的时候，发现下面是南梁志公和尚的塔穴，和尚的真身不坏，指甲很长，绕着身子有好几圈。士兵们抬不起来。太祖亲自行礼，许诺使用金棺银椁，并拨给三百六十亩庄田，供奉香火，这才抬到灵谷寺，建塔安葬。现在寺庙里有几千僧人，每天能吃掉一庄田的粮食。陵寝完工后，关闭外面的墓道，人们不知道里面的情况。大家所能看到的，只有三扇门、一座飨殿、一座寝殿，还有葱郁的后山而已。

　　壬午七月①，朱兆宣簿太常②，中元祭期③，岱观之。飨殿深穆，暖阁去殿三尺④，黄龙幔幔之。列二交椅，褥以黄锦，孔雀翎织正面龙，甚华重。席地以毡，走其上，必去舄轻趾⑤。稍咳，内侍辄叱曰："莫惊驾。"

【注释】

①壬午：即崇祯十五年（1642）。

②朱兆宣（1613—1672）：字弦庵，朱燮元第四子。簿：旧时仪仗侍从。这里用为动词，意为负责仪仗侍从。太常：即太常寺，官名。负责礼乐郊庙社稷等事宜。

③中元：中元节，又称"盂兰盆节""鬼节"。为每年阴历七月十五日，旧时道观做斋醮，僧寺做盂兰盆会，民俗也有祭祀亡故亲友等活动。

④暖阁：从大殿中隔出的小房间。

⑤舄（xì）：鞋子。

【译文】

　　壬午年七月，朱兆宣在太常寺负责司仪，中元节祭祀期间，我去陵墓观看。飨殿深邃肃穆，暖阁离此殿有三尺，用绣有黄龙的幔子来遮饰。里面放有两把交椅，黄锦做褥子，正面龙的图案用孔雀翎织成，很是华贵庄重。地上铺着毡子，走在上面，必须脱去鞋子轻轻走路。稍微咳嗽一下，内侍就会呵斥道："不要惊扰了圣驾。"

近阁下一座，稍前为硕妃①，是成祖生母②。成祖生，孝慈皇后妊为己子③，事甚秘。再下，东西列四十六席，或坐或否。祭品极简陋，朱红木簋、木壶、木酒樽④，甚粗朴。簋中肉止三片，粉一铗⑤，黍数粒，东瓜汤一瓯而已。暖阁上一几，陈铜炉一、小箸瓶二、杯桊二⑥。下一大几，陈太牢一、少牢一而已⑦。他祭或不同，岱所见如是。

【注释】

①硕（gōng）：姓氏。

②成祖：明成祖朱棣（1360—1424），明朝第三位皇帝。

③孝慈皇后：朱元璋妻子马氏，安徽宿州人。郭子兴养女。谥孝慈。

④簋（guǐ）：盛食品的器具。

⑤铗（jiá）：铁钳。

⑥箸（zhù）：筷子。桊（quān）：木头做的饮器。

⑦太牢：古代祭祀，牛、羊、猪三种祭品皆备或用牛为祭品，称"太牢"。少牢：古代祭祀，只用羊、猪或只用羊为祭品，称"少牢"。

【译文】

靠近暖阁下设有一个座位，稍靠前的是硕妃，她是成祖的生母。成祖生下来后，孝慈皇后将他当成自己的儿子养育，这事很隐秘。再往下，东西两排设了四十六个席位，或坐或站。祭品都很简陋，有朱红木簋、木壶、木酒樽，很是粗糙简朴。簋中只有三片肉、一铗粉、几粒黍、一小盆东瓜汤而已。暖阁上有一个几案，陈设着一个铜炉、两个小筷瓶、两个杯子。下面一个大几案，摆放的也不过一副太牢、一副少牢而已。其他时节的祭祀或许与此不同，我见到的就是这样。

先祭一日，太常官属开牺牲所中门①，导以鼓乐旗帜，牛羊自出，龙袱盖之②。至宰割所，以四索缚牛蹄。太常官属至，牛正面立，太常官属朝牲揖，揖未起，而牛头已入焊所③。焊已，舁至飨殿。次日五鼓，魏国至④，主祀，太常官属不随班，侍立飨殿上。祀毕，牛羊已臭腐不堪闻矣。平常日进二膳，亦魏国倍祀⑤，日必至之。

【注释】

①牺牲所：机构名。明代始置，掌豢养牲畜，以供祭祀之需。牺牲，祭祀所用牲的通称。

②龙袱：绣有龙图案的布单。

③焊（xún）：用水煮。

④魏国：魏国公。明初徐达因功封魏国公，这里指的当是徐达后裔徐弘基，崇祯时袭封魏国公。

⑤倍：同"陪"。

【译文】

祭祀前一天，太常寺的官员交代打开牺牲所的中门，用鼓、乐、旗帜引导，牛羊自动从里面出来，背上盖有绣龙的袱巾。到了宰割的场所，用四条绳索绑住牛蹄。太常寺的官员到了之后，和牛面对面站着，他们朝牲口作揖，作揖还没起来，牛头已经到了满是沸水的锅里。用水煮过后，抬到飨殿。第二天五鼓时分，魏国公过来，主持祭祀，太常寺的官员并不跟随，而是侍立在飨殿上。祭祀结束，牛羊已经腐烂发臭得不能闻了。平常的日子每天只进奉两顿饭，也是魏国公陪同祭祀，每天必到。

　　戊寅①，岱寓鹫峰寺②。有言孝陵上黑气一股，冲入牛斗③，百有余日矣。岱夜起视，见之。自是流贼猖獗，处处告警。壬午，朱成国与王应华奉敕修陵④，木枯三百年者尽出为薪，发根，隧其下数丈，识者为伤地脉、泄王气，今果有甲申之变⑤，则寸斩应华亦不足赎也⑥。孝陵玉石二百八十二年，今岁清明，乃遂不得一盂麦饭，思之猿咽⑦。

【注释】

① 戊寅：即崇祯十一年（1638）。此段文字王文诰评点本、《粤雅堂丛书》本皆无，据《砚云甲编》本补。

② 鹫（jiù）峰寺：在今江苏南京白鹭洲公园内。明天顺五年（1461），为纪念唐代名僧鹫峰而建。

③ 牛斗：牛宿、斗宿。牛宿，二十八宿之一。玄武七宿第二宿。有星六颗。斗宿，二十八宿之一。共六星。

④ 朱成国：朱纯臣（？—1644），曾被封成国公。王应华：字崇闻，号园长，广东东莞人。崇祯元年（1628）进士，曾任礼部侍郎。明亡后参加抗清，失败后隐居。善画兰竹木石。敕：帝王的诏书、命令。

⑤ 甲申：崇祯十七年（1644）。这一年，李自成带领起义军攻进北京，崇祯皇帝自缢而死，明朝灭亡，故称"甲申之变"。

⑥ 赎：用行动抵销、弥补罪过。

⑦ 猿咽：像猿猴一样悲伤哀啼。

【译文】

戊寅年，我寓居鹫峰寺。有人说孝陵上有一股黑气，冲入牛宿、斗宿，已经有一百多天了。我夜里起来观看，果然看到了。从此流贼猖獗，到处告急。壬午年，成国公朱纯臣与王应华奉诏修陵，将干枯三百年的树木全部挖出来当柴烧，挖树根时，挖到下面好几丈深，有见识的人认为这是伤了地脉、泄了王气，现在果然有甲申年之变，就是将王应华碎尸也不足以挽回。孝陵享祭二百八十二年，今年又到清明，竟然都得不到一盂麦饭来祭祀，想到这里不禁哽咽哭泣。

报恩塔①

中国之大古董，永乐之大窑器②，则报恩塔是也。报恩塔成于永乐初年，非成祖开国之精神、开国之物力、开国之功令③，其胆智才略足以吞吐此塔者，不能成焉。塔上下金刚佛像千百亿金身④。一金身，琉璃砖十数块凑成之⑤，其衣折不爽分⑥，其面目不爽毫，其须眉不爽忽⑦，斗笋合缝⑧，信属鬼工。

【注释】

①报恩塔：在今江苏南京中华门外雨花路东侧，系明成祖为纪念自己的生母而建。咸丰年间毁于太平天国战火。

②永乐：明成祖朱棣年号（1403—1424）。

③功令：法律，法令。

④金身：装金的佛像。这里指用琉璃砖建成的佛像。

⑤琉璃砖：一种人造水晶砖。

⑥爽：差。

⑦忽：计量单位。一毫十丝，一丝十忽。

⑧斗笋：建筑物上连接和拼合的榫头。

【译文】

中国的大古董，永乐年间的大窑器，说的就是报恩塔。报恩塔于永乐初年建成，如果没有成祖开国时期的那种精神、物力和法令，没有他那足以吞吐这座塔的胆略才智，是难以建成的。塔身上下有千百亿座用琉璃砖烧制的金刚佛像。每一座金身佛像，都是用十几块琉璃砖拼成的，衣服的皱褶、面庞眼睛，还有胡须眉毛，都分毫不差，榫头合缝，实在是鬼斧神工。

闻烧成时，具三塔相①，成其一，埋其二，编号识之②。今塔上损砖一块③，以字号报工部④，发一砖补之，如生成焉。夜必灯，岁费油若干斛⑤。天日高霁⑥，霏霏霭霭，摇摇曳曳，有光怪出其上，如香烟缭绕，半日方散。永乐时，海外夷蛮重译至者百有余国⑦，见报恩塔，必顶礼赞叹而去⑧，谓四大部洲所无也⑨。

【注释】

①相：事物的外观。这里指塔砖。

②识（zhì）：标记。

③损：少。

④工部：明代中央政府六部之一。主要负责工程建设。

⑤斛（hú）：古代容器单位。原为十斗一斛，南宋末年改为五斗一斛。

⑥霁（jì）：天晴。

⑦夷蛮：古代对其他少数民族的称呼。重译：辗转翻译，意谓路途遥远，言语不通。

⑧顶礼：佛教最高的礼节。

⑨四大部洲：古印度神话传说宇宙有四大洲，东方胜神洲，南方赡部洲，西方牛货洲，北方俱卢洲，这是人类所居住的世界。

【译文】

听说当年烧制的时候，准备了够三座塔用的琉璃砖，建成了一座，将剩下的另外两座备用的掩埋了，用编号标记。现在塔上如果损坏一块砖，凭它上面的字号报送到工部，就发下一块砖来补上，整座塔好像刚开始建成的样子。每到夜晚必定点灯，每年费油若干斛。白天放晴时，云雾萦绕，摇摇曳曳，有奇怪的光在塔上出现，好像香烟缭绕，半天才散去。永乐时，那些路途遥远、言语不通的海外部族有一百多个国家，来到这里,见到报恩塔,一定顶礼膜拜,赞叹而去,说这是四大部洲人间世界都没有的奇观。

天台牡丹①

天台多牡丹,大如拱把②,其常也。某村中有鹅黄牡丹,一株三干,其大如小斗,植五圣祠前③。枝叶离披④,错出檐甃之上⑤,三间满焉。花时数十朵,鹅子、黄鹂、松花、蒸栗,萼楼穰吐⑥,淋漓簇沓⑦。土人于其外搭棚演戏四五台⑧,婆娑乐神⑨。有侵花至漂发者⑩,立致奇崇⑪。土人戒勿犯,故花得蔽芾而寿⑫。

【注释】

①天台:今浙江天台。

②拱把:大小如两手合围。拱,两手合围。把,一手所握。

③五圣:旧时江南一带供奉的神灵。

④离披:繁茂的样子。

⑤檐甃(zhòu):砌屋檐的砖瓦。这里代指屋檐。

⑥穰(rǎng)吐:繁茂地盛开。

⑦淋漓簇沓:形容繁花盛开,气势丰沛酣畅。

⑧土人:当地人。

⑨婆娑:盘旋和舞动的样子。

⑩漂发:毫发,细微。

⑪崇:灾祸,灾难。

⑫蔽芾(fèi):花木茂盛的样子。

【译文】

天台盛产牡丹,花朵大到如两手合围的挺常见。其中某个村里种有鹅黄牡丹，一株有三个枝干，花朵大得像个小斗，种在五圣祠前。这株牡丹枝繁叶茂，错落伸到房檐上，遮满三间房子。开花的时候有几十个花朵，形如鹅雏、黄鹂、松花、蒸栗，花萼层层绽放，一簇簇、一层层地盛开着。当地人在外面搭个棚子演戏，有四五台戏同时开演，轻歌曼舞用来娱神。有冒犯花朵哪怕有丝毫伤害者，会立刻招致灾祸。当地人告诫不要冒犯，花朵由此得以茂盛久长。

金乳生草花

金乳生喜莳草花①。住宅前有空地，小河界之②。乳生濒河构小轩三间③，纵其趾于北④，不方而长，设竹篱经其左。北临街，筑土墙，墙内砌花栏护其趾。再前，又砌石花栏，长丈余而稍狭。栏前以螺山石垒山披数折⑤，有画意。

【注释】

①莳（shì）：种植。

②界：毗邻，毗连，接界。

③濒：靠近，临近。构：建造。

④纵其趾：拓展地基。

⑤螺山石：即圆通山的石头。圆通山位于云南昆明东北隅，因其山石绾青篆翠，旋如螺髻，故称。

【译文】

金乳生喜欢种植花草。他的住宅前有片空地，以小河为界。乳生临近小河盖了三间小屋，将地基往北拓展，因而房子不是方形而是长形，设竹篱笆在左边环绕。北边靠街，修筑土墙，墙内砌有花栏护住地基。再往前，又砌一排石花栏，长有一丈多而稍显狭窄。栏前用螺山石垒成曲折的小山，有画中的意境。

　　草木百余本，错杂莳之，浓淡疏密，俱有情致。春以莺粟、虞美人为主①，而山兰、素馨、决明佐之②；春老以芍药为主，而西番莲、土萱、紫兰、山矾佐之③；夏以洛阳花、建兰为主，而蜀葵、乌斯菊、望江南、茉莉、杜若、珍珠兰佐之④；秋以菊为主，而剪秋纱、秋葵、僧鞋菊、万寿芙蓉、老少年、秋海棠、雁来红、矮鸡冠佐之；冬以水仙为主，而长春佐之。其木本如紫白丁香、绿萼玉楪蜡梅、西府、滇茶、日丹、白梨花⑤，种之墙头屋角，以遮烈日。

【注释】

①莺粟：罂粟。虞美人：一种一年生的罂粟，开红花。作者在《夜航船》中介绍了一种虞美人草："虞美人自刎，葬于雅州名山县，冢中出草，状如鸡冠花，叶叶相对，唱《虞美人曲》，则应板而舞，俗称'虞美人草'。"不知与此为同一物否？

②素馨：本名"耶悉茗"，又称"鬘华"，一种常绿灌木。原产印度，以其花色白而芳香，故称。决明：一年生草本植物。夏秋开花，花黄色。荚呈长角状，略有四棱。嫩苗、嫩果可食。种子称"决明子"，代茶或供药用，有清肝明目之效。佐：处于辅助地位，陪衬。

③西番莲：一种多年生常绿蔓性植物。果实被称为"百香果"。山矾：一种常绿灌木。春天开白花，有芳香。

④蜀葵：一种多年生草本植物。叶大而粗糙，圆形，花美丽，成顶生穗状花序。杜若：一种多年生草本。叶广披针形，味辛香。夏日开白花。果实蓝黑色。

⑤绿萼：绿萼梅的省称。玉楪（dié）：即玉蝶梅。西府：即西府海棠，一种比较名贵的海棠。滇茶：即滇茶花，又称"滇山茶""云南山茶""大茶花"等。叶片光鲜，花朵硕大艳丽，有较高观赏价值。

作者在《夜航船》一书中亦有介绍："茶花：以滇茶为第一，日丹次之。滇茶出自云南，色似衢红，大如茶碗，花瓣不多，中有层折，赤艳黄心，样范可爱。"

【译文】

草木有一百多种，按不同的时节错杂种植，浓淡疏密，皆有情致。春天以罂粟、虞美人为主，以山兰、素馨、决明为辅；暮春以芍药为主，以西番莲、土萱、紫兰、山矾为辅；夏天以洛阳花、建兰为主，以蜀葵、乌斯菊、望江南、茉莉、杜若、珍珠兰为辅；秋天以菊花为主，以剪秋纱、秋葵、僧鞋菊、万寿芙蓉、老少年、秋海棠、雁来红、矮鸡冠为辅；冬天以水仙为主，以长春为辅。木本植物像紫白丁香、绿萼玉楪蜡梅、西府海棠、滇茶花、日丹、白梨花等，则种在墙头屋角，用来遮挡烈日。

乳生弱质多病，早起不盥不栉①，蒲伏阶下②，捕菊虎③，芟地蚕④，花根叶底，虽千百本，一日必一周之⑤。瘤头者火蚁⑥，瘠枝者黑蚰⑦，伤根者蚯蚓、蜒蚰⑧，贼叶者象干、毛猬⑨。火蚁，以鲞骨、鳖甲置傍引出弃之⑩；黑蚰，以麻裹箸头挦出之⑪；蜒蚰，以夜静持灯灭杀之；蚯蚓，以石灰水灌河水解之；毛猬，以马粪水杀之；象干虫，磨铁线，穴搜之。事必亲历，虽冰龟其手⑫，日焦其额，不顾也。青帝喜其勤⑬，近产芝三本以祥瑞之。

【注释】

①盥（guàn）：洗手。栉（zhì）：梳头。

②蒲伏：犹"匍匐"，伏地而行。

③菊虎：一种侵害菊科植物的小型天牛。

④芟（shān）：除去。地蚕：俗称"土蚕""地老虎"，其幼虫咬食花木

的根茎。

⑤周：遍。

⑥癃（lóng）：枯萎，衰败。火蚁：一种危害农作物、花木的蚂蚁。

⑦黑蚰（yóu）：一种危害花木的黑色爬虫。

⑧蜒蝣（yán yóu）：又名"蜒蚰""鼻涕虫"，危害农作物，可入药。

⑨象干：即尺蠖，又名"造桥虫"，蚕食花木的叶子。

⑩鲞（xiǎng）骨：干鱼或腊鱼的骨头。

⑪捋：顺着枝条将其取出来。

⑫皲（jūn）：通"皲"，皮肤因受冻而裂开。

⑬青帝：古代神话传说中的司春之神。

【译文】

乳生体弱多病，早上起来后并不洗脸梳头，而是卧在阶下，捕天牛，除土蚕，从花根到叶底，虽然种有千百株，每天必定搜寻一遍。枯萎花头的是火蚁，使枝条瘦弱的是黑蚰，伤害树根的是蚯蚓、鼻涕虫，偷吃叶子的是尺蠖、毛猬。对火蚁，把鱼骨、鳖甲放在洞旁引它们出来再扔掉；对黑蚰，用麻裹着筷子顺着枝条将其取出来；对鼻涕虫，夜深人静时拿灯诱杀；对蚯蚓，用石灰水灌河水来解决；对毛猬，用马粪水杀死；对尺蠖，磨根铁丝，伸到洞穴里搜寻。这些事他必定亲力亲为，虽然手被冻裂，太阳晒焦额头，他也不管。司春之神青帝喜爱他的勤劳，最近生出三棵芝草来显示祥瑞。

日月湖

宁波府城内①，近南门，有日月湖。日湖圆，略小，故日之②；月湖长，方广，故月之。二湖连络如环，中亘一堤③，小桥纽之。日湖有贺少监祠④。季真朝服拖绅⑤，绝无黄冠气象⑥。祠中勒唐玄宗饯行诗以荣之⑦。季真乞鉴湖归老，年八十余矣。其《回乡》诗曰："幼小离家老大回，乡音无改鬓毛衰。儿孙相见不相识，笑问客从何处来？"八十归老，不为蚤矣⑧，乃时人称为急流勇退，今古传之。

【注释】

①宁波府：今浙江宁波。

②日之：以"日"来称呼它。下文"月之"，即以"月"来称呼它。

③亘：横贯。

④贺少监：贺知章（659—744），字季真，越州永兴（今浙江杭州萧山区）人。证圣元年（695）进士，历任太常少卿、礼部侍郎、工部侍郎、秘书监员外、太子宾客、秘书监等。天宝三载（744）还乡。

⑤拖绅：旧时中原王朝朝服后腰所悬挂的大带，因其上有组绶，合称"绶带"。

⑥黄冠气象："黄冠"本是道士所戴帽子，借指道士。气象，人的举止、气度。这里是指有道士的气度。

⑦勒：刻。唐玄宗：即唐明皇李隆基（685—762），712至755年在位。

⑧蚤：通"早"。

【译文】

宁波府城内靠近南门的地方，有个日月湖。日湖是圆形的，略小，因此用"日"来称呼它；月湖是长形的，较为宽广，因此用"月"来称呼它。两个湖像环一样连在一起，中间横贯一条湖堤，用小桥来连接。日湖里有座唐代秘书监贺知章的祠堂。他身穿朝服，拖着腰带，没有一点儿道士的样子。祠中刻有唐玄宗为他饯行的诗来显示荣耀。贺知章乞求归老鉴湖时，已经八十多岁了。他在《回乡》诗里说："幼小离家老大回，乡音无改鬓毛衰。儿孙相见不相识，笑问客从何处来？"八十岁告老还乡，不能算早，但当时的人仍称赞他是激流勇退，其事迹无论今古都在传诵。

　　季真曾谒一卖药王老①,求冲举之术②,持一珠贻之③。王老见卖饼者过,取珠易饼。季真口不敢言,甚懊惜之。王老曰:"悭吝未除,术何繇得?"乃还其珠而去。则季真直一富贵利禄中人耳④。《唐书》入之《隐逸传》⑤,亦不伦甚矣⑥。月湖一泓汪洋,明瑟可爱,直抵南城。

【注释】

①谒(yè):拜见。

②冲举:飞升成仙。

③贻(yí):赠送。

④直:只不过。

⑤《唐书》:指"二十四史"中的新、旧《唐书》。《隐逸传》是其中的篇名。

⑥不伦:不相当,不相类。

【译文】

　　贺知章曾拜谒一位卖药的王姓老人,寻求飞升成仙的法术,并拿一颗珍珠送给他。王姓老人看到一个卖饼的经过,就用珠子换饼。贺知章嘴上不敢说,心里很是懊恼,感到可惜。王姓老人说:"你的悭吝还没有除掉,法术从哪里得到呢?"于是归还他的珠子离开了。如此贺知章只不过是一个富贵利禄中的人而已。《唐书》把他列入《隐逸传》,也是很不般配的。月湖一泓汪洋,澄澈可爱,直达南城。

　　城下密密植桃柳,四围湖岸,亦间植名花果木以萦带之①。湖中栉比皆士夫园亭②,台榭倾圮③,而松石苍老。石上凌霄藤有斗大者,率百年以上物也。四明缙绅④,田宅及其子,园亭及其身。平泉木石⑤,多暮楚朝秦,故园亭亦聊且为之,如传舍衙署焉。屠赤水娑罗馆亦仅存娑罗而已⑥。所称"雪浪"等石，在某氏园久矣。清明日，二湖游船甚盛，但桥小，船不能大。城墙下趾稍广，桃柳烂熳，游人席地坐，亦饮亦歌，声存西湖一曲。

【注释】

①萦带：环绕。

②栉（zhì）比：像梳齿般紧密排比，比喻排列紧密。

③倾圮（pǐ）：倒塌毁坏。

④四明：今浙江宁波。缙（jìn）绅：官宦的代称。

⑤平泉木石：典出唐李德裕《平泉山居戒子孙记》："鬻平泉者，非吾子孙也。以平泉一树一石与人者，非佳士也。"作者在《夜航船》一书中亦有介绍："平泉庄：李赞皇平泉庄周回十里，建堂榭百余所，天下奇花、异卉、怪石、古松，靡不毕致。自作记云：'鬻平泉者，非吾子孙也。以一石一树与人者，非佳子弟也。吾百年后，为权势所夺，则以先人所命泣而告之。'"

⑥屠赤水：屠隆（1542—1605），字长卿，号赤水、鸿苞居士，鄞县（今浙江宁波鄞州区）人。万历丁丑年（1577）进士，官至礼部主事。著有传奇《彩毫记》《昙花记》《修文记》及诗文集《栖真馆集》《鸿苞集》等。娑罗馆：为屠隆的书馆名。娑罗，梵语音译。植物名。一种常绿大乔木。佛教传说释迦牟尼在娑罗树下涅槃。

【译文】

城下密密地种植桃树、柳树，遍布湖岸四周，其间也种了一些名花果木，像彩带一样环绕着。湖中密布的都是士大夫修建的园亭，有不少台榭倾倒坍塌，松树石头都已苍老。石头上的凌霄藤有像斗那么大的，大概是百年以上的植物。对宁波当地的缙绅来说，田地宅院可以传给儿子，但园林亭台仅到自己这一代。如同平泉的树木石头，大多反复易主，因此园亭也就随意建造，就像驿站、衙门一样。屠隆的娑罗馆也仅存娑罗而已。所说的"雪浪"等石头，在某家的园林里很久了。清明那一天，两湖的游船很多，但是桥小，所以船不能大。城墙下地基较宽，桃柳烂漫，游人席地而坐，边喝酒边唱歌，其中有一支《西湖》的曲子流传下来。

金山夜戏①

崇祯二年中秋后一日②，余道镇江往兖③。日晡④，至北固⑤，舣舟江口⑥。月光倒囊入水，江涛吞吐，露气吸之，嗽天为白⑦。余大惊喜。移舟过金山寺，已二鼓矣⑧。经龙王堂，入大殿，皆漆静⑨。林下漏月光，疏疏如残雪。

【注释】

①金山：在今江苏镇江西北，名胜古迹有金山寺、慈寿塔等。

②崇祯二年：即 1629 年。

③兖（yǎn）：兖州，在今山东西南部。

④日晡（bū）：天将日暮时分，傍晚。晡，时刻名。即申时，相当于现在的下午三点至五点。

⑤北固：北固山，在今江苏镇江北长江边上，由前峰、中峰和后峰组成，梁武帝曾题书"天下第一江山"，名胜古迹有甘露寺等。

⑥舣（yǐ）舟：停船靠岸。

⑦嗽（xùn）：喷，吐。

⑧二鼓：二更天，相当于现在的晚间九点至十一点。

⑨漆静：昏暗宁静。

【译文】

崇祯二年中秋后的一天，我途经镇江到兖州去。傍晚时分，到达北固山,在江口停船。月光像从囊中倾泻而下的水流,与江涛相吞吐,被露气吸收,再把天空喷洒成白色。我分外惊喜。船只到金山寺,当时天已二鼓。经过龙王堂,进入大殿,都是漆黑宁静。树林下漏出点点月光,斑驳得如同残雪。

余呼小傒携戏具^①,盛张灯火大殿中,唱韩蕲王金山及长江大战诸剧^②。锣鼓喧填^③,一寺人皆起看。有老僧以手背揉眼翳^④,翕然张口^⑤,呵欠与笑嚏俱至。徐定睛^⑥,视为何许人,以何事何时至,皆不敢问。

【注释】

①小傒(xī):年纪小的侍童,小厮。

②韩蕲(qí)王:韩世忠(1089—1151),字良臣,陕西绥德人。行伍出身,以军功历任偏将、浙西制置使、京东淮东路宣抚处置使、枢密使等。去世后被追封为蕲王。

③喧填:亦作"喧阗(tián)",喧哗,热闹。

④揉(sà):揉。翳(yì):眼角膜上所长的一种妨碍视线的白斑,多见于老年人。

⑤翕(xī)然张口:忽然张开嘴。

⑥徐:缓慢,和缓。

【译文】

我喊小厮带着唱戏的道具,在大殿中点燃灯火,演唱韩世忠在金山及长江大战等戏。一时间锣鼓喧天,整个寺庙的人都起来观看。有位老僧用手背揉着昏花的老眼,忽然张开嘴巴,一边打着呵欠,一边笑得直打喷嚏。众人慢慢定下神,想看看是什么人因为什么事在什么时候到此,但大家都不敢问。

剧完将曙，解缆过江。山僧至山脚，目送久之，不知是人、是怪、是鬼。

【译文】

戏演完的时候天也快亮了，于是解下船缆过江。山僧走到山脚，久久目送着我们，不知刚才在寺庙里闹腾的到底是人、是怪、还是鬼。

筠芝亭①

筠芝亭，浑朴一亭耳。然而亭之事尽，筠芝亭一山之事亦尽。吾家后此亭而亭者，不及筠芝亭；后此亭而楼者、阁者、斋者，亦不及。总之，多一楼，亭中多一楼之碍；多一墙，亭中多一墙之碍。

【注释】

①筠（yún）芝亭：作者叔祖张懋之所建，在绍兴卧龙山下。据明祁彪佳《越中园亭记》记载："卧龙山之右巅，有城隍庙，即古蓬莱阁。折而下，孤松兀立，古木纷披，张懋之先生构亭曰'筠芝'，楼曰'霞外'。南眺越山，明秀特绝。亭之右为啸阁，以望落霞晚照，恍若置身天际，复一丘一壑之胜已也。主人自叙其园，有内景十二、外景七、小景六，其犹子张宗子各咏一绝记之。"

【译文】

筠芝亭是一座风格浑厚朴实的亭子。然而亭子的事情完成了，筠芝亭所在这座山的事情也都完成了。我家在这个亭子后再建的亭子，都比不上筠芝亭；在这个亭子之后再建造的楼、阁、斋，也比不上它。总之，多一座楼，亭中的视野里就多了一座楼的障碍；多一墙，亭中的视野里就多了一道墙的障碍。

太仆公造此亭成①，亭之外更不增一椽一瓦，亭之内亦不设一槛一扉，此其意有在也。亭前后，太仆公手植树皆合抱，清樾轻岚②，滃滃翳翳③，如在秋水。亭前石台，躐取亭中之景物而先得之④，升高眺远，眼界光明。敬亭诸山，箕踞麓下⑤，溪壑潆回⑥，水出松叶之上。台下右旋，曲磴三折⑦，老松偻背而立⑧，顶垂一干，倒下如小幢⑨，小枝盘郁，曲出辅之，旋盖如曲柄葆羽⑩。癸丑以前⑪，不垣不台⑫，松意尤畅。

【注释】

①太仆公：指作者高祖张天复（1513—1573），字复亨，号内山。嘉靖二十六年（1547）进士，曾官至太仆寺卿，故有此称。

②清樾（yuè）：清凉的树荫。岚：山中的雾气。

③滃滃（wěng）翳翳（yì）：云气升腾、烟云弥漫的样子。

④躐（liè）：越过。

⑤箕踞：两脚张开，两膝微曲地坐着，形状像箕。这是一种不拘礼节的坐法。

⑥潆（yíng）回：水流回旋。

⑦磴（dèng）：石头台阶。

⑧偻（lǚ）背：脊背弯曲。

⑨幢（chuáng）：一种仪仗用的旗帜。

⑩葆羽：以鸟羽为饰物、供仪仗用的华盖。

⑪癸丑：万历四十一年（1613）。

⑫垣（yuán）：围墙。

【译文】

太仆公建成这座亭子后，亭外不再增加一根椽子、一块瓦片，亭内也不设一道门槛、一扇门户，这正是它有意味的地方。在亭子的前后，太仆公亲手所栽的树木都已有合抱粗了，清凉的树荫上升腾起薄薄的山雾，像烟云般弥漫，如同身在秋天明净的河水中。亭前有座石台，从亭中观赏景物时最先看到它，登高望远，眼界开阔明亮。敬亭等山坐落在山脚下，溪水萦绕回环，水从松叶间轻轻流过。从石台下右转，顺着台阶拐三个弯，可以看到有棵老松像驼背老人那样弯曲而立，从树顶垂下一根枝干，倒下来像一面旗帜，细小的树枝郁郁葱葱地盘曲着，出来辅助大枝干，盘曲的树冠像一把曲柄的鸟羽华盖。癸丑年以前，这里不建围墙不建台阁，苍松的意境很是畅快。

砎园[1]

砎园，水盘据之，而得水之用，又安顿之若无水者[2]。

【注释】

[1] 砎（jiè）园：作者祖父张汝霖晚年所筑。据明祁彪佳《越中名园记》记载："张肃之先生晚年筑室于龙山之旁，而开园其左。有鲈香亭，临王公池上，凭窗眺望，收拾龙山之胜殆尽。寿花堂、霞爽轩、醄漱阁皆在水石萦回，花木映带处。"砎，坚硬。

[2] 安顿：安置，安排。

【译文】

砎园被水盘绕占据，既得到水的妙用，又安排得好像没水一样。

　　寿花堂，界以堤，以小眉山，以天问台，以竹径，则曲而长，则水之；内宅，隔以霞爽轩，以醄漱，以长廊，以小曲桥，以东篱，则深而邃，则水之；临池，截以鲈香亭、梅花禅，则静而远，则水之；缘城，护以贞六居，以无漏庵，以菜园，以邻居小户，则闷而安①，则水之。

【注释】

①闷（bì）：幽静。

【译文】

寿花堂以土堤、小眉山、天问台、竹径为界，则曲折狭长，就用水环绕；内宅用霞爽轩、酣漱阁、长廊、小曲桥、东篱隔开，则幽僻深远，就用水环绕；临池用鲈香亭、梅花禅截断，则静谧深远，就用水环绕；缘城用贞六居、无漏庵、菜园、邻居的小房子护卫，则幽静安宁，就用水环绕。

水之用尽，而水之意色，指归乎庞公池之水①。庞公池，人弃我取，一意向园，目不他瞩，肠不他回，口不他诺，龙山蠖蚭②，三折就之，而水不之顾。人称砎园能用水，而卒得水力焉。

【注释】

①庞公池：在浙江绍兴卧龙山之西。详见本书卷七《庞公池》。

②龙山：又称"卧龙山"，位于浙江绍兴城西。以形如卧龙而得名。春秋时为越国王城，越大夫文种死后葬于此处，故又名"种山"，后因绍兴府署设在山东麓，改称"府山"。蠖蚭（kuí ní）：蚰蜒，俗称"草鞋虫"。

【译文】

水的妙处用尽了，而水的意境神色，正是庞公池水的旨趣所在。庞公池采取人弃我取的方式，一心为园，眼睛不看别的地方，心思不在别的地方，不对别人许诺，龙山蚰蜒曲折，三次转弯迁就它，而水置之不顾。人称砎园能用水，最终也得到水的助力。

大父在日①，园极华缛②。有二老盘旋其中，一老曰："竟是蓬莱阆苑了也③！"一老咈之曰④："个边那有这样⑤？"

【注释】

①大父：祖父，即作者的祖父张汝霖（1561—1625），字肃之，号雨若。万历二十三年（1595）进士，历任兵部主事、山东贵州广西副使。

②华缛（rù）：华彩繁富，华美盛大。

③蓬莱：传说东海有蓬莱、方丈、瀛洲三山，为神仙所居之地。阆（làng）苑：传说中神仙所居住的地方。

④咈（fú）：否定，不赞同。

⑤个边：那边。

【译文】

祖父在时，园子极华丽。有两位老人在其中徘徊，一位老人说："这里竟是蓬莱仙境、神仙洞府！"另一位老人表示不赞同："那边哪有这样好？"

葑门荷宕①

天启壬戌六月二十四日②，偶至苏州，见士女倾城而出，毕集于葑门外之荷花宕③。楼船画舫至鱼艒小艇④，雇觅一空。远方游客，有持数万钱无所得舟，蚁旋岸上者⑤。

【注释】

①葑（fēng）门：在今江苏苏州城东。初名"封门"，因周围多水塘，盛产葑，后改称"葑门"。宕（dàng）：水塘，池塘。

②天启壬戌：即天启二年（1622）。

③毕：全，都。

④楼船:有多层结构的游船。画舫:装饰华美的船只。舲(lǐ):小船。

⑤蚁旋:像蚂蚁一样回旋,形容焦急的样子。

【译文】

天启壬戌年六月二十四日,我偶然到苏州,看到男男女女倾城而出,都聚集在葑门外的荷花宕。从楼船画舫到小船小艇,都被人雇走了。远方的游客有拿数万钱却没有雇到船的,只能像蠢动的蚂蚁一样站在岸上。

余移舟往观,一无所见。宕中以大船为经,小船为纬,游冶子弟①,轻舟鼓吹,往来如梭。舟中丽人皆倩妆淡服②,摩肩簇舄③,汗透重纱。舟楫之胜以挤,鼓吹之胜以杂,男女之胜以溷④,歊暑燂烁⑤,靡沸终日而已。

【注释】

①游冶:出游寻乐。

②倩:美好。

③舄(xì):鞋子。

④溷(hùn):混杂,混乱。

⑤歊(xiāo):炎热。燂(xún)烁:炽热,炎热。

【译文】

我划船过去观看,却什么也看不到。宕中大船排列得像经线,小船排列得像纬线,游玩的子弟们吹打鼓乐,坐在小船上往来如梭。舟中的美人都浓妆艳抹,穿着浅色衣服,摩肩接踵,汗水湿透了层层纱罗。舟楫的胜处在拥挤,鼓吹的胜处在杂乱,男女的胜处在混杂,酷暑炎热,人们终日喧闹。

荷花宕经岁无人迹,是日,士女以鞋鞻不至为耻①。袁石公曰②:"其男女之杂,灿烂之景,不可名状。大约露帏则

千花竞笑,举袂则乱云出峡,挥扇则星流月映,闻歌则雷辊
涛趋③。"盖恨虎丘中秋夜之模糊躲闪④,特至是日而明白昭
著之也。

【注释】

① 鞋鞡(sǎ):这里泛指鞋子,有足迹、踪迹之意。鞡,旧时一种没有
　　后跟的鞋子。

② 袁石公:袁宏道(1568—1610),字中郎,又字无学,号石公,湖广公
　　安(今湖北公安)人。与兄宗道、弟中道,并称"三袁",是公安派的
　　代表人物。著有《袁中郎集》等。下面的引文出自其《荷花荡》一文。

③ 雷辊(gǔn):雷声轰鸣。

④ 虎丘:在今江苏苏州,已有二千多年的历史,有吴中第一名胜的美
　　称。作者在《夜航船》一书中亦有介绍:"虎丘:吴王阖闾死,治葬,
　　穿土为川,积壤为丘,铜棺三重,以黄金珠玉为凫雁。葬三日,金
　　精上腾为白虎,蹲踞山顶,因名虎丘。"

【译文】

荷花宕一年到头都没有人的踪迹,但到了这一天,男男女女以足迹
未到这里为耻。袁宏道说:"荷花宕里男男女女的混杂,光彩夺目的景象,
无法用语言来形容。大约露出帷幕就可以看到千百个美女竞相微笑,一
起举起袖子就像乱云出峡,挥动扇子就像星星闪烁月光辉映,听到歌声
就像雷声轰鸣,涛声澎湃。"大概是不满于虎丘中秋夜的模糊躲闪吧,那
些男男女女才特意在六月二十四这一天光明正大地混杂在一起。

越俗扫墓

越俗扫墓,男女袨服靓妆①,画船箫鼓②,如杭州人游
湖,厚人薄鬼,率以为常。二十年前,中人之家尚用平水屋

帻船，男女分两截坐，不坐船，不鼓吹。先辈谑之曰^③："以结上文两节之意。"后渐华靡，虽监门小户^④，男女必用两坐船，必巾，必鼓吹，必欢呼畅饮。

【注释】

①袨（xuàn）服：盛服。靓（jìng）妆：漂亮的装扮。

②箫鼓：箫和鼓，泛指演奏乐器。

③谑：开玩笑。

④监门：守门小吏。这里泛指社会地位不高的人家。小户：指贫寒或社会地位卑微的人家。

【译文】

越地扫墓的风俗，男男女女都穿着华美的衣服，打扮得漂漂亮亮的，乘坐画船，吹打箫鼓，就像杭州人游湖那样，厚待人而轻视鬼，大概大家都已习以为常。二十年前，中等富裕的人家还用一种施张布幔如屋帻的船，男女分两边坐，不坐那种座位舒适的船，不吹吹打打的。先辈开玩笑说："以此来了结上文两节的意思。"后来渐渐追求奢华，即便是小户人家，男女也必用两个座位的船，必定戴头巾，必定演奏乐曲，必定欢呼畅饮。

下午必就其路之所近，游庵堂、寺院及士夫家花园。鼓吹近城，必吹《海东青》《独行千里》，锣鼓错杂。酒徒沾醉，必岸帻嚣嚎^①，唱无字曲，或舟中攘臂^②，与侪列厮打^③。自二月朔至夏至^④，填城溢国，日日如之。

【注释】

①嚣嚎：大喊大叫。

②攘臂：捋起袖子、伸出胳膊，形容激动奋起的样子。

③侪（chái）列：同伴，同伙。

④朔:农历每月初一。

【译文】

下午必定抄近路,去游览庵堂、寺院及士大夫家的花园。乐队靠近城内,必定吹奏《海东青》《独行千里》,锣鼓混杂。酒徒带着醉意,一定在岸边掀起头巾大喊大叫,唱着没有词的曲子,有的则在船中挥舞手臂,和同伴厮打。从二月初一到夏至,人们填城盈国,日日如此。

乙酉①,方兵画江而守②,虽鱼艭菱舠③,收拾略尽。坟垄数十里而遥,子孙数人挑鱼肉楮钱④,徒步往返之,妇女不得出城者三岁矣。萧索凄凉,亦物极必反之一。

【注释】

①乙酉:顺治二年(1645)。

②方兵:方国安手下的士兵。当时鲁王监国绍兴,封方国安为镇东侯,负责抗清。

③舠(dāo):小船。

④楮(chǔ)钱:旧俗祭祀时焚化的纸钱。

【译文】

乙酉年,方国安手下的士兵据江守卫,即便是像鱼和菱角那样的小船也被收掠一光。坟地距离有几十里远,子孙几个人就挑着鱼肉、纸钱,徒步往返扫墓,妇女不准出城已经有三年了。萧索凄凉的光景也是物极必反的一个表现。

奔云石①

南屏石无出奔云石者②。奔云得其情,未得其理。石如滇茶一朵,风雨落之,半入泥土,花瓣棱棱,三四层折。人走其中,如蝶入花心,无须不缀也。黄寓庸先生读书其中③,四方弟子千余人,门如市。

【注释】

①作者《西湖梦寻》卷四"小蓬莱"一则与本文内容大致相同。该文开头介绍了"奔云石"命名的由来:"小蓬莱在雷峰塔右,宋内侍甘升园也。奇峰如云,古木蓊蔚,理宗常临幸。有御爱松,盖数百年物也。自古称为小蓬莱。石上有宋刻'青云岩''鳌峰'等字。今为黄贞父先生读书之地,改名'寓林',题其石为'奔云'。"

②南屏:南屏山,在今浙江杭州西湖南岸。因在杭州城南,如一扇屏障,故名。多产奇石,有南屏晚钟等名胜。

③黄寓庸:黄汝亨(1558—1626),字贞父,号寓庸,仁和(今浙江杭州)人。万历二十六年(1598)进士,历任进贤县令、礼部郎中、江西布政司参议等。著有《天目游记》《廉吏传》《古奏议》《寓林集》《寓庸子游记》等。他是作者祖父张汝霖的好友,作者曾向其学举业,称其为"举业知己"。

【译文】

南屏所产的石头没有超过奔云石的。奔云石得其情致,而未得其道理。整个石头如一朵滇茶花,在风雨中凋落,一半陷入泥土中,花瓣层层叠叠,有三四层。人走在其中,像蝴蝶飞入花心,没有一处不停下来细细品赏。黄寓庸先生在里面读书,来自四方的弟子有一千多人,门庭若市。

余幼从大父访先生。先生面鬣黑①,多髭须②,毛颊,河目海口③,眉棱鼻梁,张口多笑。交际酬酢④,八面应之。耳聆客言,目睹来牍,手书回札,口嘱侯奴,杂沓于前,未尝少错。客至，无贵贱，便肉、便饭食之，夜即与同榻。余一书记往⑤，颇秽恶，先生寝食之不异也，余深服之。

【注释】

①黧（lí）黑：脸色黑。

②髭（zī）须：嘴边的胡子。

③河目：上下眶平正而长的眼睛。旧时认为这是圣贤的相貌。

④酬酢：应酬，应对。

⑤书记：掌管文书的人。

【译文】

我小时候跟随祖父拜访先生。先生面色黝黑，嘴角多有胡须，脸颊长毛，眼大口阔，剑眉高鼻，张口多笑。交际应酬，八面玲珑。他耳朵里听着客人的言语，眼睛看着送来的书札，手上写着回信，嘴上嘱咐着奴仆，面前很多杂乱的事情，但未曾出过小差错。客人到了，不分贵贱，用家常肉饭招待，夜晚即与其同榻而卧。我有一个掌管文书的人过去，身上很脏，先生睡觉饮食对他没有什么不同，我深深叹服。

丙寅至寓林①，亭榭倾圮，堂中宛先生遗蜕②，不胜人琴之感③。余见奔云黝润④，色泽不减，谓客曰："愿假此一室，以石磈门⑤，坐卧其下，可十年不出也。"客曰："有盗。"余曰："布衣褐被，身外长物则瓶粟与残书数本而已。王弇州不曰'盗亦有道'也哉⑥？"

【注释】

①丙寅：即天启六年（1626）。寓林：黄汝亨住所。因其号寓庸，著有《寓林集》等，故有此称。

②窀（zhūn）：埋葬。遗蜕：遗体。

③不胜：禁不住。人琴之感：典出《世说新语·伤逝》："王子猷、子敬
　　俱病笃，而子敬先亡。子猷问左右：'何以都不闻消息？此已丧矣。'
　　语时了不悲。便索舆来奔丧，都不哭。子敬素好琴，便径入坐灵床
　　上，取子敬琴弹，弦既不调，掷地云：'子敬子敬，人琴俱亡。'因恸
　　绝良久。月余亦卒。"后多用此典表达对亲友的哀悼、思念之情。

④黝（yǒu）润：黑色光润的样子。

⑤礨（lěi）：同"垒"，堆砌。

⑥王弇（yǎn）州：王世贞（1526—1590），字元美，号凤洲，又号弇州
　　山人。江苏太仓人。嘉靖二十六年（1547）进士，历任刑部主事、
　　南京刑部尚书、青州兵备副使、浙江右参政、山西按察使、应天府
　　尹等。以诗文名于世，是"后七子"代表人物。著有《弇州山人四
　　部稿》《弇州山人续稿》《艺苑卮言》《弇山堂别集》等。

【译文】

　　丙寅年我再到先生的住所，看到亭台水榭倾倒坍塌，堂中埋葬着先
生的遗体，不禁有人琴俱亡之悲。我看到奔云石黝黑润泽，色泽不减，就
对客人说："我想借这里一间屋子，用石头把门砌上，生活在里面，十年都
可以不出去。"客人说："有盗贼。"我说："布衣破被，身外之物只有一瓶
粮食和几本残书而已。王弇州不是说过'盗亦有道'吗？"

木犹龙

　　木龙出辽海①，为风涛漱击②，形如巨浪跳蹴③，遍体多
着波纹，常开平王得之辽东④，辇至京。开平第毁⑤，谓木龙
炭矣。及发瓦砾，见木龙埋入地数尺，火不及，惊异之，遂呼
为龙。不知何缘出易于市⑥，先君子以犀觥十七只售之⑦，进

鲁献王⑧，误书"木龙"犯讳，峻辞之，遂留长史署中。先君
子弃世，余载归，传为世宝。

【注释】

①辽海：泛指辽河流域及其以东沿海地区。明初曾设辽海卫，隶属
　辽东指挥使司。

②漱击：吹打，冲击。

③跳蹴（cù）：跳跃。

④常开平王：常遇春（1330—1369），字伯仁，安徽怀远人。为明开
　国功臣，死后追封中书右丞相、开平王。

⑤第：府第，住宅。

⑥易：交换，卖。

⑦先君子：已去世的父亲，即作者的父亲张耀芳（1574—1632），字
　尔弢，号大涤。曾任鲁王右长史。

⑧鲁献王：当为鲁宪王，即朱寿铉，万历二十九（1601）年被封鲁王，
　去世后谥宪王。

【译文】

木龙出自辽海，经风浪吹打，形状像奔腾的巨浪，全身都有被冲刷的
波纹，开平王常遇春在辽东得到它，用马车运到京城。开平王府第被毁
后，都说木龙烧成炭了。等到挖掘瓦砾时，看到木龙埋在地下几尺深的
地方，火烧不到，大家都感到惊异，于是称呼它为龙。不知道何故它在市
场上出售，先父用十七只犀牛角做的酒杯交换，将其进献给鲁宪王，因为
误写"木龙"两字犯了忌讳，鲁宪王严词拒绝，就将其留在长史官署中。
先父去世后，我把它运回来，作为世代相传的宝物。

丁丑诗社①，恳名公人赐之名，并赋小言咏之。周墨农
字以"木犹龙"②，倪鸿宝字以"木寓龙"③，祁世培字以"海

槎"④，王士美字以"槎浪"⑤，张毅儒字以"陆槎"⑥，诗遂盈帙。

【注释】

①丁丑：崇祯十年（1637）。

②周墨农：字又新，山阴（今浙江绍兴）人。曾任职南京国子监。作者好友。字：写字，命名。

③倪鸿宝：倪元璐（1593—1644），字玉汝，号鸿宝，上虞（今浙江绍兴上虞区）人。天启二年（1622）进士，官至户部尚书兼翰林学士。以书画名于世，传世作品有《舞鹤赋卷》《行书诗轴》《金山诗轴》等。著有《儿易内外仪》《倪文贞集》。张岱称其为"古文知己"。木寓龙：亦作"木禺龙"，即木雕的龙，古代祭神时用。

④祁世培：祁彪佳（1602—1645），字虎子，又字幼文、弘吉，号世培，别号远山堂主人，山阴（今浙江绍兴）人。天启二年（1622）进士，曾任苏松府巡按。著有《远山堂曲品》《远山堂剧品》《越中亭园记》《救荒全书》《祁忠敏公日记》《寓山注》《里居越言》《祁彪佳集》等。作者称其为"字画知己"，其事迹参见本书补遗之《祁世培》。

⑤王士美：王业洵，字士美，浙江余姚人。为刘宗周弟子，善琴。

⑥张毅儒：张弘，字毅儒。善诗文，编有《明诗存》。他是作者的堂弟，作者称其为"诗学知己"。

【译文】

丁丑年成立诗社，我恳请名公每人为其赐名，并且赋诗吟咏它。周墨农为其题名"木犹龙"，倪鸿宝为其题名"木寓龙"，祁世培题名"海槎"，王士美题名"槎浪"，张毅儒题名"陆槎"，题咏的诗作于是很多。

    木龙体肥痴，重千余斤，自辽之京、之兖、之济，辇陆①。济之杭，辇水。杭之江、之萧山、之山阴、之余舍②，水陆错。

前后费至百金，所易价不与焉。呜呼，木龙可谓遇矣！

【注释】

①繇（yóu）：通"由"。

②萧山：今浙江杭州萧山区。山阴：今浙江绍兴。

【译文】

木龙形体肥大，重达一千多斤，从辽海到京城、兖州、济水，是从陆路运输。从济水到杭州，经由水路。从杭州到钱塘江、萧山、山阴，再到我的住宅，水路陆路交替。前后费了很多钱，这还没算上买来的价钱呢。哎，木龙可以说是遇到好时机了！

　　余磨其龙脑尺木①，勒铭志之②。曰：

　　　　夜壑风雷，骞槎化石；海立山崩，烟云灭没；谓有龙焉，呼之或出。

又曰：

　　　　扰龙张子③，尺木书铭；何以似之？秋涛夏云。

【注释】

①尺木：传说龙升天时所凭依的短小树木。作者在《夜航船》一书中有介绍："尺木：龙头上有一物，如博山形，名曰尺木。龙无尺木，不能升天。"

②勒铭：镌刻铭文。志：记。

③张子：作者的自称。本书中作者多以"张子"自称。

【译文】

我在其龙脑的尺木上打磨，雕刻铭文来纪念此事。铭文写道：

　　深夜沟壑中响起风雷，张骞上天的筏子已化作石头；大海怒吼山峦崩坏，烟云消散；人说这里有龙，喊它或许就会出来。

又有铭文写道：

　　打扰木龙的张岱，在尺木上书写铭文。拿什么来打比方？秋天的波涛，夏天的云彩。

天砚

少年视砚，不得砚丑。徽州汪砚伯至，以古款废砚，立得重价，越中藏石俱尽。阅砚多，砚理出。曾托友人秦一生为余觅石①，遍城中无有。

【注释】

①秦一生：作者好友。性好山水声伎、丝竹管弦。作者写有《祭秦一生文》。

【译文】

少年看砚台，不知道砚台的美丑。徽州的汪砚伯过来，拿着古老款式的废旧砚台，立即估得高价，浙江一带收藏的石头都卖光了。看的砚台多了，砚台好坏的道理也就明白了。我曾托友人秦一生帮着搜寻石头，城中找遍都没有找到。

山阴狱中大盗出一石，璞耳①，索银二斤。余适往武林，一生造次不能辨②，持示燕客③。燕客指石中白眼曰："黄牙臭口④，堪留支桌。"赚一生还盗⑤。燕客夜以三十金攫去。命砚伯制一天砚，上五小星一大星，谱曰"五星拱月"。燕客恐一生见，铲去大、小三星，止留三小星。一生知之，大懊恨，向余言。余笑曰："犹子比儿⑥。"

【注释】

①璞：这里是没有雕琢的意思。

②造次：仓促，匆忙。

③燕客：张萼，字介子，号燕客。张岱叔父张联芳之子。

④黄牙臭口：这里是说石头品质低劣。

⑤赚：哄骗。

⑥犹子比儿：语出《千字文》："诸姑伯叔，犹子比儿。"作者在其《夜航船》一书中亦有介绍："犹子：卢迈进中书侍郎，再娶无子。或劝蓄姬媵，迈曰：'兄弟之子，犹子也，可以主后。'"作者引这句话，意在安慰秦一生，砚在燕客那里，与在他手里一样，不必太计较。犹子，侄子。

【译文】

　　山阴监狱中有位大盗拿出一块石头，还没有经过雕琢，索价二斤银子。我正好要去武林，秦一生仓促间辨别不出好坏，就拿去给我的堂兄弟张燕客看。燕客指着石中的白孔说："品质低劣，只能留着垫桌子。"哄骗秦一生还给大盗。随后，燕客夜间用三十两银子将其掠走。他让汪砚伯做成一方天砚，上面有五颗小星一颗大星，谱上叫"五星拱月"。燕客害怕秦一生看到，就铲去大、小三颗星星，只留三颗小星。秦一生知道后，很是懊恼怨恨，就给我讲了这事。我笑着说："砚在燕客那里，与在你手里一样。"

　　亟往索看①。燕客捧出，赤比马肝②，酥润如玉，背隐白丝类玛瑙，指螺细篆③，面三星坟起如弩眼④，着墨无声而墨沈烟起，一生痴痦⑤，口张而不能翕。

【注释】

①亟（jí）：急忙，赶紧。

②马肝：即马肝石，一种制砚的石材。

③指螺：螺旋形的指纹。这里当是指纹路。细篆：笔画纤细的篆字。

④坟起：隆起，突出。

⑤痴疴（hāi）：呆痴。

【译文】

我赶紧前去要来观看。燕客捧出来，砚台红得可与马肝相比，酥润如玉，背面隐约有玛瑙样的白丝，又像用螺壳写出的细小篆字，正面隆起的三颗星星像弩的孔，着墨无声，墨沉下去而烟气升起，秦一生痴呆呆地看着，张着嘴都不能合上了。

燕客属余铭①，铭曰：

女娲炼天，不分玉石；鳌血芦灰，烹霞铸日②；星河溷扰③，参横箕翕④。

【注释】

①属（zhǔ）：嘱咐，吩咐。

②"女娲"四句：古代神话传说，女娲炼五色石补天，折鳌四足支撑四极，用芦灰来堵洪水。

③溷（hùn）扰：烦扰，打扰。

④参、箕：星宿名。这里指砚上的小星。

【译文】

燕客吩咐我撰写铭文，铭文写道：

女娲补天，不分美玉和石头；鳌血和芦苇灰酿成了云霞日出的景观；星河混杂，参、箕二星横在天空。

吴中绝技①

吴中绝技：陆子冈之治玉，鲍天成之治犀，周柱之治嵌镶，赵良璧之治梳，朱碧山之治金银，马勋、荷叶李之治扇，张寄修之治琴^②，范昆白之治三弦子，俱可上下百年保无敌手。

【注释】

①吴中：今江苏苏州一带。泛指吴地。

②张寄修之治琴：张寄修是当时著名的"张氏五修"之一，"张氏五修"即张敬修、张寄修（亦作"张季修"）、张顺修、张睿修、张敏修五人。他们出自明代斫琴世家张氏，在明末崇祯年间享有盛誉。如今，张寄修斫制的琴仍流传于世，如成公亮旧藏"忘忧"琴就出自张寄修之手，此琴龙池内有"吴门张季修制，寰虚李道人藏"腹款。这里所说的"琴"专指七弦琴，是我们今天通常说的古琴。

【译文】

吴中的绝技包括：陆子冈制作玉器，鲍天成制作犀器，周柱制作镶边，赵良璧制作梳子，朱碧山制作金银器，马勋、荷叶李制作扇子，张寄修斫制古琴，范昆白制作三弦，都可以保证前后一百年没有对手。

　　但其良工苦心，亦技艺之能事。至其厚薄深浅，浓淡疏密，适与后世赏鉴家之心力、目力针芥相对^①，是岂工匠之所能办乎？盖技也而进乎技矣^②。

【注释】

①针芥相对：即针芥相投，比喻性情契合，相互合得来。

②进乎技矣：语出《庄子·养生主》："臣之所好者道也，进乎技矣。"

【译文】

但是他们精湛的技艺、良苦的用心，也只不过是技艺上的本领。至于他们打造出来的各种制品的厚薄、深浅、浓淡、疏密,正好与后世赏鉴家的心思、眼光相契合,这岂是凡工俗匠所能做到的? 大概这就是技艺又进一步、上升到超越技艺的境界吧。

濮仲谦雕刻[1]

南京濮仲谦,古貌古心,粥粥若无能者[2],然其技艺之巧,夺天工焉。其竹器,一帚一刷,竹寸耳,勾勒数刀,价以两计。然其所以自喜者,又必用竹之盘根错节,以不事刀斧为奇,则是经其手略刮磨之,而遂得重价,真不可解也。

【注释】

[1]濮仲谦:濮澄,字仲谦,安徽当涂人。民间竹刻艺人。作者在《夜航船》中亦有记载:"竹器:南京所制竹器,以濮仲谦为第一,其所雕琢,必以竹根错节盘结怪异者,方肯动手,时人得其一款物,甚珍重之。"此外作者还曾为其竹刻作品撰写《鸠柴奇觚记序》。

[2]粥粥:卑恭和顺的样子。

【译文】

南京濮仲谦,有着古朴的相貌和心肠,卑恭和顺的样子看上去像无能的人,但是他的技艺达到巧夺天工的程度。他制作的竹器,哪怕是一把笤帚、一把刷子,几寸长的竹子,他用刀刻几下,就可以卖出数两银子的价钱。然而他自己喜欢的器具,必须用竹子盘根错节的地方,奇在不用刀斧雕刻,只是经过他的手略微刮削、打磨,就能卖出高价,真是让人难以理解。

仲谦名噪甚,得其款[1],物辄腾贵[2]。三山街润泽于仲谦之手者数十人焉③，而仲谦赤贫自如也。于友人座间见有佳竹、佳犀，辄自为之。意偶不属，虽势劫之、利啖之④，终不可得。

【注释】

①款：器物上的题名、落款。

②辄（zhé）：则，就。

③三山街：在今江苏南京中华路、建康路交会处，因临近三山门而得名。润泽：受到好处、恩惠。

④啖（dàn）：利诱，引诱。

【译文】

濮仲谦名气很大，器物得到他的题款，一下身价暴涨。三山街得到濮仲谦手艺恩惠的人有几十个，他本人却一贫如洗，但安然自在。在朋友家里看到有好的竹子、犀牛角，就主动雕刻。如果不合他的心意，即便用威势胁迫，用利益引诱，最终也不可能得逞。

卷二

【题解】

全书卷一以《钟山》《报恩塔》开篇,此卷则先从《孔庙桧》《孔林》说起,自然也有深意在。前者抒发的是亡国之痛、故国之思,后者则显示了作者的文化情怀和操守。在他看来,这不仅是一次王朝的更迭,也是一场文化的浩劫。这也是当时文人的一种共识,顾炎武更是提出亡国与亡天下的区别,发出"天下兴亡、匹夫有责"的呼唤。

作者曾写有《孔子手植桧》一诗,其中最后几句为:"昔灵今不灵,顽仙逊冀英。岂下有虫蚁,乃来为窟穴。余欲驱除之,敢借击蛇笏。"其捍卫道统的志向于此可见。此外他还写有《子贡手植楷》一诗,末两句云:"惟不受秦官,真堪为世楷。"立场鲜明,并不隐晦。本卷最后两篇谈的是个人的书房和藏书,三世藏书,几代人的心血,多少珍本秘籍,竟然在改朝换代、兵荒马乱之际一日散尽。作者从孔子说到个人,可谓话里有话。

作者的忧思分两个层次:一是改朝换代带来的巨大创伤,二是道统沦丧带来的深深忧患。对前者,作者更多的是情感,对后者,则是理性的坚持,因为这涉及文化传统的沦丧,是个人的底线所在,退无可退。

当然,事实并没有作者想象的那么严重,清军入关之后,除了在男人发式上的野蛮推行外,对汉族文化则是采取主动认同和接受的态度,这估计是作者没有想到的。但不管怎样,那份对文化的坚守和维护是值得肯定的。

以下对本卷其他各篇进行简要评述：

《鲁藩烟火》：读罢此文，很自然会联想到卞之琳的《断章》："你站在桥上看风景，看风景的人在楼上看你。明月装饰了你的窗子，你装饰了别人的梦。"

《朱云崃女戏》："借戏为之，其实不专为戏"，功夫在戏外，说起来也是一种难得的境界，这正是朱云崃的高明之处。

《绍兴琴派》：作者在《与何紫翔》一文中曾谈到弹琴的"练熟还生"之法，颇为精彩，兹引如下：

> 弹琴者，初学入手，患不能熟；及至一熟，患不能生。夫生，非涩勒离歧、遗忘断续之谓也。古人弹琴，唫揉绰注，得手应心。其间勾皆之巧，穿度之齐，呼应之灵，顿挫之妙，真有非指非弦，非勾非剔，一种生鲜之气，人不及知，己不及觉者。非十分纯熟，十分淘洗，十分脱化，必不能到此地步。

> 盖此练熟还生之法，自弹琴拨阮，蹴鞠吹箫，唱曲演戏，描画写字，作文做诗，凡百诸项，皆藉此一口生气。得此生气者，自致清虚；失此生气者，终成渣秽。吾辈弹琴，亦惟取此一段生气已矣。

《花石纲遗石》：文中所言徐家所藏石祖，原放置在徐氏东园（今留园）内，并更名为瑞云峰。乾隆四十四年（1779），乾隆皇帝南巡，将其移到行宫（现苏州第十中学）内，今保存完好。

《焦山》：写得颇为真切、传神，这是靠道听途说无法做到的。虽然有看景不如听景之说，但很多名胜古迹非亲自观赏不能体会其佳处。

《表胜庵》：启文写得颇有文采，可见作者文风的另一面。

《梅花书屋》：除本文外，作者还写有《云林秘阁》三首，其二云："清閟倪迂在，云林浪得名。鼎彝贡使拜，溟唾主人熏。""石卧苍霞老，蔓横空翠生。琅嬛真福地，南面有书城。"

《不二斋》：生活在如此幽雅的庭院里，自然不会轻出。可惜的是时间太短暂了,到作者落笔时,已有隔世之叹。

《砂罐锡注》:作者曾写有《龚春壶为诸仲轼作》一诗,可与本文对读,兹引如下:

> 仲轼龚春壶,两世精神在。非泥亦非沙,所结但光怪。
>
> 应有神主之,兵火不能坏。质地一瓦缶,何以配鼎鼐。
>
> 跻之三代前,意色略不愧。当日示荆溪,仆仆必下拜。

《沈梅冈》:十八年的囹圄生涯竟然成就了一位工艺大师,这正应了一句名言:监狱是最好的学校。不知道这算是造化弄人还是天将降大任于斯人?苦难对不同的人来说,有着不同的意义。

《岣嵝山房》:不知杨髡所塑佛像,现在尚有残存否?毕竟是一段历史的记录,不管是荣光还是耻辱。

《三世藏书》:本文最后一段为作者《石匮书》卷三十七《艺文志总论》的一部分。从个人藏书之失联想到历代藏书之变迁,言语之间流露出沧桑之叹。

孔庙桧①

己巳至曲阜②,谒孔庙,买门者门以入。宫墙上有楼耸出,扁曰“梁山伯祝英台读书处”③,骇异之。

【注释】

①孔庙:在今山东曲阜南门内。原为孔子故宅,初建于公元前478年,后历代帝王不断加封孔子,扩建庙宇,是我国三大古建筑群之一。桧(guì):又称“刺柏”,一种常绿乔木。木材呈桃红色,有香气。

②己巳:即崇祯二年(1629)。

③梁山伯、祝英台:民间传说中的人物。祝英台女扮男装,与梁山伯同窗共读,结下深厚情谊。因父母干涉,婚姻未成,两人殉情而死,

化为一对蝴蝶。

【译文】

　　我己巳年到曲阜，去拜谒孔庙，给看门人钱后从大门进去。宫墙上有座楼高耸着，匾上题字"梁山伯祝英台读书处"，我感到很是惊诧。

　　进仪门①，看孔子手植桧。桧历周、秦、汉、晋几千年，至晋怀帝永嘉三年而枯②。枯三百有九年，子孙守之不毁，至隋恭帝义宁元年复生③。生五十一年，至唐高宗乾封三年再枯④。枯三百七十有四年，至宋仁宗康定元年再荣⑤。至金宣宗贞祐三年罹于兵火⑥，枝叶俱焚，仅存其干，高二丈有奇。后八十一年，元世祖三十一年再发⑦。至洪武二十二年己巳⑧，发数枝，蓊郁；后十余年又落。摩其干，滑泽坚润，纹皆左纽，扣之作金石声。孔氏子孙恒视其荣枯，以占世运焉⑨。

【注释】

①仪门：大门内的第二重正门。

②晋怀帝永嘉三年：309 年。

③隋恭帝义宁元年：617 年。

④唐高宗乾封三年：668 年。

⑤宋仁宗康定元年：1040 年。

⑥金宣宗贞祐三年：1215 年。

⑦元世祖三十一年：即至元三十一年（1294）。

⑧洪武二十二年：1389 年。

⑨占：推测吉凶。

【译文】

　　进入仪门，看到孔子亲手栽下的桧树。桧树经历周、秦、汉、晋几千年，到晋怀帝永嘉三年枯死。枯了有三百零九年，孔氏子孙守着没有毁掉，到隋恭帝义宁元年死而复生。生长了五十一年，到唐高宗乾封三年再次枯死。枯了三百七十四年，到宋仁宗康定元年又茂盛起来。到金宣宗贞祐三年在战火中受损，枝叶都被烧光，只剩下树干，有两丈多高。八十一年后，元世祖三十一年，桧树再次长出新枝。到洪武二十二年，桧树发出几个枝条，郁郁葱葱的；过了十多年枝叶又凋落。抚摩树干，光滑坚实且润泽，都是左纽纹，敲击则发出金石般的声音。孔氏子孙一直观察它的荣枯，以此占卜世道的运势。

　　再进一大亭，卧一碑，书"杏坛"二字①，党英笔也②。亭界一桥，洙、泗水汇此③。过桥，入大殿，殿壮丽，宣圣及四配、十哲俱塑像冕旒④。案上列铜鼎三、一牺、一象、一辟邪，款制遒古⑤，浑身翡翠，以钉钉案上。阶下竖历代帝王碑记，独元碑高大，用风磨铜颎屃⑥，高丈余。左殿三楹，规模略小，为孔氏家庙。东西两壁，用小木扁书历代帝王祭文。西壁之隅，高皇殿焉⑦。

【注释】

①杏坛：相传为孔子聚徒授业讲学之处。后泛指授徒讲学之处，亦用来比喻教育界。

②党英：当即党怀英（1134—1211），字世杰，号竹溪，冯翊（今陕西大荔）人。曾官至翰林学士承旨，以书法名于世。

③洙：泗水的支流。泗水：源出山东泗水陪尾山，因分四源流而得名。

④宣圣：汉平帝追谥孔子为襃成宣公，后历代王朝皆尊孔子为圣人，人们多尊称其为宣圣。四配：配祀孔子的四位儒门圣贤，即复圣颜子、宗圣曾子、述圣子思子、亚圣孟子。十哲：孔子门下最优秀

的十位学生，即颜渊、子骞、伯牛、仲弓、子有、子贡、子路、子我、子游、子夏。冕旒（liú）：旧时最尊贵的一种礼帽。冕，礼帽。旒，礼帽前后端垂下的穿玉丝绳。

⑤逎（qiú）古：雄健古朴。

⑥风磨铜：一种主要成分为铜、金的合金，风越吹磨则越明亮。赑屃（bì xì）：古代传说中的一种动物。外形像龟，能负重，旧时石碑基座多雕成其形。

⑦高皇：即朱元璋，安徽凤阳人。

【译文】

再往前走就进入一个大亭子，里面有一块碑，写着"杏坛"二字，是党怀英的手笔。亭边有一座桥，洙水、泗水在此汇合。过了桥，进入大殿，殿堂壮丽，宣圣孔子及四配、十哲都有塑像，个个戴着玉串礼帽。台案上列了三只铜鼎、一只牺樽、一只象樽、一个辟邪，款式古朴，浑身呈翡翠色，用钉子钉在案上。台阶下竖着历代帝王撰制的碑记，唯独元碑高大，用风磨铜做成的赑屃为底座，有一丈多高。左殿是三间屋子，规模略小，这是孔氏家庙。东西两面墙，用小木匾写着历代帝王的祭文。西边墙壁的一角，是高皇帝朱元璋殿后。

庙中凡明朝封号，俱置不用，总以见其大也。孔家人曰："天下只三家人家：我家与江西张、凤阳朱而已①。江西张，道士气；凤阳朱，暴发人家，小家气。"

【注释】

①江西张：指江西张天师家族，其始祖为张道陵。凤阳朱：指凤阳朱元璋家族。

【译文】

庙中凡是明朝的封号，都搁置不用，以此显示孔家的大气。孔家人说:"天下只有三家人家:我家与江西的张家、凤阳的朱家而已。江西张家,充满道士气;凤阳朱家,则是暴发户,小家子气。"

孔林①

曲阜出北门五里许,为孔林。紫金城城之,门以楼,楼上见小山一点,正对东南者,峄山也②。折而西,有石虎、石羊三四,在榛莽中。过一桥,二水汇,泗水也。享殿后有子贡手植楷③。楷大小千余本,鲁人取为材、为棋枰④。享殿正对伯鱼墓⑤,圣人葬其子得中气。繇伯鱼墓折而右,为宣圣墓⑥。去数丈,案一小山,小山之南为子思墓⑦。数百武之内⑧,父、子、孙三墓在焉。

【注释】

①孔林:在今山东曲阜北门外,为孔子及其后裔的墓地。作者在《夜航船》一书中亦有介绍,兹引如下:"自泰山发脉,石骨走二百里,至曲阜结穴,洙、泗二水会于其前,孔林数百亩,筑城围之。城以外皆孔氏子孙,围绕列葬,三千年来,未尝易处。南门正对峄山,石羊、石虎皆低小,埋土中。伯鱼墓,孔子所葬,南面居中,前有享堂。堂右横去数十武,为宣圣墓。墓坐一小阜,右有小屋三楹,上书'子贡庐墓处'。墓前近案,对一小山,其前即葬子思父子孙三墓,所隔不远,马鬣之封不用石砌,土堆而已。林中树以千数,惟一楷木老本,有石碑刻'子贡手植楷',其下小楷生植甚繁。此外合抱之树皆异种,鲁人世世无能辨其名者,盖孔子弟子异国人,皆持其国中树来种者。林以内不生荆棘,并无刺人之草。"

②峄(yì)山:又名"邹山",在今山东邹县。

③子贡：端木赐，字子贡。孔子的弟子。楷（jiē）：又名"黄连木"，一
　　种落叶乔木。

④棋枰（píng）：棋盘。

⑤伯鱼：孔鲤，字伯鱼。孔子的儿子。

⑥宣圣墓：孔子墓。

⑦子思：孔伋，字子思。孔子的孙子。

⑧武：步。

【译文】

从曲阜出北门走五里左右，就到了孔林。紫金城围着它，成为它的
城墙，以楼为门，在楼上能看见一座小山，正对着东南，这是峄山。转而
向西，在丛林中有三四只石虎、石羊。过一座桥，桥下两条水流交汇，这
是泗水。享殿后有子贡亲手所栽的楷木。楷木大大小小有一千多棵，鲁
人将其作为棋盘的材料。享殿正对着伯鱼的陵墓，圣人将儿子葬在这里
得其中和之气。从伯鱼墓转而向右，是孔子墓。离几丈远的地方有一坐
小山，小山的南面是子思的墓。数百步之内，父、子、孙三人的陵墓都在
这里。

谯周云①："孔子死后，鲁人就冢次而居者百有余家，曰
'孔里'。"《孔丛子》曰②："夫子墓方一里，在鲁城北六里泗
水上。诸孔氏封五十余所，人名昭穆③，不可复识。"

【注释】

①谯周（201—270）：字允南，四川西充人。曾任蜀汉学官、光禄大
　　夫。入晋后任骑都尉等职。著有《五经论》《古史考》等。

②《孔丛子》：三卷，二十一篇，旧题孔鲋撰。主要记叙孔子及子思、
　　子上、子高、子顺等人的言行。学者多认为该书为伪托之书。

③昭穆：古代宗法制度所规定宗庙或宗庙中神主的排列次序，以始

祖居中,以下父子相递为昭穆,左为昭,右为穆。

【译文】

谯周说:"孔子死后,鲁人在墓地旁依次定居的有一百多家,叫'孔里'。"《孔丛子》里记载:"夫子墓地一里见方,在鲁城北面六里的泗水上。孔氏其他人的坟墓有五十多个,按照人名辈分排列,但已分辨不出来了。"

　　有碑铭三,兽碣俱在。《皇览》曰[①]:"弟子各以四方奇木来植,故多异树不能名。一里之中未尝产棘木、荆草。"紫金城外,环而墓者数千家,三千二百余年,子孙列葬不他徙,从古帝王所不能比隆也。宣圣墓右,有小屋三间,扁曰"子贡庐墓处"[②]。盖自兖州至曲阜道上[③],时官以木坊表识,有曰"齐人归讙处"[④],有曰"子在川上处"[⑤],尚有义理;至泰山顶上[⑥],乃勒石曰"孔子小天下处"[⑦],则不觉失笑矣。

【注释】

①《皇览》:三国魏文帝时刘劭、王象等人所编撰的一部类书,共四十余部。因供皇帝阅览,故名。原书今已失传,后人有辑本。

②庐墓:指服丧期间在墓旁搭建的小屋。

③兖州:今山东兖州。明时设兖州府,隶属山东承宣布政使司,以滋阳为府治所在地。

④齐人归讙(huān):语出《春秋·定公十年》:"齐人来归郓、讙、龟阴田。"

⑤子在川上:语出《论语·子罕》:"子在川上曰:'逝者如斯夫,不舍昼夜。'"

⑥泰山:在今山东泰安。古称东岳,为五岳之首。

⑦孔子小天下：语出《孟子·尽心上》："孔子登东山而小鲁，登泰山
　而小天下。"

【译文】

其中有三座碑铭，饰有兽形的碑碣都还在。《皇览》中记载："弟子将
各地的奇异树木栽种在这里，所以有不少树木叫不出名字。一里内没长
过荆棘、杂草。"在紫金城外，环绕着修建的坟墓有几千家，三千二百多年
来，孔氏的子孙都葬在这里，从不迁移到别的地方，就是古代的帝王也不
能与其相比。孔子墓的右边有三间小屋，匾上写着"子贡庐墓处"。从兖
州到曲阜的路上，不时有官府用木牌做的标识，有的写着"齐人归谨处"，
有的写着"子在川上处"，这还有些道理；到了泰山顶上，看到有石碑写着
"孔子小天下处"，则不禁发笑了。

燕子矶①

燕子矶，余三过之。水势湁潗②，舟人至此，捷捽抒取③，
钩挽铁缆，蚁附而上。篷窗中见石骨棱层④，撑拒水际⑤，不
喜而怖，不识岸上有如许境界。

【注释】

①燕子矶：在今江苏南京城北直渎山。因石峰突出江上，三面临空，
　远望如燕子展翅欲飞，故名。名胜有头台洞、二台洞、三台洞和观
　音阁等。

②湁潗（chì jí）：水流喷涌翻腾。

③捽（zuó）：揪，抓。

④篷窗：船窗。棱层：高耸突兀。

⑤撑拒：支撑，支持。

【译文】

　　燕子矶，我三次从那里经过。江水喷涌翻腾，船夫到那里，敏捷地伸手抓取，用铁钩拉住铁缆绳，像蚂蚁那样攀附而上。从船篷的窗户中可以见到石骨嶙峋，在水中挺立，让人没有喜悦反而感到恐怖，没想到岸上竟然有这样的境地。

　　戊寅到京后①，同吕吉士出观音门②，游燕子矶。方晓佛地仙都，当面蹉过之矣③。登关王殿，吴头楚尾④，是侯用武之地，灵爽赫赫，须眉戟起。缘山走矶上，坐亭子，看水江澌洌⑤，舟下如箭。折而南，走观音阁，度索上之⑥。阁傍僧院，有峭壁千寻⑦，碚礌如铁⑧，大枫数株，翁以他树，森森冷绿，小楼痴对，便可十年面壁⑨。今僧寮佛阁⑩，故故背之⑪，其心何忍？

【注释】

①戊寅：崇祯十一年（1638）。

②吕吉士：吕福生，字吉士，山阴（今浙江绍兴）人。复社成员，入清后曾任高淳知县。

③蹉过：错过。

④吴头楚尾：吴的上游，楚的下游。关于"吴头楚尾"所处位置有不同的说法，有人认为在江西。

⑤澌洌（piē liè）：水流很急的样子。

⑥度索：顺着绳索，走绳索。作者在《夜航船》一书中亦有解释："度索，以绳索相引而度也。"

⑦寻：古代长度单位。八尺为一寻。

⑧碚礌（bèi lěi）：坚硬的石头。

⑨面壁：又称"壁观"，面对墙壁默坐静修。后泛指十分专心地思考、
　反省。

⑩寮（liáo）：小房子，小屋子。

⑪故故背之：偏偏故意背对峭壁。

【译文】

　　戊寅年到京城后，我同吕吉士从观音门出来，去游览燕子矶。这才
明白它是佛教圣地、神仙都城，过去都当面错过了。登关王殿，此处为吴
头楚尾，正是汉寿亭侯关羽用兵的地方。关公神威赫赫，胡须眉毛像戟
一样立着。顺着山路走到矶上，坐在亭子里，看江水奔流，舟如飞箭般顺
流而下。转而往南，经过观音阁，顺着绳索爬上去。观音阁旁是僧院，有
一面千寻高的峭壁，石头坚硬如铁，几株大枫树，蓊蓊郁郁，夹杂着其他
树木，绿色之中带有一种阴森之气，小楼痴痴地对着它，这样的景色可以
面壁静修十年。现在僧舍佛阁却偏偏故意背对着它，这怎么能忍心呢？

　　是年，余归浙，闵老子、王月生送至矶①，饮石壁下。

【注释】

①闵老子：闵汶水，作者在金陵结识的一位茶友。详见本书卷三《闵
　老子茶》。王月生：明末南京名妓。详见本书卷八"王月生"。

【译文】

这一年我返回浙江，茶友闵老子、名妓王月生送到燕子矶，我们一起
在石壁下饮酒。

鲁藩烟火①

　　兖州鲁藩烟火妙天下。烟火必张灯，鲁藩之灯，灯其殿、
灯其壁、灯其槛柱、灯其屏、灯其座、灯其宫扇伞盖②。诸王

公子、宫娥僚属、队舞乐工，尽收为灯中景物。及放烟火，灯中景物又收为烟火中景物。天下之看灯者，看灯灯外；看烟火者，看烟火烟火外，未有身入灯中、光中、影中、烟中、火中，闪烁变幻，不知其为王宫内之烟火，亦不知其为烟火内之王宫也。

【注释】

①鲁藩：洪武三年（1370），朱元璋封其第十子朱檀为鲁王，后世代因袭，故名。

②灯其殿：此处"灯"活用为动词，有装灯、点灯之意。下文"灯其壁""灯其楹柱"等皆同。

【译文】

兖州鲁王府的烟火妙绝天下。每次放烟火一定要张挂灯笼，鲁王府的灯，张挂在大殿、墙壁、楹柱、屏风、座位、宫扇伞盖上。诸多王侯公子、宫女臣属、舞女乐工，都在灯光映照下成了灯中的景物。等到放烟火的时候，灯中的景物又成为烟火中的景物。天下看灯的人，都是在灯外看灯；看烟火的人，都是在烟火外看烟火，没有置身融入灯中、光中、影中、烟中、火中，光影闪烁变幻，就不知道它是王宫内的烟火，也不知道它是烟火内的王宫。

殿前搭木架数层，上放"黄蜂出窠""撒花盖顶""天花喷礴"①。四傍珍珠帘八架，架高二丈许，每一帘嵌"孝""悌""忠""信""礼""义""廉""耻"一大字。每字高丈许，晶映高明。下以五色火漆塑狮、象、橐驼之属百余头②，上骑百蛮③，手中持象牙、犀角、珊瑚、玉斗诸器，器中实"千丈菊""千丈梨"诸火器，兽足蹑以车轮，腹内藏人，旋转其下。

百蛮手中,瓶花徐发,雁雁行行④,且阵且走⑤。

【注释】

①窠(kē):昆虫鸟兽的巢穴。

②火漆:以松脂、石蜡为原料加颜料制成的物质,易融化,亦易凝固,
通常用于密封文件、瓶口。橐(tuó)驼:骆驼的别名。

③百蛮:古代泛指其他少数民族。

④雁雁行行:排列整齐,井然有序的样子。

⑤且阵且走:一边排列队阵,一边跑着。

【译文】

　　殿前搭了好几层木架,上面放着"黄蜂出窠""撒花盖顶""天花喷
薄"等各色烟火。四周摆放八架珍珠帘,每架有两丈多高,每一架的帘子
上分别嵌着"孝""悌""忠""信""礼""义""廉""耻"一个大字。每
个字高一丈多,晶莹明亮。下面用五色火漆塑造了一百多头狮子、大象、
骆驼之类的动物,身上骑着一百多个蛮人,手中拿着象牙、犀角、珊瑚、玉
斗等器皿,器皿中放满"千丈菊""千丈梨"等火器,兽脚踩在车轮上,腹
内藏着人,在下面转动轮子。蛮人手中的瓶装烟花慢慢发射,像大雁排
列成行,一边排列队形一边行进。

　　移时,百兽口出火,尻亦出火①,纵横践踏。端门内外②,
烟焰蔽天,月不得明,露不得下。看者耳目攫夺③,屡欲狂
易④,恒内手持之⑤。

【注释】

①尻(kāo):脊骨的末端,包括骶骨和尾骨。

②端门:此指鲁王府的正门。

③攫夺:攫取掠夺。

④狂易：精神失常，一反常态。

⑤恒：常，一直。

【译文】

过了一会儿，百兽口中喷出火花，屁股也喷出火花，纵横交错。端门内外，烟花的光彩遮蔽天空，月亮都看不到光，露水也落不下来。观看的人眼看目听，全神贯注，屡屡为之疯狂，一直得用手捂着心口，让自己平静下来。

昔者有一苏州人，自夸其州中灯事之盛，曰："苏州此时有起火①，亦无处放，放亦不得上。"众曰："何也？"曰："此时天上被起火挤住，无空隙处耳！"人笑其诞。于鲁府观之，殆不诬也②。

【注释】

①起火：一种烟花。又称"冲天炮"。

②诬：欺骗，骗人。

【译文】

过去有一个苏州人，自夸苏州灯火的盛况，说："苏州此时有焰火也没有地方放，放也升不上天。"大家问："为什么？"答："这个时候天空被焰火挤满，没有空隙啊！"人们都笑他荒诞。在鲁王府观看烟火之后，才发现这话不是骗人的。

朱云崃女戏①

朱云崃教女戏，非教戏也。未教戏，先教琴，先教琵琶，先教提琴、弦子、箫管、鼓吹、歌舞，借戏为之，其实不专为戏也。郭汾阳、杨越公、王司徒女乐②，当日未必有此。丝竹错杂，檀板清讴③，入妙腠理④，唱完以曲白终之，反觉多事矣。

【注释】

①朱云崃（lái）：生平未详。

②郭汾阳：郭子仪（697—781），郑县（在今陕西渭南华州区附近）人。历任兵部尚书、太尉兼中书令、天下兵马副元帅，封汾阳郡王。杨越公：杨素（? —606），字处道，陕西华阴人。曾被封越国公。王司徒：王允（137—192），字子师，太原祁（今山西祁县）人。历任豫州刺史、司徒等职。

③檀板：乐器名。以檀木制成的拍板，演奏时用来打节拍。清讴：指清亮的乐声。

④腠（còu）理：肌肤。

【译文】

朱云崃教女子唱戏，不只是教戏。没教戏之前，先教弹琴，教琵琶，教提琴、弦子、箫管、鼓吹、歌舞，借教戏来做这些事，其实不专是为了教戏。汾阳郡王郭子仪、越国公杨素、司徒王允家的女乐，当时未必有这样讲究。丝竹交错，檀板清亮，妙入肌肤，唱完用曲白结束，反觉得多此一举。

西施歌舞①，对舞者五人，长袖缓带，绕身若环，曾挠摩地，扶旋猗那，弱如秋药②。女官内侍③，执扇葆璇盖、金莲宝炬、纨扇宫灯二十余人④，光焰荧煌⑤，锦绣纷叠，见者错愕⑥。

【注释】

①西施：春秋时期的美女。曾协助越王勾践灭吴。

②"绕身"四句：语出《淮南子·修务训》："今鼓舞者，绕身若环，曾

挠摩地,扶旋猗那,动容转曲,便娟拟神,身若秋药被风。"描绘舞者的舞技高超,舞姿美妙。猗那(ē nuó),柔美、盛美貌。

③女官:在宫中执事的女子。作者在《夜航船》一书中亦有介绍:"女官:周始制女史,佐内治。汉制女官十四等,数百人。唐设六局、二十四司,官九十人,女史五十余人。"

④璇(xuán)盖:玉饰的车盖。宝炬:蜡烛的美称。

⑤荧煌:闪耀辉煌。

⑥错愕:吃惊。

【译文】

演西施歌舞的时候,对舞者有五个人,她们长袖宽带,如彩环在身边萦绕,飘落在地上,旋转舞动,姿态优美,娇柔如秋天的白芷。女官内侍手拿扇葆璇盖、金莲宝炬、纨扇宫灯的有二十多人,光彩照人,服饰华美,观看的人都很惊讶。

云老好胜,遇得意处,辄盱目视客①;得一赞语,辄走戏房②,与诸姬道之,俋出俋入③,颇极劳顿。且闻云老多疑忌,诸姬曲房密户④,重重封锁,夜犹躬自巡历,诸姬心憎之。有当御者,辄遁去,互相藏闪,只在曲房,无可觅处,必叱咤而罢。殷殷防护,日夜为劳,是无知老贼,自讨苦吃者也,堪为老年好色之戒。

【注释】

①盱(xū)目:瞪大眼睛看。

②戏房:戏场后台。

③俋(guī):不时。

④曲房:密室。

【译文】

云老好胜，遇到得意的地方，就瞪大眼睛看着客人；得到一声称赞，就走进戏房，跟众女子讲述，时进时出，相当劳累。而且听说云老多疑猜忌，众女子的住宅曲折隐秘，层层封锁，夜里他还亲自去巡查，众女子心里都很厌恶。有值班侍奉的就逃走，互相躲藏起来，只在内室，无处可找，云老必定斥责一番才罢。他一心防护，日夜劳累，是不知自己年老体衰，自讨苦吃啊，这可以作为老年好色的警戒。

绍兴琴派

丙辰学琴于王侣鹅①，绍兴存王明泉派者推侣鹅，学《渔樵问答》《列子御风》《碧玉调》《水龙吟》《捣衣》《环佩声》等曲。戊午学琴于王本吾②，半年得二十余曲：《雁落平沙》《山居吟》《静观吟》《清夜坐钟》《乌夜啼》《汉宫秋》《高山》《流水》《梅花弄》《淳化引》《沧江夜雨》《庄周梦》③，又《胡笳十八拍》《普庵咒》等小曲十余种。

【注释】

①丙辰：万历四十四年（1616）。

②戊午：万历四十六年（1618）。

③《清夜坐钟》：现存琴谱中并无名为"清夜坐钟"的琴曲，该曲名亦不见于文献记载，琴谱中有《清夜闻钟》一曲，或系"闻"字草书之形似"坐"字而致误。《淳化引》：琴曲中没有名为"淳化引"者，此处应当是指琴曲《神化引》。

【译文】

丙辰年我向王侣鹅学琴，绍兴地区能传承王明泉一派琴学的人首推王侣鹅，我向他学了《渔樵问答》《列子御风》《碧玉调》《水龙吟》《捣衣》《环佩声》等曲。戊午年我又向王本吾学琴，半年间学会了二十多支曲子，包括：《雁落平沙》《山居吟》《静观吟》《清夜闻钟》《乌夜啼》《汉宫秋》《高山》《流水》《梅花三弄》《神化引》《沧江夜雨》《庄周梦蝶》，还有《胡笳十八拍》《普庵咒》等十多首小曲。

　　王本吾指法圆静，微带油腔①。余得其法，练熟还生，以涩勒出之②，遂称合作。同学者，范与兰、尹尔韬、何紫翔、王士美、燕客、平子③。与兰、士美、燕客、平子俱不成，紫翔得本吾之八九而微嫩，尔韬得本吾之八九而微迁。余曾与本吾、紫翔、尔韬取琴四张弹之，如出一手，听者骇服④。后本吾而来越者，有张慎行、何明台，结实有余而萧散不足⑤，无出本吾上者。

【注释】

①油腔：古琴艺术非常讲究气息与韵味，古琴音乐的韵味在很大程度上取决于"走手音"的处理。此处所说的"油腔"就是指弹奏"走手音"时，左手按压琴弦并在琴弦上移动的距离较长，左手移动的速度较慢，从而造成浓艳绮靡的音乐效果，如同戏曲艺术中所说的"油腔"。

②涩勒：生涩，不够顺畅。

③范与兰：生平不详。参见本书卷八《范与兰》。尹尔韬（约1600—约1678）：后改名尹晔，字紫芝，晚年号芝仙，又号袖花老人，山阴（今浙江绍兴）人。曾任中书舍人，精通音律，以琴侍崇祯皇帝，奉旨撰有《五音取法》八十篇、《五音确义》五十篇及《原琴正议》《审音奏议》等，并谱有《皇极》《崆峒引》《敲爻歌》《据梧吟》《烂柯

行》《参同契》等曲。明亡后,寓居淮上,后徙居淄青苏门,居三十
余载,谱有《鲁风》《安乐窝歌》《苏门长啸》《夏峰歌》《归来曲》
《归去来辞》等曲。此外,他还编有琴谱《徽言秘旨》并流传至今。
何紫翔:生平不详。作者写有《与何紫翔》书,与其探讨弹琴之法。
平子:张峰,字平子。作者的弟弟。

④骇(hài)服:叹服。骇,同"骇",使人吃惊。

⑤结实有余而萧散不足:此处的"结实"与"萧散"是作者评论古琴
音乐韵味的两个概念。所谓"结实"是指弹奏时下指较重,取音
较实;"萧散"是说弹奏时运指洒脱,不急不躁,且节奏舒缓。这
句话的意思是批评弹奏者弹琴时取音过于坚实,没有做到虚实结
合,同时下指急躁,没有做到疏淡洒脱。

【译文】

王本吾指法圆静,但略带一点儿油腔滑调。我学得他的技法,练习
纯熟之后,又从生疏的阶段开始,通过有意识地补以生涩的指法来弹,遂
使王氏略带油腔的技法得到改善,让琴曲更加动听。一同学琴的有范与
兰、尹尔韬、何紫翔、王士美、燕客和弟弟平子。但与兰、士美、燕客、平子
都没有学成,紫翔学得本吾琴艺的八九分但微显稚嫩,尔韬学得本吾的
八九分而略显拘泥。我曾与本吾、紫翔、尔韬取四张琴来齐奏,就像一个
人在弹琴,听众都很吃惊心服。在本吾之后来浙的,有张慎行、何明台,
他们弹琴都存在取音过于坚实而疏淡洒脱不足的问题,二人没有一个超
过本吾的。

花石纲遗石①

越中无佳石。董文简斋中一石②,磊块正骨,窊咤数孔③,
疏爽明易,不作灵谲波诡④。朱勔花石纲所遗⑤,陆放翁家物
也⑥。文简竖之庭除⑦,石后种剔牙松一株,辟咡负剑⑧,与

石意相得。文简轩其北，名"独石"，轩石之，轩独之，无异也。石篑先生读书其中⑨，勒铭志之。

【注释】

①花石纲：古代专门运送花木异石以满足皇帝喜好的运输编队的名称。北宋时为修建艮岳，宋徽宗在苏州设置应奉局，在江南搜罗花木奇石，经水路运至汴京。当时的船队十船为一组，称作一"纲"，"花石纲"名称由此而来。

②董文简：董玘（1487—1546），字文玉，会稽（今浙江绍兴）人。弘治十八年（1505）进士，历任刑部主事、吏部右侍郎、吏部左侍郎。谥文简。著有《董中峰稿》。

③窋吒（zhú zhà）：原意为物体在穴中突出的样子，这里指洞穴。

④灵谲（jué）波诡：神奇怪异的样子。

⑤朱勔（miǎn，1075—1126）：江苏苏州人。宋徽宗时，朱勔为奉迎皇帝，搜求珍奇花石以献，劳民伤财。

⑥陆放翁：陆游（1125—1210），字务观，号放翁，越州山阴（今浙江绍兴）人。历任夔州通判、朝议大夫、礼部郎中。著有《剑南诗稿》《渭南文集》《南唐书》《老学庵笔记》等。

⑦除：台阶。

⑧辟咡（èr）：侧着头交谈。咡，嘴边，口耳之间。

⑨石篑先生：陶望龄（1562—1609），字周望，号石篑，会稽（今浙江绍兴）人。万历十七年（1589）进士，历任翰林院编修、侍讲、国子监祭酒。著有《制草》《歇庵集》《解庄》《天水阁集》等。

【译文】

越中没有好石头。董文简书斋中有一块石头，品相端正，有几处孔洞，疏朗清爽，简洁明快，不是那种诡谲怪异的样子。这是宋代朱勔搜求花石纲时留下的，是陆放翁家中的物品。文简把它竖在庭院里的台阶上，在石头后面栽了一株剔牙松，形状像背着剑侧头交谈，与石头的意态相契合。文简在石头北面盖了一间小屋子，命名为"独石"，屋子因石而建，也因石而独立，这没有什么特别的。石簣先生在里面读书，刻下铭文记载这件事。

　　大江以南，花石纲遗石，以吴门徐清之家一石为石祖①。石高丈五，朱勔移舟中，石盘沉太湖底，觅不得，遂不果行。后归乌程董氏②，载至中流，船复覆。董氏破资募善入水者取之。先得其盘，诧异之，又溺水取石，石亦旋起，时人比之延津剑焉③。后数十年，遂为徐氏有④。再传至清之，以三百金竖之。

【注释】

①吴门：旧指苏州或苏州一带，为春秋时吴国故地，故称。徐清之：即徐溶（1597—？），字清之。曾任工部员外郎，苏州西园为其所造。

②乌程：今浙江湖州。董氏：董份（1510—1595），字用均，号南浔山人，乌程（今浙江湖州）人。嘉靖二十年（1541）进士，历任翰林编修、太常少卿、礼部右侍郎、礼部尚书、吏部尚书。著有《泌园集》。

③延津剑：指龙泉、太阿两剑。据《晋书·张华传》记载，雷焕得双剑，一曰龙泉，一曰太阿，他送张华一把，一把自佩，后来"华诛，失剑所在。焕卒，子华为州从事，持剑行经延平津，剑忽于腰间跃出堕水，使人没水取之，不见剑，但见两龙各长数丈"。

④徐氏：徐泰时（1540—1598），原名三锡，字大来，号舆浦，长洲（今江苏苏州）人。万历八年（1580）进士，历任工部主事、太仆寺少卿。苏州著名园林留园即为其所建。他是董份的女婿、徐清之的父亲。

【译文】

大江以南，前代搜寻花石纲时遗留下来的石头，以吴门徐清之家的那块为祖宗。石头高一丈五尺，朱勔移到船上时，载石的底盘沉到太湖底，找寻不到，就没有运走。后来石头归乌程董氏，运到河中间，船又翻了。董氏花钱招募善于游泳的人下水去打捞。先是得到石盘，感到很诧异，又潜入水里取石头，石头也很快露出水面，当时人们将它们比作延津剑。后几十年间，石头为徐泰时拥有。再传到他儿子徐清之，就花了三百两银子把它竖了起来。

石连底高二丈许，变幻百出，无可名状。大约如吴无奇游黄山①，见一怪石，辄瞋目叫曰②："岂有此理！岂有此理！"

【注释】

①吴无奇：吴士奇，字无奇，号恒初，安徽歙县人。万历二十年（1592）进士，历任宁化、归安知县、南京户部主事、太常寺卿。著有《绿滋馆稿》《史裁》等。

②瞋（chēn）目：瞪大眼睛。

【译文】

石头连底座高约二丈，形态变幻百端，无法用语言来形容。大约像吴无奇游黄山那样，见了一块怪石，就睁大眼睛叫道："岂有此理！岂有此理！"

焦山①

仲叔守瓜州②，余借住于园③，无事辄登金山寺④。风月清爽，二鼓，犹上妙高台⑤，长江之险，遂同沟浍⑥。

【注释】

①焦山：又名"浮玉山"，在今江苏镇江，位于长江中，因汉末学者焦光隐居此地而得名。作者在《夜航船》一书中亦有介绍："焦山者，汉末隐士焦光隐此，故名。上有《瘗鹤铭》，陶隐居所书，雷火断之，今坠江岸。"

②仲叔：张联芳，字尔葆，号二酉。作者的二叔。瓜州：在今江苏邗江，与镇江隔江斜望，位于古运河下游与长江交汇处。

③于园：园林名。明代富人于五所建的园林。详见本书卷五《于园》。

④金山寺：在今江苏镇江。东晋时建造，原名"泽心寺""龙游寺"，自唐代以来人们多称其为"金山寺"。

⑤妙高台：又名"晒经台"，为宋代僧人了元所建。1948 年，与金山寺大殿、藏经楼等同毁于大火，今仅存台址。

⑥沟浍（kuài）：泛指田间水道。浍，田间水渠。

【译文】

　　二叔守卫瓜州时，我借住在于园，没事就登上金山寺。月明风清，二鼓时分，还登上妙高台眺望，长江的险要看起来就像小水沟。

　　一日，放舟焦山，山更纡谲可喜①。江曲涡山下②，水望澄明，渊无潜甲③。海猪、海马④，投饭起食，驯扰若豢鱼⑤。看水晶殿，寻《瘗鹤铭》⑥，山无人杂，静若太古⑦。回首瓜州，烟火城中，真如隔世。

【注释】

①纡谲（jué）：曲折。

②曲涡（wō）：盘旋，回环。涡，水流回旋。

③甲：此指有鳞的鱼。

④海猪：海豚。

⑤驯扰：驯服，顺服。

⑥《瘗（yì）鹤铭》：葬鹤的铭文，南朝摩崖刻石。原刻在今江苏镇江
焦山西麓崖石上。宋时受雷击崩落长江中，清康熙时移置山上，
后砌入定慧寺壁间，今存残石。《瘗鹤铭》在中国书法史有着重要
的地位和影响。瘗，埋葬。

⑦太古：上古，远古。

【译文】

有一天，乘船到焦山，山势更加曲折可喜。江水在山下盘旋，一眼望
去，澄澈明亮，深水里潜伏的鱼都看得清清楚楚。投饭下去，海豚、海马
就会跳起来吃食，驯服得像饲养的鱼类。观赏水晶殿，寻找南朝摩崖刻
石《瘗鹤铭》。山里没有嘈杂的人声，安静得像回到远古时代。回头看瓜
州，城中炊烟升起，与山中仿佛不在一个时代。

　　饭饱睡足，新浴而出，走拜焦处士祠①。见其轩冕黼黻②，
夫人列坐，陪臣四，女官四，羽葆云罕③，俨然王者。盖土人
奉为土谷④，以王礼祀之。是犹以杜十姨配伍髭须⑤，千古不
能正其非也。处士有灵，不知走向何所？

【注释】

①焦处士：焦光，字孝然，东汉人。汉末天下大乱，他隐居山中，焦山
即由此而得名。

②轩冕：士大夫以上官员的车乘和冕服。黼黻（fǔ fú）：古代礼服上
所绣的精美花纹。泛指礼服。

③羽葆：用鸟羽装饰的车盖。作者在其《夜航船》中亦有解释："羽葆：
聚五采羽为幢，建于车上，天子之仪卫也。"云罕：指旌旗。

④土谷：指土地神和五谷神。

⑤以杜十姨配伍髭（zī）须：典出宋俞琰《席上腐谈》："温州有土地

杜拾姨无夫，五撮须相公无妇。州人迎杜拾姨以配五撮须，合为一庙。杜十姨为谁？乃杜拾遗也。五撮须为谁？乃伍子胥也。少陵有灵，必对子胥笑曰：'尔尚有相公之称，我乃为十姨，岂不雌我耶？'"

【译文】

吃饱睡足，沐浴之后出来，去参拜焦处士祠。只见其车乘、冕服都很精美，夫人坐在旁边，还有四个陪臣、四个女官，车盖用鸟羽装饰，旌旗招展，俨然一副帝王的派头。因当地人把他奉为土地神和五谷神，就用帝王的礼节祭祀。这好像把杜十姨嫁给伍髭须一样，千百年来不能改正这一谬传。假如焦处士上天有灵的话，真不知道该走到哪里去？

表胜庵①

炉峰石屋为一金和尚结茆守土之地②，后住锡柯桥融光寺③。大父造表胜庵成，迎和尚还山住持。命余作启，启曰：

伏以丛林表胜，惭给孤之大地布金④；天瓦安禅⑤，冀宝掌自五天飞锡⑥。重来石塔，戒长老特为东坡⑦；悬契松枝，万回师却逢西向⑧。去无作相，住亦随缘。伏惟九里山之精蓝⑨，实是一金师之初地。偶听柯亭之竹篾⑩，留滞人间；久虚石屋之烟霞，应超尘外。譬之孤天之鹤，尚眷旧枝；想彼弥空之云，亦归故岫⑪。况兹胜域，宜兆异人，了住山之凤因⑫，立开堂之新范。护门容虎，洗钵归龙⑬。茗得先春，仍是寒泉风味；香来破腊，依然茅屋梅花。半月岩似与人猜⑭，请大师试为标指⑮；一片石正堪对语⑯，听生公说到点头⑰。敬藉山灵⑱，愿同石隐。倘净念结远公之社⑲，定不攒眉；若

居心如康乐之流⑳，自难开口。立返山中之驾，看回湖
上之船，仰望慈悲，俯从大众。

【注释】

①表胜庵：作者祖父张汝霖所建。明祁彪佳《越中园亭记》对其有
　详细地描绘："表胜，庵也。而列之园，则张肃之先生精舍在焉。
　山名九里，以越盛时笙歌闻于九里，故名。渡岭穿溪，至水尽路穷
　而庵始出。冷香亭居庵之左，阶阁、钟楼，若断若续，俱悬崖架壑
　为之，而奇石陡峻，则莫过于鸥虎轩。"

②炉峰：即香炉峰，为会稽山的支峰，在浙江绍兴城南。石屋：寺院
　名。在香炉峰西麓。茆（máo）：同"茅"。

③住锡：谓僧人在某地居留。融光寺：在今柯桥融光桥西南。宋绍
　兴六年（1136）始建，明正统十二年（1447）改称"融光寺"。

④给孤之大地布金：传说印度憍萨罗国给孤独长者购买太子祇陀的
　园林，以赠释迦，让其在此说法。太子说，如能用黄金将地面铺满，
　便将此园相让。给孤独长者依言用黄金铺地，感动太子。后此园
　以两人名字命名为"祇树给孤独园"。

⑤天瓦：即天瓦山房，在表胜庵下，背负绝壁。

⑥宝掌：印度高僧。五天：即五天竺，指古印度。古代印度分东天竺、
　南天竺、西天竺、北天竺、中天竺五个区域。飞锡：云游四方。作
　者在《夜航船》一书中亦有介绍："飞锡：《高僧传》：梁武时，宝志
　爱舒州潜山奇绝，时有方士白鹤道人者亦欲之。帝命二人各以物
　识其地，得者居之。道人以鹤止处为记，宝志以卓锡处为记。已而，
　鹤先飞去，忽闻空中锡飞声，遂卓于山麓，而鹤止他处，遂各以所
　识筑室焉。故称行僧为'飞锡'，住僧为'卓锡'，又曰'挂锡'。"

⑦重来石塔，戒长老特为东坡：北宋苏轼《重请戒长老住石塔疏》一

文中有"大士未曾说法,谁作金毛之声;众生各自开堂,何关石塔之事。去无作相,住亦随缘。长老戒公,开不二门,施无尽藏。念西湖之久别,本是偶然,为东坡而少留,无不可者"之语。戒长老,北宋高僧,名戒弼。

⑧万回师却逢西向:传说唐代僧人万回之兄服役安西,父母十分想念。他早上去探望兄长,晚上就带回兄长的书信。

⑨九里山:在浙江绍兴城南。精蓝:佛寺。

⑩柯亭之竹篴(dí):据晋伏滔《长笛赋序》记载:"邕避难江南,宿于柯亭之馆,以竹为椽,邕仰眄之曰:'良竹也。'取以为笛,音声独绝。"柯亭,又名"高迁亭",在今浙江绍兴西南。篴,同"笛"。

⑪岫(xiù):山洞。

⑫了:了结,结束。夙因:前世因缘,前世的根源。

⑬洗钵归龙:《晋书·僧涉传》"僧涉者,西域人也,不知何姓。……能以秘祝下神龙,每旱,坚常使之咒龙请雨。俄而龙下钵中,天辄大雨。"

⑭半月岩:即半月泉,在浙江绍兴法华山天衣寺下。

⑮标指:指点,揭示。

⑯一片石正堪对语:典出唐张鷟《朝野佥载》:"温子昇作《韩陵山寺碑》,(庾)信读而写其本。南人问信曰:'北方文士何如?'信曰:'唯有韩陵山一片石堪共语。'"作者在《夜航船》一书中亦有记载:"韩山一片石:庾信自南朝至北方,惟爱温子昇所作《韩山碑》。或问北方何如,信曰:'惟韩山一片石堪与语,余若驴鸣犬吠耳。'"

⑰听生公说到点头:语出晋无名氏《莲社高贤传·道生法师》:"师被摈,南还,入虎丘山,聚石为徒。讲《涅槃经》,至阐提处,则说有佛性,且曰:'如我所说,契佛心否?'群石皆为点头,旬日学众云集。"后以"顽石点头"比喻说理透彻,令人信服。

⑱藉(jiè):借。

⑲远公之社：东晋元兴元年（402），高僧慧远曾与信徒一百多人在庐山结白莲社，倡导净土法门。

⑳康乐：谢灵运（385—433），原籍陈郡阳夏（今河南太康），出生于会稽始宁（今属浙江绍兴），出身名门望族，袭封康乐公。曾任大司马行参军、太尉参军、中书侍郎、散骑常侍、太子左卫率、永嘉太守等。为山水诗的开创者，著有《晋书》《谢康乐集》等。

【译文】

香炉峰的石屋是一金和尚结茅安居的地方，他后来住在柯桥融光寺。祖父建成表胜庵后，把和尚迎回山中做住持。命我写篇启文，启文如下：

俯伏下拜，丛林中的表胜庵，很惭愧不如给孤独长者用黄金铺地的园林；庵下的天瓦山房可以安静地坐禅，希望您像宝掌和尚一样云游四方后来到此处。重回石塔，戒弼长老是特意为了苏东坡；灵岩寺松枝向东生长，僧人万回为父母去安西探望服役的兄长。离开的时候没有做作，住在这里也是随缘。九里山的精蓝寺，实际是一金大师原来的住所。偶然听到柯亭的竹笛声，滞留在人间；石屋的烟霞一直弥漫着，应当超然尘外。就好像天空的孤鹤，仍然眷恋旧巢；想来空中的云雾，也应回到过去的山穴。况且这个美丽的地方，应当有异人出现，了结住在山里的前世因缘，立下开坛说法的新规范。像慧远大师一样有猛虎来护卫虎溪之界，像僧涉一样能使龙下到钵中降雨。早春的茶叶，仍然带寒泉的风味；岁末的香气，依然自茅屋旁的梅花发出。半月泉好似与人猜谜，请大师试着指点；这一带的石头正可以对话，听您像道生和尚一样说得顽石点头。诚敬地借山灵之名，希望同石头一起归隐。您若想到高僧慧远缔结的白莲社，一定不会对我的邀请皱眉头；我如果有像谢康乐那样的心思，自然难以开口。恳请您立即坐车返回山中，乘船回到湖上，仰望您的慈悲胸怀，希望能听从大众的心愿。

梅花书屋

陔萼楼后老屋倾圮，余筑基四尺，造书屋一大间。傍广耳室如纱幮①，设卧榻。前后空地，后墙坛其趾，西瓜瓤大牡丹三株，花出墙上，岁满三百余朵。坛前西府二树，花时积三尺香雪。前四壁稍高，对面砌石台，插太湖石数峰。西溪梅骨古劲，滇茶数茎妖媚，其傍梅根种西番莲，缠绕如缨络②。窗外竹棚，密宝襄盖之③。阶下翠草深三尺，秋海棠疏疏杂入。前后明窗，宝襄、西府，渐作绿暗。

【注释】

①耳室：堂屋两旁的小房间。纱幮（chú）：纱帐。

②缨络（yīng luò）：同“璎珞”，用珠玉串成的装饰品。

③宝襄：当为“宝相”，一种蔷薇花。

【译文】

陔萼楼后面的老房子倒塌了，我就把原来的地基加高四尺，建造了一间大书屋。旁边拓展出一间耳室，如同纱幮一般，安放一张矮床。书屋前后有空地，在后墙的墙根修建花坛，种了三株硕大的西瓜瓤牡丹，花顺着墙向上长，一年能开三百多朵。坛前有两棵西府海棠，开花时节像堆积了三尺的香雪。前面的四堵墙稍高，就在它对面砌了一座石台，堆叠起几座用太湖石做的山峰。西溪梅花骨力劲健，几枝滇茶花艳丽妖媚，挨着梅花种西番莲，缠绕的样子像璎珞。窗外竹搭的凉棚用蔷薇花密密覆盖着。台阶下的绿草有三尺深，稀疏的种着秋海棠。书屋前后都是明亮的窗户，但在蔷薇和西府海棠的遮盖下，逐渐转为暗绿。

余坐卧其中，非高流佳客①，不得辄入。慕倪迂清閟②，又以"云林秘阁"名之。

【注释】

①高流：指才识出众的人物。

②倪迂清闷(bì)：倪瓒（1301—1374），初名珽，字元镇，号云林，别号幻霞子、荆蛮民、奚元朗等，江苏无锡人。元代书画家，与黄公望、吴镇、王蒙并称"元四家"。著有《清闷阁集》。家中建有清闷阁以收藏书画、古玩。清闷阁，一作"清秘阁"。作者在《夜航船》一书中有介绍："清秘阁：倪云林所居，有清秘阁、云林堂。其清秘阁尤胜，前植碧梧，四周列以奇石，蓄古法书名画其中，客非佳流不得入。尝有夷人入贡，道经无锡，闻云林名，欲见之，以沉香百斤为贽，云林令人绐云：'适往惠山饮泉。'翌日再至，又辞以出探梅花。夷人不得一见，徘徊其家。倪密令开云林堂使登焉，东设古玉器，西设古鼎彝尊罍，夷人方惊顾，问其家人曰：'闻有清秘阁，可一观否？'家人曰：'此阁非人所易入，且吾主已出，不可得也。'夷人望阁再拜而去。"

【译文】

我坐卧都在书屋里，不是名流贵客，不得随便进入。因为仰慕倪瓒幽深的清闷阁，又用"云林秘阁"来给它命名。

不二斋①

不二斋，高梧三丈，翠樾千重②，墙西稍空，蜡梅补之，但有绿天，暑气不到。后窗墙高于槛，方竹数竿，潇潇洒洒，郑子昭"满耳秋声"横披一幅③。天光下射，望空视之，晶沁如玻璃、云母④，坐者恒在清凉世界。图书四壁，充栋连床；

鼎彝尊罍⑤，不移而具。

【注释】

①不二斋：为作者曾祖父张元汴所建。明祁彪佳《越中园亭记》有
　如下记载："张文恭于居第旁，有楼三楹为讲学地，其家曾孙宗子
　更新之，建云林秘阁于后。宗子嗜古，擅诗文，多蓄奇书文玩之具，
　皆极精好，洵惟懒瓒清秘，足以拟之。"

②翠樾（yuè）：绿荫。

③郑子昭：当时的著名画家。据《图绘宝鉴》记载："石锐字以明，钱
　塘人。画得郑子昭金碧山水、界画楼台及人物皆傅色鲜明温润，
　名著于时。"

④晶沁：亮光透入。玻璃：指天然水晶石之类的物质，有各种颜色。
　云母：一种矿物。主要是白色和黑色，多产于花岗岩及伟晶岩中。

⑤鼎彝：烹饪的器具。尊罍（léi）：盛酒的器具。尊，酒樽。罍，小口，
　广肩，深腹，圈足，有盖，多用青铜或陶制成。

【译文】

不二斋，有三丈高的梧桐和浓密的树荫，墙的西边稍空旷，就补种了
一些蜡梅，只要树荫遮蔽住天空，暑气就侵袭不到。后窗的墙高于栏杆，
数竿竹子发出潇潇洒洒的声音，这样的景象分明就是郑子昭画的一幅横
轴"满耳秋声"图。日光照下来，向天空中望去，晶莹透亮得像水晶、云母，
坐在斋内的人一直处在清凉世界中。四面墙上放的都是书籍，屋子里也
到处摆着书籍；鼎彝尊罍这些器具都有，不必刻意准备。

　　余于左设石床竹几，帷之纱幕，以障蚊虻①。绿暗侵纱，
照面成碧。夏日，建兰、茉莉②，芳泽浸人③，沁入衣裾。重
阳前后④，移菊北窗下，菊盆五层，高下列之，颜色空明，天

光晶映，如沉秋水。冬则梧叶落，蜡梅开，暖日晒窗，红炉
氍毹⑤。以昆山石种水仙，列阶趾。春时，四壁下皆山兰，
槛前芍药半亩，多有异本⑥。余解衣盘礴⑦，寒暑未尝轻出，
思之如在隔世。

【注释】

①蚊虻：一种昆虫。身体灰黑色，长椭圆形，头阔，触角短，黑绿色复
　　眼，翅透明。生活在野草丛里，雄的吸植物汁液，雌的吸人、畜的
　　血。多指蚊子。

②建兰：俗称"雄兰""骏河兰""剑蕙"等，兰花的一个品种，花香
　　浓郁。具有较高的园艺和草药价值。

③芗（xiāng）泽：同"香泽"，香气。

④重阳：重阳节，为每年农历的九月初九。

⑤氍毹（tà dēng）：毛毯。

⑥异本：奇异的品种。

⑦盘礴（bó）：伸开腿坐，无拘无束的样子。

【译文】

　　我在屋子左边放置石床、竹几，用纱帐围起来，用以阻挡蚊虫。绿荫
映在纱帐上，把脸都照成了绿色。夏天，建兰、茉莉香气袭人，都渗入衣
服里。重阳节前后，将菊花移到北窗下，把菊花盆从高到低摆五层，颜色
澄澈，在日光照射下变得晶莹，如沉在秋水中。冬天梧桐叶凋落，蜡梅开
放，温暖的阳光晒在窗户上，如同有了火炉、毛毯。在昆山石上种水仙，
摆放在台阶上。春天，四面墙壁下都是山兰，门前有半亩芍药，多为珍贵
品种。我解开衣服，伸腿坐着，寒冬酷暑轻易都不出来，回想起来这样的
日子好像隔了一个时代。

砂罐锡注①

宜兴罐②,以龚春为上③,时大彬次之④,陈用卿又次之⑤。锡注,以王元吉为上,归懋德次之⑥。夫砂罐,砂也;锡注,锡也。器方脱手,而一罐一注价五六金,则是砂与锡与价,其轻重正相等焉,岂非怪事。

【注释】

①砂罐:一种陶质器皿。锡注:一种锡做的酒壶。

②宜兴:今江苏宜兴。

③龚春:供春,明正德、嘉靖间人。原为吴颐山家童,以制陶名于世。作者在《夜航船》一书中亦有介绍:"无锡瓷壶:以龚春为上,时大彬次之,甚规格大略粗蠢,细泥精巧,皆是后人所溷。"

④时大彬:号少山,江苏宜兴人。明代制壶"四大家"之一时朋之子。制壶严谨,讲究古朴,壶上多有"时"或"大彬"印款。

⑤陈用卿:俗称"陈一卿""陈三呆子"等,明代制壶名家。善制大壶,所造莲子、汤婆、钵盂、圆珠等式样,不用规矩准绳而自然圆整。

⑥王元吉、归懋(mào)德:张岱《夜航船》载:"嘉兴锡壶:所制精工,以黄元吉为上,归懋德次之。初年价钱极贵,后渐轻微。"王元吉,或为黄元吉。

【译文】

宜兴砂罐,以龚春制的为上品,其次是时大彬的,再次是陈用卿的。锡酒壶,以王元吉制的为上品,其次是归懋德的。砂罐是用砂土烧制的,锡酒壶是用锡浇铸的。器物刚制成,一罐一壶的价格都达到五六两银子,这样砂罐、锡器的价格与它们自身的重量差不多了,这岂不是一件怪事?

然一砂罐、一锡注,直跻之商彝、周鼎之列而毫无惭色①,

则是其品地也。

【注释】

①跻（jī）：登，升，达到。商彝、周鼎：商周时期的青铜礼器。彝、鼎，
　古代祭祀所用的鼎、尊等礼器。这里泛指珍贵的古董。

【译文】

然而一个砂罐、一只锡壶，能跻身到商彝、周鼎这些珍贵的古董之列
而毫无愧色，这是由其品质决定的。

沈梅冈①

沈梅冈先生忤相嵩②，在狱十八年。读书之暇，傍攻匠
艺，无斧锯，以片铁日夕磨之，遂铦利③。得香楠尺许，琢为
文具一，大匣三、小匣七、壁锁二，棕竹数片为箑一④，为骨
十八，以笋、以缝、以键，坚密肉好，巧匠谢不能事⑤。

【注释】

①沈梅冈：沈束（1514—1581），字宗安，号梅冈，会稽（今浙江绍兴）
　人。嘉靖二十三年（1544）进士，历任徽州推官、礼科给事中等。
　嘉靖二十八年（1549）因得罪严嵩被下狱，时间长达十八年。

②忤：冒犯，得罪。相嵩：严嵩（1480—1567），字惟中，号介溪，江西
　分宜人。弘治十八年（1505）进士，历任翰林院庶吉士、吏部右侍
　郎、吏部尚书、礼部尚书、武英殿大学士。嘉靖二十三年（1544）任
　首辅，把持朝政多年。

③铦（xiān）利：锋利。

④棕竹：一种常绿丛生灌木。叶形略似棕榈，质薄尖细如竹叶。干
　细而坚韧，可制手杖、伞柄等。箑（shà）：扇子。

⑤谢：逊让，不如。

【译文】

沈梅冈先生因冒犯权相严嵩，在监狱里待了十八年。他利用读书的闲暇时间，学习工匠的手艺，没有斧头锯子，就把铁片日夜打磨，磨得锋利。他得到一块一尺左右的香楠木，就雕琢成一件文具，其中三个大匣、七个小匣、两把壁锁。还用几片棕竹做成一把扇子，扇骨有十八根，用榫头连接，用针线缝缀，用锁键加固，坚实细密，就是能工巧匠也做不出这样的东西。

夫人丐先文恭志公墓①，持以为贽②。文恭拜受之，铭其匣曰："十九年，中郎节③；十八年，给谏匣④，节邪匣邪全一辙⑤。"铭其箑曰："塞外毡，饥可餐⑥；狱中箑，尘莫干，前苏后沈名班班⑦。"梅冈制，文恭铭，徐文长书⑧，张应尧镌⑨，人称四绝，余珍藏之。

【注释】

①夫人：沈束的妻子张氏。丐：请求。文恭：张元汴（1538—1588），字子荩，号阳和，山阴（今浙江绍兴）人。隆庆五年（1571）状元，历任翰林院修撰、左谕德兼侍读、直经筵。谥文恭。著有《不二斋文选》《绍兴府志》《云门志略》等。他是作者的曾祖父。志公墓：为他写墓志铭。

②贽（zhì）：见面礼。

③十九年，中郎节：西汉时苏武以中郎将身份出使匈奴十九年，手持汉节，不忘汉朝。单于逼他投降，将其关入地窖，断绝饮食。苏武啖毡饮雪，始终没有变节。

④给谏：明清时期六科给事中的别称。

⑤仝（tóng）：即"同"。

⑥塞外毡，饥可餐：指苏武被断绝饮食、啖毡饮雪事。

⑦前苏后沈："苏"指苏武，"沈"即沈梅冈。

⑧徐文长：徐渭（1521—1593），字文清，后改字文长，别号青藤、天池、田水月等，山阴（浙江绍兴）人。曾帮助总督胡宗宪筹划军机。著有《徐文长全集》《徐文长佚草》《四声猿》《南词叙录》等。作者年轻时曾搜辑徐渭遗稿，成《徐文长逸稿》。

⑨张应尧：嘉定（今属上海）人。主要生活在明末清初，以刻竹而闻名。

【译文】

沈夫人请求我的曾祖父文恭公为沈梅冈撰写墓志，拿着这些狱中所做的东西做见面礼。曾祖父拜谢接受了，为他的匣子作铭文："十九年，陪伴汉中郎将苏武的是竹节；十八年，陪伴给谏沈梅冈的是这个匣子，竹节、匣子彰显的气节是一致的。"他为扇子作铭文："塞外的毛毡，饥饿的时候可以吃；狱中的扇子，灰尘还没有干。前有苏武后有沈梅冈，都声名显赫。"沈梅冈制作，文恭公写铭文，徐文长书写，张应尧镌刻，人们称为四绝，我珍藏着。

又闻其以粥炼土，凡数年，范为铜鼓者二，声闻里许，胜暹罗铜①。

【注释】

①暹（xiān）罗：对泰国的旧称。作者在《夜航船》一书中亦有介绍："暹罗国：本暹与罗斛二国，暹乃汉赤眉遗种。元至正间，暹降于罗斛，合为一国。明洪武初，上金叶表文入贡，诏给印绶，赐《大统历》，且乞量衡为中国式，从之。"

【译文】

又听说沈梅冈先生用粥和土，炼了好几年，做成模具，铸成了两个铜鼓,声音在一里外都能听到,超过暹罗的铜器。

岣嵝山房①

岣嵝山房,逼山、逼溪、逼弢光路②,故无径不梁,无屋不阁。门外苍松傲睨,蓊以杂木,冷绿万顷,人面俱失。石桥底磴,可坐十人。寺僧刳竹引泉③,桥下交交牙牙④,皆为竹邮⑤。

【注释】

①岣嵝(gǒu lǒu)山房:作者在《西湖梦寻》卷二"岣嵝山房"一则有介绍:"李茇号岣嵝,武林人,住灵隐韬光山下。造山房数楹,尽驾回溪绝壑之上。溪声淙淙出阁下,高崖插天,古木蓊蔚,大有幽致。山人居此,孑然一身。好诗,与天池徐渭友善。客至,则呼童驾小舫,荡桨于西泠断桥之间,笑咏竟日。以山石自礌生圹,死即埋之。所著有《岣嵝山人诗集》四卷。天启甲子,余与赵介臣、陈章侯、颜叙伯、卓珂月、余弟平子读书其中。主僧自超,园蔬山蕨,淡薄凄清。但恨名利之心未净,未免唐突山灵,至今犹有愧色。"岣嵝,山巅。

②逼:切近,靠近。弢(tāo):同"韬"。

③刳(kū):劈。

④交交牙牙:纵横杂错的样子。

⑤竹邮:引水用的竹管。

【译文】

岣嵝山房,靠近山,靠近溪流,靠近韬光路,因此没有一条路不架桥,没有一间屋子不建阁楼。门外苍松高傲地向下看,杂木茂盛,绿荫万顷,人脸都看不清了。石桥下的台阶上，可以坐十个人。寺里的僧人劈竹引泉，桥下交叉错杂的，都是传递泉水的竹管。

天启甲子①，余键户其中者七阅月②，耳饱溪声，目饱清樾。山上下，多西粟、边笋，甘芳无比。邻人以山房为市，蓏果、羽族日致之③，而独无鱼。乃潴溪为壑④，系巨鱼数十头⑤。有客至，辄取鱼给鲜。日晡，必步冷泉亭、包园、飞来峰⑥。

【注释】

①天启甲子：即天启四年（1624）。

②键户：闭门不出。键，门闩。户，门。七阅月：过了七个月。阅，经过。

③蓏（luǒ）：瓜果。羽族：禽类。

④潴（zhū）溪为壑：拦溪蓄水，让它成为水坑。

⑤系：这里是放养的意思。

⑥冷泉亭：在飞来峰下，因下临冷泉而得名。包园：包涵所建的园亭。飞来峰：又名"灵鹫峰"，在杭州西湖西北灵隐寺前。东晋僧人慧理云此山系中天竺国灵鹫山之小岭，不知何年飞来，故名。作者在《夜航船》一书中亦有介绍："飞来峰：在杭州虎林山之前。晋时西僧叹曰：'此是天竺国灵鹫山之小岭，不知何日飞来？'因名之'飞来峰'。"

【译文】

天启甲子年，我在山房里关门闭户，整整七个月，耳朵饱听溪流的声音，眼睛饱览清绿的树荫。山上山下，多产西粟、鞭笋，无比甘甜芬芳。邻居把山房当作市场，每天送来瓜果、禽类，唯独没有鱼。于是我拦溪蓄水，放养几十条大鱼。有客人来了，就抓鱼给他们尝鲜。傍晚，我必定到冷泉亭、包园、飞来峰散步。

　　一日，缘溪走看佛像，口口骂杨髡^①。见一波斯坐龙象^②，蛮女四五献花果^③，皆裸形，勒石志之，乃真伽像也。余椎落其首^④，并碎诸蛮女，置溺溲处以报之^⑤。寺僧以余为椎佛也，咄咄作怪事^⑥，及知为杨髡，皆欢喜赞叹。

【注释】

①杨髡（kūn）：杨琏真加，元代西藏僧人。曾任释教总统。至元二十九年（1292），他与其他僧人勾结，大量盗挖宋代帝王、诸侯的寝陵。作者在《西湖梦寻》卷二"飞来峰"一则有详细介绍，可参看。

②波斯：泛称来自中亚地区的人。

③蛮女：胡女。

④椎：用椎打击，敲打。

⑤溺溲（sōu）：撒尿。

⑥咄咄：感慨声，表示感慨、责备或惊诧。

【译文】

　　有一天，我顺着溪水一边走一边看佛像，嘴里不停地骂杨髡。只见一个波斯人坐在龙象上，四五个胡女向他献花果，都是赤裸身体，而且还刻石记载，这正是杨髡的塑像。我打掉它的脑袋，并打碎那些胡女像，放在人们小便的地方来报复他。寺院的僧人以为我打坏佛像，认为是令人惊讶的怪事，等知道这是杨髡的塑像时，都欢喜赞叹。

三世藏书

　　余家三世积书三万余卷。大父诏余曰^①："诸孙中惟尔好书，尔要看者，随意携去。"余简太仆、文恭、大父丹铅所及②,有手泽存焉者③,汇以请,大父喜,命舁去,约二千余卷。崇祯乙丑④,大父去世,余适往武林,父叔及诸弟、门客、匠指、臧获、獀婢辈乱取之⑤,三代遗书,一日尽失。

【注释】

① 诏:告诉。

② 简:挑选。太仆:指作者的高祖张天复(1513—1574),字复亨,号内山。嘉靖二十六年(1547)进士,历任礼部主事、云南按察司副使、甘肃道行太仆卿。丹铅:古人点校文字时所使用的丹砂和铅粉。

③ 手泽:先人或前辈的遗墨、遗物等。

④ 崇祯乙丑:崇祯间没有乙丑年,结合此年"大父去世"一语,当为天启乙丑,即天启五年(1625)。

⑤ 臧获:奴婢。作者在《夜航船》一书中有解释:"臧获:海岱之间骂奴曰臧,骂婢曰获。盖古无奴婢,犯事者被臧,没入官为奴;妇女逃亡,获得者为婢。"獀(sāo)婢:粗蠢的婢女。明邝露《赤雅》卷上"布伯"条载"土目命女奴曰'獀婢'"。

【译文】

我家三代积攒书籍有三万多卷。祖父告诉我说:"在这些孙子中只有你喜欢书,你想看什么书,就随意拿走。"我挑选那些高祖、曾祖、祖父校订过的,有他们手迹的书籍保存,放在一起请求带走,祖父很高兴,命人抬过去,大约有两千多卷。天启乙丑年,祖父去世,我正好到武林,叔伯及诸弟兄、门客、工匠、奴仆、婢女等人趁乱盗取,三代遗留下的书籍,一天内全部散失。

    余自垂髫聚书四十年①,不下三万卷。乙酉避兵入剡②,

略携数箧随行③，而所存者，为方兵所据，日裂以吹烟，并舁
至江干④，籍甲内，挡箭弹，四十年所积，亦一日尽失。此吾
家书运，亦复谁尤⑤。

【注释】

①垂髫（tiáo）：孩童，童年。

②乙酉：即顺治二年（1645）。剡（shàn）：剡溪，在今浙江嵊州。

③箧（lù）：竹箱。

④江干：江边，江畔。

⑤尤：特异的，突出的。

【译文】

　　我自孩童起藏书已四十年，所得不少于三万卷。乙酉年为躲避兵火
逃入剡溪，略微带了几箱书籍随行，留下的那些书籍被方安国的士兵占
据，每天撕下来烧火，他们还把书抬到江边，塞在盔甲内，用来抵挡弓
箭、炮弹，四十年积攒的书籍也在一天内散尽。这就是我家的书运，还
能再怨恨谁呢！

　　余因叹古今藏书之富，无过隋、唐。隋嘉则殿分三品，
有红琉璃、绀琉璃、漆轴之异①。殿垂锦幔，绕刻飞仙。帝幸
书室，践暗机②，则飞仙收幔而上，橱扉自启；帝出，闭如初。
隋之书计三十七万卷。唐迁内库书于东宫丽正殿，置修
文、著作两院学士，得通籍出入③。太府月给蜀都麻纸五千
番④，季给上谷墨三百三十六丸⑤，岁给河间、景城、清河、博
平四郡兔千五百皮为笔，以甲、乙、丙、丁为次⑥。唐之书计
二十万八千卷。我明中秘书不可胜计⑦，即《永乐大典》一
书⑧，亦堆积数库焉。余书直九牛一毛耳⑨，何足数哉。

【注释】

①隋嘉则殿分三品,有红琉璃、绀琉璃、漆轴之异:据《隋书·经籍志》记载:"炀帝即位,秘阁之书,限写五十副本,分为三品:上品红琉璃轴,中品绀琉璃轴,下品漆轴。"作者对隋嘉则殿藏书情况的介绍又见其《夜航船》,内容相同。

②暗机:隐藏的机关。

③通籍:古代出入宫时将写有姓名、年龄、身份的竹片挂在门外,以备核对。作者在《夜航船》一书中亦有解释:"通籍:举子登科后,禁门中皆有名籍,可恣意出入也。"

④太府:官名。掌管国家钱谷财货。

⑤上谷墨:唐代易水出产的墨。易水时属"上谷郡",故名"上谷墨"。

⑥以甲、乙、丙、丁为次:作者《夜航船》载:"四部:唐《经籍志》:玄宗两都各聚书四部,以甲、乙、丙、丁为号;甲,经部,赤牙签;乙,史部,绿牙签;丙,子部,碧牙签;丁,集部,白牙签。"

⑦中秘书:指明代宫中藏书的机构。

⑧《永乐大典》:明成祖时期解缙等人所编辑的一部大型类书,共二万二千八百七十七卷,收录古代典籍七八千种。正本约毁于明亡之际。副本至清咸丰时逐渐散失。1900年,八国联军攻入北京,副本遭到焚毁和抢掠。现存已征集到残卷七百九十五卷,不过是原书的一个零头。

⑨直:只不过。九牛一毛:比喻渺小轻微,不值一提。

【译文】

我因此感叹古今藏书最多者,没有超过隋、唐两代的。隋代的嘉则殿把书籍分成三品,在装帧上有红琉璃、绀琉璃和漆轴的区别。大殿垂下华丽的帷幔,环绕帷幔刻有飞舞的仙人。皇帝幸临书房,踩动隐藏的机关,飞仙就把帷幔收上去,橱门自动开启;等到皇帝出去,橱门关闭如初。隋代的书籍总计有三十七万卷。到唐代把内库的藏书迁到东宫丽正殿，设立修文、著作两院学士，他们登记姓名身份后可以进出。太府每月发放五千番蜀都产的麻纸，每季发放三百三十六丸上谷产的墨，每年发一千五百匹河间、景城、清河、博平四郡产的兔皮来做笔，丽正殿的书籍按甲、乙、丙、丁四部来分类。唐代的书籍总计有二十万八千卷。我大明宫廷藏书多得不可计数，单《永乐大典》一书就堆积了多个书库。和这些相比，我的藏书不过是九牛一毛而已，哪里值得一提。

卷三

【题解】

这一卷描绘的主要是作者本人的日常生活及所见所闻，从孝陵、孔庙的祭祀到个人的风花雪月，从宏大到细微，由此可以看到全书内在的脉络。无论是王朝的更迭，还是文化的沦丧，都是通过个人生活的各种改变来体现的。也许只有到国破家亡之际，才真正能体会到天下兴亡与个人命运的关系是如此密不可分，但一切都太晚了。作者在追述昔日繁华的笔墨中，透露出来的不仅仅是伤感，也有痛定思痛后的忏悔和反思。

作者精于音乐和茶道，对精致生活的讲究已经艺术化，达到很高的境界，如果生活没有发生如此大的变故话，他完全可以做个太平闲人，安享人生。这样的生活在战火面前烟消云散，转眼间只剩下埋在心头的温暖记忆了。

在寒冷孤寂的冬夜里，撰写《陶庵梦忆》以及《西湖梦寻》也许可以理解为一种取暖，从往日的生活中寻找暖意，抚慰那颗已经冰冷的心灵。凝结在心头的寒冰比现实生活中的坚冰更难融化，事实上也无法融化，不过是仅仅获得一丝安慰而已。

以下对本卷各文进行简要评述：

《丝社》：越中一地人杰地灵，文化底蕴丰厚，琴客竟然不满五六人，作者的丝社想必颇为冷落，真是曲高和寡。不过这样也好，人多了就不是操琴，而是打把式卖艺了。

《南镇祈梦》：作者喜欢做梦，也喜欢写梦。只是不知道他所祈得的梦中，有无改朝换代的预示、国破家亡的先兆。

《禊泉》：作者可谓知水者，其品水水平令人叹为观止。他在写各种奇人绝艺的时候可能没有意识到，他本人也是一个奇人。

《兰雪茶》：从茶中能品出金石之气，茶艺之精，令人叹服。有了这样的知音，茶也获得了生命，变得有个性了。

《白洋潮》：本文写观潮，绘声绘色，极为生动，如在眼前。作者另有《白洋看潮》一诗，同样写得精彩，兹引如下：

潮来自海宁，水起刚一抹。摇曳数里长，但见天地阔。

阴阒闻龙腥，群狮蒙雪走。鞭策迅雷中，万首敢先后？

钱镠劲弩围，山奔海亦立。疾如划电驱，怒若暴雨急。

铁杵捣冰山，杵落碎成屑。骤然先怪在，沐日复浴月。

劫火烧昆仑，银河水倾决。观其冲激威，环宇当覆灭。

用力扑海塘，势大难抵止。寒栗不自持，海塘薄于纸。

一扑即回头，龟山挡其辙。共工触不周，崩羼天柱折。

世上无女娲，谁补东南缺？潮后吼赤泥，应是玄黄血。

从此上小矗，赭龛喋两颊。江神驾白螭，横扫峨眉雪。

《阳和泉》：好端端一处泉水，就这样被毁掉了。一个和尚挑水喝，两个和尚抬水喝，三个和尚没水喝。一群和尚……

《闵老子茶》：张岱《茶史序》一文的内容与本文大体相同，并云"因出余《茶史》细细论定，剒之以授好事者，使世知茶理之微如此，人毋得浪言茗战也"。不知这部令人神往的《茶史》如今尚在人世间否？

《龙喷池》：费了那么多人力物力，终于功德圆满，遇到作者这样的有心人，可谓龙喷池之幸。人们常说山水是有灵性的，其实山水哪有什么灵性，只是遇到了有灵性的人，山水才获得了灵性。世间万物，不都是如此吗？

《朱文懿家桂》：既是写树，也是写人。得与用，用与废，远比我们想象的复杂，这篇文章写得颇有哲理，耐人深思。

《逍遥楼》：出人意料的有趣误读，很有喜感。不管怎样，只要夫妻和好，就算达到目的了。正所谓功夫在药外。

《天镜园》：张汝霖的好友黄汝亨曾这样评价天镜园："此中未许尘客到，徙倚沧浪唱独醒。"（《天镜园作》）看来不是谁都可以到此游览的，好景不可辜负。

《包涵所》：从此文可见明代繁华的另一面，这位包涵所的生活真是到了穷奢极欲的程度，"索性繁华到底"，且得以善终，这可能不符合有些人因果报应、盛极必衰的心理期待，似乎这位老兄一定要家道中落、晚年凄凉、忏悔不已才显得有意义。

《斗鸡社》：对这位整日沉迷于斗鸡和收藏的叔叔，张岱曾发出这样的感叹："货利嗜欲之中，无吾驻足之地，何必终日劳劳，持筹握算也。"（《附传》）这是另一个版本的包涵所。

《栖霞》：畅游风景名胜，本来就很开心，再不期而遇，见到一位谈得来的朋友，那更是意外惊喜，人生之乐，莫过于此。作者心情之愉悦，可以想见。

《湖心亭看雪》：从古至今，到过西湖的游人不知道有多少，其中大多选择在春夏之季。至于冬日西湖雪景之佳，能亲身领略者可就不多，这一遗憾可以通过阅读本文来弥补。最美的风景一定留给有慧心的人去发现。

《陈章侯》：那位神秘女郎来无迹，去无踪，人乎？仙乎？醒时？梦中？作者挺会卖关子，写得恍恍惚惚，迷迷离离，读者只能摹想得之。世间的事情不见得都有答案，包括作者本人。

丝社

越中琴客不满五六人，经年不事操缦①，琴安得佳？余结丝社，月必三会之。有小檄曰②：

中郎音癖，《清溪弄》三载乃成③；贺令神交，《广陵散》千年不绝④。器籁神以合道，人易学而难精。幸生岩壑之乡⑤，共志丝桐之雅⑥。清泉磐石，援琴歌《水仙》之操⑦，便足怡情；涧响松风，三者皆自然之声，正须类聚。偕我同志⑧，爱立琴盟，约有常期，宁虚芳日。杂丝和竹，用以鼓吹清音；动操鸣弦，自令众山皆响。非关匣里，不在指头，东坡老方是解人⑨；但识琴中，无劳弦上，元亮辈政堪佳侣⑩。既调商角⑪，翻信肉不如丝⑫；谐畅风神，雅羡心生于手。从容秘玩，莫令解秽于花奴⑬；抑按盘桓⑭，敢谓倦生于古乐。共怜同调之友声，用振丝坛之盛举。

【注释】

①操缦（màn）：调弄琴弦。这里代指弹奏古琴。

②檄（xí）：中国古代的一种文体。常用于召集军队、讨伐敌人。作者假借官府文书口吻，召集同道中人结社，有些游戏笔墨的戏谑意味。

③中郎音癖，《清溪弄》三载乃成：《册府元龟》卷八百五十六载："（蔡）邕性沉审，志好琴道，以嘉平元年入清溪访鬼谷先生所居山五曲曲，有幽居灵迹。每一曲制一弄，三年曲成。遂出呈马融。王元、董卓等异之。"中郎，蔡邕（133—192），字伯喈，陈留圉（今河南杞县）人。因曾任左中郎将，故称"蔡中郎"。

④贺令神交，《广陵散》千年不绝：《太平广记》卷三百二十四引《幽
明录》载："会稽贺思令善弹琴，尝夜在月中坐，临风抚奏。忽有一
人，形器甚伟，着械有惨色，至其中庭，称善，便与共语。自云是嵇
中散。谓贺云：'卿下手极快，但于古法未合。'因授以《广陵散》。
贺因得之，于今不绝。"

⑤岩壑：指山峦溪谷。

⑥丝桐：指琴。古人削桐为琴，练丝为弦，故有此称。

⑦《水仙》之操：《水仙操》，古琴名曲。据《琴操》记载："《水仙操》者，
伯牙之所作也。伯牙学琴于成连先生，先生曰：'吾能传曲，而不
能移情。吾师有方子春者，善于琴，能作人之情，今在东海上，子
能与我同事之乎？'伯牙曰：'夫子有命，敢不敬从。'乃相与至海
上，见子春受业焉。"另据《乐府解题·水仙操前段》，此段文字后
还有一段话："乃与伯牙俱往，至蓬莱山，留伯牙：'子居习之，吾将
迎之。'划船而去。旬时，伯牙延望无人，但闻海水洞涌，山林杳冥，
怆然叹曰：'先生移我情矣。'乃援琴而歌，作《水仙》之操。"

⑧同志：志趣相同的人。

⑨"非关匣里"三句：语出宋苏轼《琴诗》："若言琴上有琴声，放在
匣中何不鸣？若言声在指头上，何不于君指上听？"东坡老，即苏
轼（1037—1101），字子瞻，号东坡居士，眉州眉山（今四川眉山）
人。嘉祐进士，曾任祠部员外郎、杭州通判、翰林学士等。与父亲
苏洵、弟弟苏辙，合称"三苏"，是唐宋八大家之一。

⑩"但识琴中"三句：语出《晋书》卷九十四《隐逸传》："（陶潜）性
不解音，而畜素琴一张，弦徽不具，每朋酒之会，则抚而和之，曰：
'但识琴中趣，何劳弦上声。'"元亮，陶渊明（365—427），一名潜，
字元亮，柴桑（今江西九江柴桑区）人。曾做过彭泽令之类的小官，
后辞官隐居。

⑪商角：宫、商、角、徵、羽是我国五声音阶中五个不同音的名称，总

称"五音"。"商角"在这里泛指音乐。

⑫肉不如丝：美妙的歌喉不如丝弦弹拨乐器悦耳动听。人们通常说丝不如竹，竹不如肉，作者这里是反其意而用之。

⑬解秽于花奴：《太平广记》卷二百五引唐南卓《羯鼓录》："上（唐玄宗）性俊迈，酷不好琴。曾听弹正弄，未及毕，叱琴者出，曰：'待诏出去！'谓内官曰：'速召花奴将羯鼓来，为我解秽。'"花奴，汝南王李琎的小名，善击羯鼓。

⑭抑按盘桓：指古琴演奏时的指法动作。抑按，指左手按压琴弦的动作。盘桓，指手压弦后在琴面上往来移动，此即"走手音"的动作。

【译文】

越中抚琴的人不到五六个，整年都不调琴弄弦，琴艺哪能高超呢？我缔结丝社，每个月必定要雅集三次。为此，写了一篇小檄文：

蔡中郎雅爱琴道，《清溪弄》三年方才作成；贺思令神交嵇康，《广陵散》因此千年不绝。器物由心神相交而合乎大道，人容易学会技艺但难以精通。我有幸生长在有山峦溪谷的地方，共同追慕抚琴的雅趣。清泉在石间流过，拨动琴弦弹奏《水仙操》，便足以愉悦性情；山涧里响起吹过松林的风声，水声、琴声、风声这三者都是自然天籁之音，正应当和同类聚集在一起。与同我志趣相投的朋友们，立下琴社盟约，约定常聚的日期，哪能虚度美好的时光。丝竹交杂，响起清雅的乐声；拨动琴弦，自然会让群山回响。琴声不在匣中和指头上，东坡老先生才是解音之人；只要领悟琴中的妙义，不必劳烦琴弦，陶渊明正适合做佳伴。调弄五音之后，反而相信美妙的歌喉不如丝弦的乐器那么悦耳；心神感到和谐顺畅，美慕心中所想能通过手指传达出来。从容悄悄地赏玩，不必让打鼓的花奴来除去秽气；手指一俯一仰，往来进复，哪敢说因听古乐而感到厌倦。一起欣赏朋友们弹奏的同道之声，以此作为振兴琴坛的盛举吧。

南镇祈梦①

万历壬子②，余年十六，祈梦于南镇梦神之前，因作疏曰：

爰自混沌谱中③，别开天地；华胥国里④，蚤见春秋⑤。梦两楹⑥，梦赤鸟⑦，至人不无；梦蕉鹿⑧，梦轩冕⑨，痴人敢说。惟其无想无因，未尝梦乘车入鼠穴，捣齑啖铁杵⑩；非其先知先觉，何以将得位梦棺器，得财梦秽矢⑪。正在恍惚之交，俨若神明之赐。某也踜跰偃潴⑫，轩矗樊笼⑬，顾影自怜，将谁以告？为人所玩，吾何以堪。一鸣惊人，赤壁鹤耶⑭？局促辕下，南柯蚁耶⑮？得时则驾，渭水熊耶⑯？半榻蘧除，漆园蝶耶⑰？神其诏我，或寝或吡；我得先知，何从何去。择此一阳之始⑱，以祈六梦之正⑲。功名志急，欲搔首而问天；祈祷心坚，故举头以抢地⑳。轩辕氏圆梦鼎湖㉑，已知一字而有一验；李卫公上书西岳㉒，可云三问而三不灵。肃此以闻，惟神垂鉴。

【注释】

①南镇祈梦：绍兴习俗，除夕之夜，民众到南镇殿内夜宿，梦中所占吉凶，据说很是灵验。南镇，会稽山，在今浙江绍兴。因在我国五大镇山中位居南镇，故称。

②万历壬子：万历四十年（1612）。

③混沌谱：据《仙佛奇踪》记载，陈抟在华山修行时，"一日，有客过访，适值其睡。旁有一异人，听其息声，以墨笔记之，满纸糊涂莫辨。客怪而问之。其人曰：'此先生华胥调、混沌谱也。'"

④华胥国:古代传说中的国家。《列子·黄帝》:"(黄帝)昼寝而梦,游于华胥氏之国。华胥氏之国在弇州之西,台州之北,不知斯齐国几千万里。盖非舟车足力之所及,神游而已。"后常以其代称梦境。

⑤蚤:通"早"。

⑥梦两楹:典出《礼记·檀弓上》,孔子梦见自己"坐奠于两楹之间",预感到自己将不久于人世,后"寝疾七日而没"。

⑦赤舄(xì):古代君王贵族所穿的鞋子。

⑧梦蕉鹿:典出《列子·周穆王》:"郑人有薪于野者,遇骇鹿,御而击之,毙之。恐人见之也,遽而藏诸隍中,覆之以蕉,不胜其喜。俄而遗其所藏之处,遂以为梦焉。"

⑨轩冕:古代大夫所用的车乘和冕服,借指官位爵禄。

⑩"惟其"三句:典出《世说新语·文学》:"卫玠总角时,问乐令'梦',乐云'是想'。卫曰:'形神所不接而梦,岂是想邪?'乐云:'因也。未尝梦乘车入鼠穴,捣齑啖铁杵,皆无想无因故也。'"齑(jī),切成粉末的菜或肉。

⑪何以将得位梦棺器,得财梦秽矢:典出《世说新语·文学》:"人有问殷中军:'何以将得位而梦棺器,将得财而梦矢秽?'殷曰:'官本是臭腐,所以将得而梦棺尸;财本是粪土,所以将得而梦秽污。'时人以为名通。"

⑫蹞跜(kuí ní):踞伏的样子。偃潴(zhū):泥潭,水洼。

⑬轩翥(zhù):飞动。翥,鸟向上飞。

⑭赤壁鹤:典出宋苏轼《后赤壁赋》:"时夜将半,四顾寂寥。适有孤鹤,横江东来。翅如车轮,玄裳缟衣,戛然长鸣,掠予舟而西也。须臾客去,予亦就睡。梦一道士,羽衣蹁跹,过临皋之下。"

⑮南柯蚁:用"南柯一梦"典。淳于棼经过一番游历之后,发现自己不过是在蚁穴中。见唐李公佐《南柯太守传》。

⑯渭水熊：典出《史记·齐太公世家》："西伯将出猎，卜之，曰'所获
　　非龙非彲，非虎非罴，所获霸王之辅'。于是周西伯猎，果遇太公
　　于渭之阳。"后人由此演绎出周文王梦飞熊得姜尚的故事。

⑰半榻蘧（qú）除，漆园蝶耶：典出《庄子·齐物论》："昔者庄周梦
　　为胡蝶，栩栩然胡蝶也。自喻适志与，不知周也。俄然觉，则蘧蘧
　　然周也。不知周之梦为胡蝶与，胡蝶之梦为周与？周与胡蝶，则
　　必有分矣。此之谓物化。"蘧除，亦作"蘧蒢"，粗席，草席。

⑱一阳：指冬至。俗语有"冬至一阳生"之说。

⑲六梦：语出《周礼·春官·占梦》："以日月星辰占六梦之吉凶：一
　　曰正梦，二曰噩梦，三曰思梦，四曰寤梦，五曰喜梦，六曰惧梦。"

⑳抢（qiāng）：碰，撞。

㉑轩辕氏圆梦鼎湖：典出《史记·封禅书》："黄帝采首山铜，铸鼎于
　　荆山下。鼎既成，有龙垂胡颥下迎黄帝。"轩辕氏，黄帝，传说中
　　的上古帝王。因生于轩辕之丘，故称"轩辕氏"。

㉒李卫公：李靖（571—649），字药师，陕西三原人。因曾被封卫国
　　公，世称"李卫公"。唐初著名将领。李靖撰有《上西岳书》一文，
　　其中有"若三问不对，亦何神之有灵？然后即靖斩大王头，焚其
　　庙，建纵横之略，亦未晚也"之语。

【译文】

万历壬子年，我十六岁，在绍兴南镇梦神面前祈梦，因此撰写疏文
如下：

　　从混沌谱中，别开一片天地；在华胥国里，早已知晓历史。梦见
两根楹柱，梦见君王贵族所穿的鞋子，真人圣人也不是没有这样做
过；梦见野鹿藏在芭蕉下，梦见士大夫的车乘冕服，连愚钝之辈也敢
这样说。唯其没想法没缘由，否则不会梦中乘车进入老鼠洞，捣碎
铁棒来吃；不是因为先知先觉，怎么会在将升官时梦到棺材，将发财
时梦到粪土。正在恍惚之际，好像是神明的赏赐。我像龙被困在水

洼里，像鸟被关在笼子里，顾影自怜，能告诉谁呢？被人玩弄，我哪能承受。一鸣惊人，那是赤壁的孤鹤吗？拘谨得像拉车的马，那是南柯的蚂蚁吗？得到时机就出马，那是周文王梦飞熊而得姜尚吗？半张床榻铺着草席，那是庄周梦蝶吗？恳请神灵通过梦境告诉我，是静是动；我能事先得知，何去何从。我选择冬至日这天过来，做到祈梦的正当。功名之心急切，想搔头来问上天；祈祷之心坚定，因此以头叩地。轩辕氏圆了铸鼎升天的梦，由此可知一个字就有一个字的应验；李卫公向西岳上书，据说问了三次三次都不灵验。我庄重地把自己的愿望昭告上天，希望神明能俯察听取。

禊泉①

惠山泉不渡钱唐②，西兴脚子挑水过江③，喃喃作怪事④。有缙绅先生造大父⑤，饮茗大佳，问曰："何地水？"大父曰："惠泉水。"缙绅先生顾其价曰⑥："我家逼近卫前⑦，而不知打水吃，切记之。"董日铸先生常曰⑧："'浓''热''满'三字尽茶理，陆羽《经》可烧也⑨。"两先生之言，足见绍兴人之村之朴⑩。

【注释】

①禊（xì）：古代于春、秋两季在水边举行的一种祭礼。

②惠山泉：位于江苏无锡西惠山山麓，世称天下第二泉。作者在《夜航船》一书中亦有介绍："惠山泉：在无锡县锡山，旧名九龙山，有泉出石穴。陆羽品之，谓天下第二泉。"钱唐：即钱塘江。

③西兴：古称"固陵"，今属浙江杭州滨江区。脚子：脚夫。

④喃喃：低声说话的声音。

⑤缙（jìn）绅先生：或作"搢绅先生"，泛称有官职或曾做过官的人。
造：到，拜访。

⑥价（jiè）：负责运送泉水的人。

⑦逼近：靠近。卫前：这位缙绅先生将"惠泉"误听为"卫前"。

⑧董日铸：董懋策，字撰仲，号日铸。作者《有明於越三不朽名贤图赞》载其生平事迹："董日铸懋策，文简公曾孙，精于《易》学，设帐蕺山，四方从游者岁数百人。学舍不足，僦屋以居。其月旦课艺，必糊名《易》《书》。列以等第，时人比之白鹿书院焉。"著有《大易床头私录》《大学大意》《庄子翼评点》《昌谷诗注》等。

⑨陆羽《经》：陆羽（733—804），字鸿渐，一名疾，字季疵，号桑苎翁，竟陵（今湖北天门）人。对茶有很精深的研究，被后人尊称为"茶圣"。著有《茶经》，是世界上最早一部研究茶的著作。

⑩村：粗野，粗俗。

【译文】

惠山泉不能渡过钱塘江，西兴的脚夫挑水过江，喃喃自语说这是怪事。有位本地乡绅拜访祖父，饮茶后感觉很好，就问道："这是什么地方的水？"祖父说："惠泉水。"那位乡绅回头对给他家送水的人说："我家靠近卫前，却不知道从那里打水吃，一定要记住。"董日铸先生常说："'浓''热''满'三个字说尽了茶理，陆羽写的《茶经》可以烧掉了。"从两位先生的言语足以看出绍兴人的粗俗和朴实。

　　余不能饮泻卤①，又无力递惠山水。甲寅夏②，过斑竹庵③，取水啜之，磷磷有圭角④，异之。走看其色，如秋月霜空，噀天为白⑤；又如轻岚出岫⑥，缭松迷石，淡淡欲散。余仓卒见井口有字画⑦，用帚刷之，"禊泉"字出，书法大似右军⑧，益异之。试茶，茶香发。新汲少有石腥，宿三日，气方尽。

【注释】

①潟（xì）卤：原指盐碱过多、无法耕种的土地，这里指咸卤。

②甲寅：万历四十二年（1614）。

③斑竹庵：长庆寺，在今浙江绍兴。始建于唐代，因系东晋尚书陈嚣
　　竹园，故名"竹园寺"，俗称"斑竹庵"。

④磷磷：清澈明净的样子。圭角：棱角。

⑤喋（xùn）：喷、吐。

⑥岫（xiù）：山洞，洞穴。

⑦仓卒：同"仓猝（cù）"，匆忙急迫。

⑧右军：王羲之（303—361），字逸少，琅邪临沂（今山东临沂）人。
　　后移居会稽山阴（今浙江绍兴）。曾任秘书郎、长史、宁远将军、江
　　州刺史、右军将军、会稽内史等职。因曾任右军将军，后人称其为
　　"王右军"。擅长书法，被后人誉为"书圣"。

【译文】

　　我不能喝有咸卤的水，又没力量去运惠山泉水。甲寅年的夏天，我路过斑竹庵，取水来喝，发现它清澈明净，很有味道，就感到惊奇。走过去看看水的颜色，如同秋月霜天，将天空染为白色；又仿佛薄雾出洞，在苍松石头间弥漫，淡淡地将要散去。我忽然看到井口有字的痕迹，就用扫帚来擦，"禊泉"二字显露出来，书法很像王右军的，更加让人感到惊奇。试着煮茶，茶的香气被激发出来。但新打的泉水有些许石头的腥味，放三天后，气味才全部散去。

　　辨禊泉者无他法，取水入口，第挢舌舐腭①，过颊即空，若无水可咽者，是为禊泉。好事者信之，汲日至，或取以酿酒，或开禊泉茶馆，或甓而卖及馈送有司②。董方伯守越③，饮其水，甘之，恐不给，封锁禊泉，禊泉名日益重。会稽陶溪、

萧山北干、杭州虎跑^④，皆非其伍，惠山差堪伯仲^⑤。

【注释】

①第：只。挢（jiǎo）舌：翘舌。

②馈：进献。

③董方伯：董承诏，武进（今江苏常州武进区）人。万历三十五年
　　（1607）进士，历官兵部主事、员外郎、郎中、浙江左布政使。方伯，
　　"布政使"的别称。

④陶溪：溪名。在浙江绍兴陶晏岭。北干：北干山，在今浙江杭州萧
　　山区。山下有干泉。虎跑：虎跑泉，在今浙江杭州西南大慈山虎
　　跑寺。泉水晶莹甘洌，有天下第三泉之称。作者在《夜航船》一
　　书中亦有介绍："虎跑泉：在钱塘。唐元和十四年，性空大师栖禅
　　其中，以无水欲去。有二虎跑山出泉甘洌，乃建虎跑寺。观泉者，
　　僧为举梵呗，泉即臛沸而出。"

⑤伯仲：兄弟间长幼秩序。这里引申为相比、差不多之意。

【译文】

　　辨别禊泉没有别的办法的话，只有取水入口，翘起舌头来舔上腭，穿过口腔就没了，好像没有水可以下咽似的，这就是禊泉。那些多事的人得到这个消息，每天都来这里打水，有的用来酿酒，有的开禊泉茶馆，有的用瓶子装起来卖，或者赠送官员。董方伯任浙江左布政使时，喝了禊泉水，觉得甘甜，担心供不应求，就把禊泉封锁起来，禊泉的名声也更大了。会稽的陶溪、萧山的北干、杭州的虎跑等泉水，都不能与它相比，惠山泉算是和它差不多。

　　在蠡城^①，惠泉亦劳而微热^②，此方鲜磊^③，亦胜一筹矣。长年卤莽^④，水递不至其地，易他水，余笞之^⑤，罚同伴^⑥，谓

发其私。及余辨是某地某井水，方信服。

【注释】

①蠡（lǐ）城：春秋时期越国国都。传说为范蠡所建，故称。故址在今浙江绍兴，后以此代指绍兴。

②惠泉：在浙江绍兴太平山。

③鲜磊：指新鲜而且多。

④长年：长工。

⑤笞（chī）：打。

⑥詈（lì）：责骂，训斥。

【译文】

在绍兴，惠泉水运取麻烦，而且微微有些热，禊泉水则新鲜量大，胜过惠泉水一筹。有位长工鲁荞，泉水送不到地方，就换成别的水，我发现后把他打了一顿，他则责骂同伴，说他们出卖了他。等到我说出水是来自哪个地方哪口井时，他才信服。

　　昔人水辨淄、渑，侈为异事。诸水到口，实实易辨，何待易牙①？余友赵介臣亦不余信②，同事久，别余去，曰："家下水实进口不得，须还我口去。"

【注释】

①"昔人"五句：典出《淮南子·道应训》："白公问于孔子曰：……'若以水投水，何如？'孔子曰：'淄、渑之水合，易牙尝而知之。'"易牙，春秋时期齐桓公的宠臣，擅长烹调。

②赵介臣：生平事迹不详。作者《快园道古》一书载其一段逸事："赵介臣为清朝教官，其友孟子塞致书责之，谓：'吾辈明伦，正在今日，尔奈何为教官，且坐明伦堂上？'介臣愧不能答。两年后，子

塞亦贡,亦为教官,晤介臣,介臣曰:‘天下学官制度不一,岂贵庠没有明伦堂耶?’”

【译文】

以前有人能分辨出淄水、渑水,大家都认为这是怪事。其实很多水到嘴里后,的确容易辨别,哪还等易牙这位高手来呢?我的朋友赵介臣也不相信我,我们同事时间比较长,他和我告别的时候说:“家里的水实在是进不了口,你必须还给我原来的口味。”

兰雪茶

日铸者①,越王铸剑地也②。茶味棱棱③,有金石之气。欧阳永叔曰④:“两浙之茶,日铸第一⑤。”王龟龄曰⑥:“龙山瑞草,日铸雪芽⑦。”日铸名起此。京师茶客,有茶则至,意不在雪芽也,而雪芽利之,一如京茶式,不敢独异。

【注释】

①日铸:山名。在今浙江绍兴东南。以产茶著称,所产之茶以“日铸”为名,又称“日注茶”“日铸雪芽”。

②越王:勾践(?—前465),春秋时期越国的国君。

③棱棱:寒冷,严寒,形容茶叶的味道有金石之气。

④欧阳永叔:欧阳修(1007—1072),字永叔,号醉翁、六一居士,庐陵(今江西吉水)人。天圣进士,历任翰林学士、枢密副使、参知政事。北宋古文运动领袖,唐宋八大家之一。著有《新五代史》《欧阳文忠集》等。

⑤两浙之茶,日铸第一:语出宋欧阳修《归田录》:“草茶盛于两浙,两浙之品,日注为第一。”日注,即日铸。

⑥王龟龄:王十朋(1112—1171),字龟龄,号梅溪,浙江乐清人。南

宋绍兴二十七年（1157）进士，官至龙图阁学士。著有《王梅溪先生全集》等。

⑦龙山瑞草，日铸雪芽：语出宋王十朋《会稽风俗赋》："日铸雪芽，卧龙瑞草。"

【译文】

日铸山是越王勾践当年铸剑的地方。这里所产的茶叶寒寒的，有金石的气味。欧阳修说："浙东浙西两地的茶叶，以日铸所产为第一。"王十朋也说："龙山的瑞草，日铸的雪芽。"日铸茶的名声由此而起。京师的茶商一到采茶的时候就过来，目的并不在雪芽，雪芽如果要获利的话，就得按照京茶那样的制式对待，不敢有什么特别。

三娥叔知松萝焙法①，取瑞草试之，香扑冽②。余曰："瑞草固佳，汉武帝食露盘③，无补多欲；日铸茶薮④，'牛虽瘠，偾于豚上'也⑤。"遂募歙人入日铸⑥。扚法、掐法、挪法、撒法、扇法、炒法、焙法、藏法⑦，一如松萝。他泉瀹之⑧，香气不出，煮禊泉，投以小罐，则香太浓郁。杂入茉莉，再三较量，用敞口瓷瓯淡放之，候其冷；以旋滚汤冲泻之，色如竹箨方解⑨，绿粉初匀；又如山窗初曙，透纸黎光。取青妃白⑩，倾向素瓷，真如百茎素兰全雪涛并泻也。雪芽得其色矣，未得其气，余戏呼之"兰雪"。

【注释】

①三娥：当为"三峨"，即张炳芳，字尔含，号三峨。作者张岱的三叔。

松萝：松萝茶，产于安徽休宁松萝山。

②冽（liè）：清澄。

③汉武帝：刘彻（前157—前87），幼名刘彘，西汉第五位皇帝。前

140至前87年在位。露盘：承露盘，汉武帝建于建章宫。

④茶薮（sǒu）：这里指盛产茶的地方。薮，人或物聚集的地方。

⑤牛虽瘠，偾（fèn）于豚上：语出《左传·昭公十三年》："牛虽瘠，偾于豚上，其畏不死？"原意为瘦弱的牛倒在小猪身上，小猪必定被压死。强国虽然德衰，但如果攻打弱国的话，弱国也必定会被灭掉。

⑥歙（shè）：今安徽歙县。

⑦扚（dí）：按，压。

⑧瀹（yuè）：煮。

⑨竹箨（tuò）：笋壳。

⑩妃（pèi）：匹配。

【译文】

三峨叔知道烘焙松萝茶的方法，就取瑞草来试，结果清香扑鼻。我说："瑞草固然好，但就像汉武帝承露盘的露水那样少，没法满足大家的需求；日铸的茶叶产量大，正如古人所讲的'瘦弱的牛也能压死小猪'。于是招募歙县的人到日铸来。扚法、掐法、挪法、撒法、扇法、炒法、焙法、藏法，全都按照烘焙松萝的工艺制作。用别的泉水来煮，香气出不来，用禊泉来煮，放在小罐子里，香气又太浓郁。掺入茉莉，再三斟酌比例，用敞口瓷杯盛放，等水冷却；然后再用滚烫的热水冲下去，这时茶水的颜色就像竹笋的外壳刚蜕去，淡绿色均匀；又像山间的窗户在天亮时分，穿透窗纸进入的阳光。茶水绿中透白，倒进白色的瓷器里，真的就像一枝枝素兰与白雪的波涛一泻而下。雪芽得到兰花的色泽，而没得到其气味，我戏称它为"兰雪"。

　　四五年后，"兰雪茶"一哄如市焉。越之好事者不食松萝，止食兰雪①。兰雪则食，以松萝而纂兰雪者亦食②，盖松萝贬声价俯就兰雪，从俗也。乃近日徽歙间松萝亦改名兰雪，向以松萝名者，封面系换，则又奇矣。

【注释】

①止：只，仅。

②纂（zuǎn）：汇集，聚集。这里指掺杂。

【译文】

四五年后，兰雪茶在市场上被哄抢。浙江喜欢多事的人不再饮松萝茶，而只饮兰雪茶。是兰雪茶就喝，把松萝茶与兰雪茶掺在一起也喝，这是因为松萝茶降低身价来屈就兰雪茶，顺从世俗了。近日徽州歙县产的松萝茶竟然也叫兰雪茶，一向以松萝为名的茶叶，改头换面，这又是一件奇事。

白洋潮①

故事②，三江看潮③，实无潮看。午后喧传曰："今年暗涨潮。"岁岁如之。

【注释】

①白洋：白洋镇，在今浙江绍兴西北。

②故事：先例，惯例。

③三江：三江口，在浙江绍兴西北。为钱清江、钱塘江、曹娥江交汇处。

【译文】

按过去的惯例，在三江口看潮，但实在没潮可看。午后传来一片喧闹声："今年会悄悄涨潮。"年年都是如此。

戊寅八月①，吊朱恒岳少师②，至白洋，陈章侯、祁世培同席③。海塘上呼看潮，余遄往④，章侯、世培踵至⑤。立塘上，见潮头一线，从海宁而来⑥，直奔塘上。稍近，则隐隐露白，如驱千百群小鹅，擘翼惊飞⑦。渐近，喷沫，冰花蹴起，如百万雪狮蔽江而下,怒雷鞭之,万首镞镞⑧,无敢后先。再近,则飓风逼之⑨,势欲拍岸而上。看者辟易⑩,走避塘下。潮到塘,尽力一礴,水击射,溅起数丈,着面皆湿。旋卷而右,龟山一挡⑪,轰怒非常,炮碎龙湫,半空雪舞。看之惊眩,坐半日,颜始定。

【注释】

①戊寅:即崇祯十一年(1638)。

②朱恒岳:朱燮元(1566—1638),字懋和,号恒岳,山阴(今浙江绍兴)人。万历二十年(1592)进士,历任大理评事、四川左布政使、兵部尚书。朱燮元去世后,作者写有《祭少师朱恒岳公文》。

③陈章侯:陈洪绶(1598－1652),字章侯,号老莲,浙江诸暨人。明代著名画家。代表作有《水浒叶子》等。作者与其往来密切,称其为"字画知己"。另参见本卷《陈章侯》。

④遄(chuán):快速,迅速。

⑤踵至:接踵而来,跟着过来。

⑥海宁:今浙江海宁,南临杭州湾。

⑦擘(bò):张开,分开。

⑧镞镞(zú):迅捷的样子。

⑨飓(jù)风:旋风。

⑩辟易:后退,倒退。

⑪龟山:又名"白洋山""乌风山",在浙江绍兴西北。

【译文】

戊寅年八月,我祭奠朱恒岳少师,到了白洋镇,陈章侯、祁世培和我坐在一起。这时海塘上呼喊着去看潮,我赶紧过去,章侯、世培也跟着赶来。大家站在海塘上,只见潮头像一条线,从海宁袭来,直奔塘上。稍稍靠近，潮水隐隐露出白色，像驱赶千百只小鹅，鹅群惊恐地张开翅膀乱飞。潮水渐渐靠近，喷起泡沫，如冰花飞跃而起，又如百万只雪狮遮江而下，发怒的雷声在鞭打着，万头狮子奔跑迅疾，争先恐后。潮水再靠近，则像飓风一样逼近，想要拍打江岸跃上来。观潮者赶紧后退，跑到塘下躲避。潮头到塘前尽力一撞，水花击射，溅起数丈高，把人的脸都打湿了。海潮很快又旋转到右边，被龟山挡住，像怒吼一样发出巨响，像要击碎龙住的水湫，半空中浪花像雪片一样飞舞。看到这种景象让人心惊目眩，坐了半天，脸色才能缓和过来。

先辈言：浙江潮头自龛、赭两山漱激而起[1]。白洋在两山外，潮头更大，何耶？

【注释】

①龛（kān）、赭（zhě）：龛山在今浙江杭州萧山区，赭山在今浙江海宁。

【译文】

前辈说：浙江潮头是因江水冲击龛、赭两山被阻而起。白洋镇在两山之外，潮头却更大，这是为什么呢？

阳和泉

禊泉出城中，水递者日至[1]。臧获到庵借炊[2]，索薪、索菜、索米，后索酒、索肉；无酒肉，辄挥老拳。僧苦之。无计脱此苦，乃罪泉，投之刍秽[3]。不已，乃决沟水败泉，泉大坏。张子知之[4]，至禊井，命长年浚之[5]。及半，见竹管积其下，皆鼃胀作气[6]；竹尽，见刍秽，又作奇臭。张子淘洗数次，俟泉至⑦，泉实不坏，又甘洌。张子去，僧又坏之。不旋踵⑧，至再、至三，卒不能救，禊泉竟坏矣。是时，食之而知其坏者半，食之不知其坏而仍食之者半，食之知其坏而无泉可食、不得已而仍食之者半。

【注释】

①水递者：打水的人。

②臧获：奴婢。

③刍秽：刍藁、干草一类的脏物。

④张子：作者的自称。

⑤长年：长工。浚：疏通。

⑥黧（lí）胀：颜色发黑，东西腐烂。

⑦俟（sì）：等待。

⑧旋踵：一转脚，形容时间很短。

【译文】

禊泉出自城中，运水的人每天都来。那些奴婢到庵里借地方做饭，索要柴、菜、米，后来还索要酒肉；如果没有酒肉，就挥拳打人。僧人很苦恼，又没有办法摆脱困境，就怪罪泉水，把一些干草脏物投进去。人们仍来取水，就引沟水来破坏泉水，泉水受到很大破坏。我知道后，来到禊井，命长工疏通它。挖到一半，只见竹管堆积在井下，都腐烂发出恶臭；把竹管挖光，看到干草脏物，也散发出奇臭。我淘洗了好几次，等泉水流出来，发现水质并没有变坏，又甘甜清凉了。我离开后，僧人又破坏泉水。没多久，又破坏了第二次、第三次，最终没能挽救，禊泉被彻底破坏了。这时，喝了泉水知道它被污染了的有一半人，喝了泉水不知道它被污染而继续饮用的有一半人，喝了泉水知道它被污染但没有别的泉水可饮、不得已而仍然饮用的有一半人。

　　壬申①，有称阳和岭玉带泉者②，张子试之，空灵不及禊而清冽过之。特以"玉带"名不雅驯。张子谓阳和岭实为余家祖墓，诞生我文恭，遗风余烈，与山水俱长。昔孤山泉出③，东坡名之"六一"④，今此泉名之"阳和"，至当不易。

【注释】

①壬申：崇祯五年（1632）。

②阳和岭：在今浙江绍兴城南。

③孤山：在浙江杭州西湖西北角。

④东坡：苏轼，自号东坡居士。六一：六一泉，在杭州西湖孤山南麓。作者在《西湖梦寻》卷三"六一泉"一则有详细介绍，兹引如下："六一泉在孤山之南，一名竹阁，一名勤公讲堂。宋元祐六年，东坡先生与会勤上人同哭欧阳公处也。勤上人讲堂初构，掘地得泉，东坡为作泉铭。以两人皆列欧公门下，此泉方出，适哭公讣，名以六一，犹见公也。其徒作石屋覆泉，且刻铭其上。南渡高宗为康王时，常使金，夜行，见四巨人执殳前驱。登位后，问方士，乃言紫薇垣有四大将，曰：天蓬、天猷、翊圣、真武。帝思报之，遂废竹阁，改延祥观，以祀四巨人。至元初，世祖又废观为帝师祠。泉没于二氏之居二百余年。元季兵火，泉眼复见，但石屋已圮，而泉铭亦为邻僧舁去。洪武初，有僧名行昇者，锄荒涤垢，图复旧观。仍树石屋，且求泉铭，复于故处。乃欲建祠堂，以奉祀东坡、勤上人，以参寥故事，力有未逮。"

【译文】

　　壬申年，有人称赞阳和岭玉带泉的水好，我试喝了，感觉空灵不及禊泉但清冽超过它。只是认为"玉带"这个名称不典雅。我说阳和岭其实是我家祖墓所在地，我家曾祖文恭公出生在那里，流传下来的风气和功业，和山水一样久长。过去孤山泉水被挖出时，东坡称之为"六一"，现在将此泉命名为"阳和"，极为恰当不能改变。

盖生岭、生泉，俱在生文恭之前，不待文恭而天固已阳和之矣，夫复何疑！土人有好事者，恐玉带失其姓，遂勒石署之，且曰："自张志'褉泉'而'褉泉'为张氏有，今琶山是其祖垄，擅之益易。立石署之，惧其夺也。"时有传其语者，阳和泉之名益著。

【译文】

山岭和泉水都是在曾祖文恭公出生之前形成的，所以不等文恭公命名上天就已经赐予了"阳和"之名，还有什么可怀疑的！当地有好事的人，害怕玉带泉失去了姓，于是刻石记录，并且说："自从张家的祖先张志题名'褉泉'，'褉泉'就被张氏占有了，现在琶山是他家的祖坟，占有就更容易了。立下这块石碑做标记，害怕张家来抢夺。"当时有人传播这些话，阳和泉的名声因此更加显著了。

铭曰：

有山如砺，有泉如砥；太史遗烈，落落磊磊。孤屿溢流，六一擅之。千年巴蜀，实繁其齿；但言眉山[1]，自属苏氏。

【注释】

[1]眉山：苏轼为四川眉山人。

【译文】

铭文如下：

有山像被磨刷过，有泉像被磨炼过；太史公留下的功业，分明磊磊落落。孤山流出的泉水，被六一泉专断了。千年的巴蜀，人口繁盛；但只要说到眉山，自然还是属于苏氏。

闵老子茶

周墨农向余道闵汶水茶不置口。戊寅九月[①]，至留都[②]，抵岸，即访闵汶水于桃叶渡[③]。日晡，汶水他出，迟其归，乃婆娑一老。方叙话，遽起曰[④]："杖忘某所。"又去。余曰："今日岂可空去？"迟之又久，汶水返，更定矣[⑤]。睨余曰[⑥]："客尚在耶？客在奚为者？"余曰："慕汶老久，今日不畅饮汶老茶，决不去。"

【注释】

①戊寅：崇祯十一年（1638）。

②留都：古代王朝迁都之后，仍在旧都置官留守，故称"留都"。明迁都北京后，以南京为留都。

③桃叶渡：在今江苏南京十里秦淮与古青溪水道合流处附近。传说王献之经常在此迎送爱妾桃叶，故名。为金陵四十八景之一。作者在《夜航船》一书中亦讲到此典故："桃叶：晋王献之爱妾名桃叶，尝渡秦淮口，献之作歌送之。今名曰'桃叶渡'。献之有歌曰：'桃叶复桃叶，渡江不用楫。但渡无所苦，我自来迎接。'"

④遽（jù）：立刻，马上。

⑤更定：初更以后，晚上八九点左右。更，古代夜间计时单位。一夜分五更，每更约两个小时。

⑥睨（nì）：斜眼看。

【译文】

周墨农跟我说有位叫闵汶水的，茶不入口就能辨出优劣。戊寅年九月，我到南京，船刚抵岸，就直奔桃叶渡拜访闵汶水。傍晚，闵汶水外出，很晚才回来，一看竟是位老翁。才聊了几句，他突然站起来说："我的拐杖忘在别处了。"又离开了。我说："今天怎么能空手而归呢？"过了好久，汶水才回来，已经是晚上了。他斜眼看着我问："客官还在这里了？客官您留在这里要干什么呢？"我说："敬慕汶老很久了，今天不畅饮您的茶，决不离开。"

　　汶水喜，自起当炉。茶旋煮，速如风雨。导至一室，明窗净几，荆溪壶①，成、宣窑瓷瓯十余种②，皆精绝。灯下视茶色，与瓷瓯无别，而香气逼人，余叫绝。余问汶水曰："此茶何产？"汶水曰："阆苑茶也。"余再啜之，曰："莫绐余③，是阆苑制法，而味不似。"汶水匿笑曰："客知是何产？"余再啜之，曰："何其似罗岕甚也④？"汶水吐舌曰："奇，奇。"余问："水何水？"曰："惠泉。"余又曰："莫绐余，惠泉走千里，水劳而圭角不动，何也？"汶水曰："不复敢隐。其取惠水，必淘井，静夜候新泉至，旋汲之。山石磊磊藉瓮底，舟非风则勿行，故水之生磊，即寻常惠水，犹逊一头地，况他水耶。"又吐舌曰："奇，奇。"言未毕，汶水去。少顷，持一壶满斟余，曰："客啜此。"余曰："香扑烈，味甚浑厚，此春茶耶？向瀹者的是秋采⑤。"汶水大笑曰："予年七十，精赏鉴者，无客比。"遂与定交。

【注释】

①荆溪：今江苏宜兴，又称"阳羡""荆邑"。因境内有荆溪，故名。

②成、宣窑：成窑、宣窑，明代瓷器。成窑，指明成化年间官窑烧制的一种瓷器，以小件和五彩者最为名贵。作者在《夜航船》一书中

亦有介绍:"成窑:大明成化年所制。有五彩鸡缸、淡青花诸器茶瓯酒杯,俱享重价。"宣窑,为宣德窑的省称,指明宣德年间江西景德镇官窑烧制的一种瓷器,选料、制样、画器、题款,皆很精良。作者在《夜航船》一书中亦有介绍:"宣窑:大明宣德年制。青花纯白,俱踞绝顶,有鸡皮纹可辨。醮坛茶杯,有值一两一只者,有酒字枣汤、姜汤等类者稍贱。"

③绐(dài):骗。

④罗岕(jiè):罗岕山,在浙江长兴、江苏宜兴交界处,所产之茶品质优良,人称"阳羡茶"。

⑤的:的确,确实。

【译文】

汶水挺高兴,亲自起身烧炉。茶一会儿就煮好了,像疾风劲雨一样快。他把我带到一个房间,这里窗明几净,荆溪产的茶壶,成窑、宣窑产的磁杯有十几种,都精美绝伦。灯下看茶的颜色,与磁杯没有差别,但香气逼人,我拍案叫绝。我问汶水:"这茶产自哪里?"汶水答:"这是阆苑茶。"我再尝了一口,说道:"不要骗我,这是阆苑茶的制作方法,但味道不像。"汶水偷笑道:"客官知道是哪里产的吗?"我再喝了一口,说:"怎么这么像罗岕茶?"汶水惊奇地吐出舌头说:"奇,奇。"我又问:"泡茶的是什么水?"汶水答:"惠泉。"我又说:"不要骗我,惠泉水运到这里有千里远,泉水经劳顿而味道不变,这是为什么?"汶水说:"不敢再隐瞒您了。取惠泉水时,一定把井淘洗干净,在宁静的夜晚等新泉一到,就迅速取出。用层层山石铺在陶器底部,没有风就不开船,因此水一直保持生鲜状态,即使是平常的惠泉水,比它还差一些,何况是别的地方的水。"他又惊叹道:"奇,奇。"话没说完,汶水离开了。过了一会儿,他拿一壶给我满满斟上:"客官喝这个吧。"我说道:"香气扑鼻浓烈,味道很浑厚,这是春茶吗?刚刚煮的应该是秋茶。"汶水大笑道:"我今年七十岁,见到精于品茶的人很多,但没有能比得上客官的。"于是我们结为了朋友。

龙喷池

　　卧龙骧首于耶溪①，大池百仞，出其颔下。六十年内，陵谷迁徙②，水道分裂。崇祯己卯③，余请太守檄，捐金纠众，畚锸千人④，毁屋三十余间，开土壤二十余亩，辟除瓦砾刍秽千有余艘，伏道蜿蜒，偃潴澄靛⑤，克还旧观。昔之日不通线道者，今可肆行舟楫矣。喜而铭之，铭曰：

　　　　蹴醒骊龙，如寐斯揭；不避逆鳞，抉其鲠噎⑥。潴蓄澄泓⑦，煦湿濡沫⑧。夜静水寒，颔珠如月。风雷逼之，扬鬐鼓鬛⑨。

【注释】

①卧龙：卧龙山。骧（xiāng）首：抬头。骧，高举，高昂。耶溪：若耶溪，今名"平水江"，在今浙江绍兴境内。

②陵谷：丘陵、山谷。

③崇祯己卯：即崇祯十二年（1639）。

④畚锸（běn chā）：泛指挖运泥土的用具。"畚"是盛土的用具，"锸"是挖土的用具。

⑤澄靛（diàn）：使浑水变得清澈。

⑥不避逆鳞，抉其鲠噎：民间传说，龙的喉下有径尺逆鳞，有触犯逆鳞者，会受到伤害。这里指疏通水道。鲠噎（gěng yē），食物堵住食管。这里指堵塞河道的瓦砾、刍秽等各类杂物。

⑦澄泓：水清而深。

⑧煦湿濡沫：典出《庄子·大宗师》："泉涸，鱼相与处于陆，相呴以湿，相濡以沫，不如相忘于江湖。"

⑨鬐（qí）、鬛（liè）：指龙颈及颔旁的鬣毛。

【译文】

　　卧龙山在若耶溪高昂着头颅，在它的下巴处有个很深的大池子。六十年间，山谷迁徙，水道分流。崇祯己卯年，我恳请太守发布文告，募集资金召集民众，有一千多人拿着畚锸等运土工具，毁掉房屋三十多间，开辟出二十多亩土地，清除的瓦砾杂物装了一千多船，自此水道曲折蜿蜒，浑水变得清澈，恢复到以前的面貌。以前不通的狭窄水道，现在可以随意行船了。我高兴地写了一篇铭文，铭文如下：

　　　　踢醒骊龙，把它从睡梦中惊醒；不避龙鳞，掏出它咽喉中的堵塞物。水池澄清深广，阳光和煦普照。夜静水寒，龙下巴的珠子如同月亮。风雷逼近，如同扬起蛟龙身上的鬃毛。

朱文懿家桂①

　　桂以香山名②，然覆墓木耳，北邙萧然③，不堪久立。单醪河钱氏二桂④，老而秃。独朱文懿公宅后一桂⑤，干大如斗，枝叶觚棱⑥，樾荫亩许，下可坐客三四十席。不亭、不屋、不台、不栏、不砌，弃之篱落间。花时不许人入看，而主人亦禁足勿之往，听其自开自谢已耳。

【注释】

①朱文懿：朱赓（1535—1608），字少钦，号金庭，山阴（今浙江绍兴）人。隆庆二年（1568）进士，历任礼部左、右侍郎。死后赠太保，谥文懿。著有《经筵奏疏》《朱文懿文集》。他是张岱祖父张汝霖的岳父。

②香山：在浙江绍兴鹿池山东。

③北邙：山名。在今河南洛阳，东汉、魏晋时期的王侯公卿多葬于此，后借以指墓地或坟墓。

④单醪（láo）河：即箪醪河，又名"投醪河""劳师泽"，在绍兴城内。

作者在《夜航船》一书中亦有介绍："箪醪河：在绍兴府治南。勾践行师日，有献壶浆者，跪而受之，取覆上流水中，命士卒乘流而饮。人百其勇，一战遂有吴国，因以名之。"

⑤朱文懿公宅后一桂：据明祁彪佳《越中园亭记》记载："秋水园：在朱文懿公居第后，凿池园中。……旁有桂树，大数围，荫一亩余。"

⑥觅鬒（míng méng）：枝叶茂密的样子。

【译文】

桂花以绍兴香山的最有名，但在那里只是作为遮蔽墓地的树木而已，墓地空寂，不能长久在那里生长。箪醪河钱氏有两棵桂树，但苍老少叶。只有朱文懿公宅后的一棵桂树，树干有斗粗，枝叶茂密，形成的荫凉有一亩多，下面可以坐三四十席客人。不建亭子、屋子、台阁，也不修栏杆、台阶，任由桂树长在篱笆里。开花时不许人进来看，主人自己也不去看，听任桂花自开自谢而已。

樗栎以不材终其天年①，其得力全在弃也。百岁老人多出蓬户②，子孙第厌其癃瘇耳③，何足称瑞。

【注释】

①樗栎（chū lì）：指无用之材。语出《庄子·逍遥游》："吾有大树，人谓之樗，其大本拥肿而不中绳墨，其小枝卷曲而不中规矩，立之涂，匠者不顾。"《庄子·人间世》："匠石之齐，至于曲辕，见栎社树……曰：'散木也，以为舟则沉，以为棺椁则速腐，以为器则速毁，以为门户则液樠，以为柱则蠹。是不材之木也，无所可用。'"

②蓬户：用蓬草所编的门户。这里指穷苦人家。

③第：但，只。癃瘇（lóng zhǒng）：手脚不灵便。

【译文】

樗栎因不成材而得以长寿，全是得益于被抛弃。百岁老人多出自贫寒人家，子孙个个嫌弃他手脚不灵便，这怎么能称得上人瑞呢？

逍遥楼①

滇茶故不易得，亦未有老其材八十余年者。朱文懿公逍遥楼滇茶，为陈海樵先生手植②，扶疏蓊翳③，老而愈茂。诸文孙恐其力不胜葩④，岁删其萼盈斛⑤，然所遗落枝头，犹自燔山熠谷焉⑥。

【注释】

①逍遥楼：在浙江绍兴龟山下，为明代朱赓所建。朱赓在《逍遥楼记》一文中这样描绘该楼："楼凡三楹，与浮屠东西犄角。十里之外，望而见之，环楼皆牖，环牖皆城，环城皆湖，环湖皆山。开牖四顾，则万堞之形，蜿蜒如带，鉴湖八百，错汇于田畴间，如飘练浮镜。"

②陈海樵：陈鹤（？—1560），字鸣轩，号海樵，山阴（今浙江绍兴）人。朱赓的岳父。擅长书法、绘画。著有《海樵集》。

③蓊翳（wěng yì）：草木茂密的样子。

④力不胜葩（pā）：茎干不能承受花朵的压力。

⑤萼：花。斛（hú）：古代的一种量器。

⑥燔（fán）山熠（yì）谷：形容茶花繁盛，红艳耀眼，好像整个山谷都燃烧起来一样。燔，烧。熠，照亮。

【译文】

滇茶树本来不容易得到，也没有长到八十多年那么老的。朱文懿公逍遥楼旁的那棵滇茶树，是陈海樵先生亲手种的，郁郁葱葱的，苍老却更加茂盛。他的孙子们担心滇茶的枝干不能承受这么多花朵，每年剪下来的花萼都能装满一斛，然而枝头剩下来的花朵还是那么艳丽，整个山谷被映照得像燃烧一样。

文懿公，张无垢后身①。无垢降乩与文懿②，谈宿世因甚悉,约公某日面晤于逍遥楼③。公伫立久之,有老人至,剧谈良久④,公殊不为意。但与公言:"柯亭绿竹庵梁上有残经一卷,可了之⑤。"寻别去⑥,公始悟老人为无垢。次日,走绿竹庵,简梁上,有《维摩经》一部⑦,缮写精良⑧,后二卷未竟,盖无垢笔也。公取而续书之,如出一手。

【注释】

①张无垢:张九成(1092—1159),字子韶,号无垢居士,钱塘(今浙江杭州)人。绍兴二年(1132)进士,历任宗正少卿、礼部侍郎兼侍讲、刑部侍郎。著有《横浦先生文集》等。后身:佛教有"三世"的说法,谓转世之身为"后身"。

②乩(jī):一种通过占卜来问吉凶的算命方式。

③面晤(wù):面谈。

④剧谈:畅谈,长谈。

⑤了:了结,结束。此处指写完。

⑥寻:不久。

⑦《维摩经》:佛教经典,全名为《维摩诘所说经》,又称《维摩诘经》。共三卷十四品。通行本由后秦鸠摩罗什所译。

⑧缮(shàn)写:誊写,抄写。

【译文】

文懿公是张无垢的转世。无垢降乩给文懿公,谈论往世因果很详细,他约文懿公某日在逍遥楼会面。文懿公久久站在那里等待,这时有位老人过来,和他畅谈很久,文懿公也并没有当回事。老人只是对他说:"柯亭绿竹庵的房梁上有一卷残经,你可以抄完它。"一会儿告辞而去,文懿公这才明白老人就是无垢。第二天,他跑到绿竹庵,在房梁上找寻,果然有一部《维摩诘经》,誊写精良,但后两卷没有抄完,大概是无垢的笔迹。文懿公取下来继续抄写,好像是出自同一个人之手。

先君言乩仙供余家寿芝楼，悬笔挂壁间，有事辄自动，扶下书之，有奇验。娠祈子，病祈药，赐丹诏取某处，立应。先君祈嗣，诏取丹于某簏临川笔内①，簏失钥闭久，先君简视之，镄自出觚管中②，有金丹一粒，先宜人吞之③，即娠余。

【注释】

①簏（lù）：用竹子、柳条、藤条等所编的圆形盛物器具。临川笔：语出唐王勃《滕王阁序》："邺水朱华，光照临川之笔。"临川，指谢灵运，曾任临川太守，故称。一说指王羲之，曾任临川内史。

②镄（huáng）：同"簧"，即锁簧。觚（gū）管：这里指毛笔的笔管。

③先宜人：去世的母亲，即作者的母亲陶氏。古代妇女因丈夫或子孙得到封号，称"宜人"。

【译文】

先父说乩仙供奉在我家的寿芝楼，在墙壁上挂支笔，有事情笔就自己动起来，握着它书写，会有神奇的应验。怀孕了祈求儿子，生病了祈求药物，会赐下丹药，告知从某处取，立刻应验。先父祈求子嗣，乩仙告知从某个竹箱的临川笔内取丹药，竹箱钥匙丢了，且闭锁已久，先父仔细检查，锁簧自己从觚管中掉出来，有一粒金丹，先母吞下后，就怀上了我。

朱文懿公有姬媵①，陈夫人狮子吼②，公苦之。祷于仙，求化妒丹。乩书曰："难，难！丹在公枕内。"取以进夫人，夫人服之，语人曰："老头子有仙丹，不饷诸婢③，而余是饷，尚昵余④。"与公相好如初。

【注释】

①姬媵（yìng）：妾。

②狮子吼：语出宋洪迈《容斋三笔》卷三：“陈慥字季常，公弼之子，
居于黄州之岐亭，自称'龙丘先生'，又曰'方山子'。好宾客，喜
蓄声妓，然其妻柳氏绝凶妒，故东坡有诗云：'龙丘居士亦可怜，谈
空说有夜不眠。忽闻河东师子吼，拄杖落手心茫然。'河东师子，
指柳氏也。”“狮子吼”一语源于佛教，有威严之意。因陈慥素喜
谈佛，苏轼借此调侃。“河东”为柳姓郡望，这里指柳氏。后常以“河
东狮吼”来比喻妻子的妒悍。

③饷：吃。

④昵：亲爱，亲近。

【译文】

朱文懿公有姬妾，但陈夫人特别嫉妒，他很苦恼。就向乩仙祈祷，请
求治疗嫉妒的丹药。乩仙写道：“难，难！丹药在你的枕头内。”他取出来
给夫人，夫人服用了，和别人说：“老头子有了仙丹，不给那些婢女吃，却
给我吃，还是跟我亲近。”与文懿公和好如初。

天镜园①

天镜园浴凫堂，高槐深竹，樾暗千层，坐对兰荡，一泓漾
之，水木明瑟，鱼鸟藻荇，类若乘空。余读书其中，扑面临头，
受用一绿，幽窗开卷，字俱碧鲜②。

【注释】

①天镜园：作者祖父张汝霖读书之所。据张岱《家传》记载，祖父张
汝霖妻子去世后，“乃尽遣姬侍，独居天镜园，拥书万卷，日事绅
绎”。明祁彪佳《越中园亭记》对天镜园有颇为详细的描绘：“出
南门里许为兰荡，水天一碧，游人乘小艇过之，得天镜园。园之胜
以水，而不尽于水也。远山入座，奇石当门，为堂为亭，为台为沼，

　　每转一境界，则自有丘壑。斗胜簇奇，游人往往迷所入。其后五泄君新构南楼，尤为畅绝。越中诸园，推此为冠。"

②碧鲜：青翠鲜润的颜色。

【译文】

　　天镜园浴凫堂，四周都是高高的槐树和幽深的竹子，投下层层树荫。浴凫堂面对兰荡，只见湖中水波荡漾，水明树碧，鱼鸟水草，好像飘浮在空中一样。我在里面读书，迎头扑面，都能享受到满眼的绿色，在安静的窗下读书，连字都变得青翠鲜润起来。

　　每岁春老①，破塘笋必道此②。轻舠飞出，牙人择顶大笋一株掷水面③，呼园人曰："捞笋！"鼓枻飞去④。园丁划小舟拾之，形如象牙，白如雪，嫩如花藕，甜如蔗霜。煮食之无可名言，但有惭愧。

【注释】

①春老：暮春时节。

②破塘：在浙江绍兴西，以产笋而闻名。

③牙人：撮合买卖，获取佣金的中间人。这里指商贩。

④枻（yì）：船桨。

【译文】

　　每年到暮春的时候，运送破塘笋的船必定从这里经过。小船飞快地划出，商贩选择最大的一株笋扔向水面，喊园里的人："捞笋！"然后飞快地划桨离开。园子里的仆人就划着小船去拣拾，笋的形状如同象牙，洁白似雪，娇嫩如花藕，甘甜如糖霜。煮了之后食用，那味道难以言传，只有惭愧而已。

包涵所①

西湖三船之楼，实包副使涵所创为之。大小三号：头号置歌筵，储歌童；次载书画；再次偫美人②。涵老声妓非侍妾比③，仿石季伦、宋子京家法④，都令见客。靓妆走马，媻姗勃窣⑤，穿柳过之，以为笑乐。明槛绮疏⑥，曼讴其下⑦，抚籥弹筝⑧，声如莺试⑨。客至则歌童演剧，队舞鼓吹，无不绝伦。乘兴一出，住必浃旬⑩，观者相逐，问其所止。

【注释】

①包涵所：包应登，字涵所，钱塘（今浙江杭州）人。万历十四年（1586）进士，曾任福建提学副使。本文与作者《西湖梦寻》卷四"包衙庄"一则内容相同。

②偫（zhì）：储藏。

③声妓：歌妓，艺妓。

④石季伦：石崇（249—300），字季伦，渤海南皮（今河北南皮东北）人。历任修武县令、南中郎将、荆州刺史。家巨富，生活豪奢，多蓄声妓。宋子京：宋祁（998—1061），字子京，雍丘（今河南杞县）人。天圣二年（1024）进士，奏名第一，历任大理寺丞、国子监直讲、史馆修撰、工部尚书等。

⑤媻（pán）姗勃窣（sū）：语出汉司马相如《子虚赋》："于是乃相与獠于蕙圃，媻姗勃窣上金堤。"指步履缓慢的样子。

⑥明槛：轩前的栏杆。绮疏：雕刻成空心花纹的窗户。

⑦曼讴：轻歌曼舞。

⑧抚籥（yè yuè）：演奏乐器。

⑨莺试：雏莺试啼，优美婉转。

⑩浃旬：一旬，十天。

【译文】

　　西湖的船上有楼，实际上是包涵所副使创建的。楼船大小共有三号：头号布置歌舞筵席，载有歌童；次号装载书画；最小的则载有美人。涵老家里的歌妓不是一般的侍妾所能比的，他模仿石崇、宋祁家的办法，让她们都出来见客。她们经常浓妆艳抹地骑在马上，或步履轻缓，穿过垂柳，以此玩笑取乐。明栏花窗下，这些歌妓轻歌曼舞，按篥弹筝，声音如同雏莺试啼，优美婉转。客人到了，歌童就开始演戏，列队跳舞奏乐，无不精妙绝伦。乘着兴致出去，一住必定住个十天半月的，围观的人追逐着，过来打听他们停在什么地方。

　　南园在雷峰塔下①，北园在飞来峰下。两地皆石薮②，积礫礌砢③，无非奇峭，但亦借作溪涧桥梁，不于山上叠山，大有文理④。大厅以拱斗抬梁，偷其中间四柱⑤，队舞狮子甚畅。北园作八卦房，园亭如规⑥，分作八格，形如扇面。当其狭处，横亘一床，帐前后开阖，下里帐则床向外，下外帐则床向内。涵老据其中，扃上开明窗⑦，焚香倚枕，则八床面面皆出。穷奢极欲，老于西湖者二十年。

【注释】

　　①雷峰塔：在杭州西湖南岸夕照山雷峰上。吴越国王钱俶为其妃黄氏而建，故又名"黄妃塔"。作者在《夜航船》一书中亦有介绍："雷峰塔：在钱塘西湖净寺前南屏之支麓也，昔有雷就者居之，故名。上有塔，遭回禄，今存其残塔半株。"另参见其《西湖梦寻》卷四"雷峰塔"。

　　②石薮（sǒu）：石头聚集的地方。

③积牒礧砢（lěi luǒ）：很多石头堆积重叠在一起的样子。

④大有文理：意谓颇具匠心。

⑤偷：省去，减去。

⑥规：圆形。

⑦扃（jiōng）：门户的通称。

【译文】

南园在雷峰塔下，北园在飞来峰下。两地都是石头聚集的地方，很多石块堆积重叠，风格无非奇怪险峭，但有时也借助它作为溪流山涧的桥梁，不在山上叠山，颇具匠心。大厅用拱斗撑起房梁，省去了中间的四根柱子，在里面列队舞狮就很顺畅。北园作八卦园，园里的亭子是圆形的，分作八个格子，形状像扇面。在其狭窄的地方横摆一张床，帐子前后都可以开合，垂下里面的帐子床就向外，垂下外面的帐子床就向内。涵老住在里面，门上开了明亮的窗户，焚香倚在枕边，八张床每面都露了出来。他穷奢极欲，在西湖养老二十年。

　　金谷、郿坞①，着一毫寒俭不得②，索性繁华到底，亦杭州人所谓"左右是左右"也③。西湖大家，何所不有，西子有时亦贮金屋④。咄咄书空⑤，则穷措大耳⑥。

【注释】

①金谷：即金谷园，西晋石崇所修建的豪宅。唐时已荒废，故址在今河南洛阳。作者在《夜航船》一书中亦有介绍："金谷园：石崇为荆州刺史时，劫远使商客，致富不赀。有别馆，在河阳之金谷，一名梓泽园，中有清泉茂林，竹柏药草之属，莫不毕备。尝与众客游宴，屡迁其处，或登高临下，或列坐水滨，琴瑟笙筑合载车中，道路并作，令与鼓吹递奏，昼夜不倦。后房数百，俱极佳丽之选，以毂羞精丽相高，求市恩宠。"郿（méi）坞：东汉时董卓所建，高厚七

丈,与长安城相当,号万岁坞,世称"郿坞"。坞中广聚珍宝、粮谷,故址在今陕西眉县。

②寒俭:寒酸。

③左右是左右:反正就这样,就这么回事。

④贮金屋:语出《汉武故事》:"武帝为太子时,长公主欲以女配帝,问曰:'得阿娇好否?'帝曰:'若得阿娇,当以金屋贮之。'"

⑤咄咄书空:典出《世说新语·黜免》:"殷中军被废,在信安,终日恒书空作字。扬州吏民寻义逐之,窃视,唯作'咄咄怪事'四字而已。"失意、怀恨的样子。

⑥穷措大:贫穷的读书人,带有贬义。

【译文】

金谷园、郿坞,丝毫不带一点儿寒酸,索性就奢华到底吧,这也是杭州人所说的"反正这样了,就这么回事"。西湖边的大户人家,无所不有,就连西施那样的美人有时也被金屋藏娇。在那里失意、怀恨的,也只有穷酸书生而已。

斗鸡社

天启壬戌间好斗鸡①,设斗鸡社于龙山下,仿王勃《斗鸡檄》②,檄同社③。仲叔、秦一生日携古董、书画、文锦、川扇等物与余博,余鸡屡胜之。仲叔忿懑④,金其距,介其羽⑤,凡足以助其腷膊鹐啄味者⑥,无遗策。又不胜。

【注释】

①天启壬戌:即天启二年(1622)。

②王勃(650—675):字子安,绛州龙门(今山西河津)人。与杨炯、卢照邻、骆宾王并称"初唐四杰"。有《王子安集》传世。因见诸

王在一起斗鸡取乐,戏为《檄英王鸡》文,得罪唐高宗李治,不得重用。

③檄(xí)同社:作者写有《斗鸡檄》一文。

④忿懑:气愤,忿恨不平。

⑤金其距,介其羽:典出《左传·昭公二十五年》"季、郈之鸡斗,季氏介其鸡,郈氏为之金距。"金,戴上金属套子。距,雄鸡脚掌后突出的像脚趾的部分。介其羽,给羽毛套上防护器具。

⑥腷膊(bì bó)翿咮(táo zhòu):振翅鸣叫。

【译文】

天启壬戌年间流行斗鸡,我在龙山下设立斗鸡社,仿照王勃的《檄英王鸡》为同社写了一篇《斗鸡檄》。二叔、秦一生每天带着古董、书画、锦缎、川扇等物品和我斗鸡,我的鸡屡屡取胜。二叔很愤怒,就给鸡爪戴上金属套子,给羽毛套上防护器具,凡是能帮它振翅鸣叫的方法都用上了。结果又失败了。

　　人有言徐州武阳侯樊哙子孙①,斗鸡雄天下,长颈乌喙,能于高桌上啄粟。仲叔心动,密遣使访之,又不得,益忿懑。

【注释】

①樊哙(kuài,? —前189):江苏沛县人。西汉开国功臣。被封舞阳侯。

【译文】

有人说徐州有舞阳侯樊哙的子孙,他们的斗鸡称雄天下,这些鸡长脖乌嘴,能跳到高桌上啄谷子吃。二叔心动了,暗中派人访求,又没得到,于是更加气愤。

　　一日,余阅稗史,有言唐玄宗以酉年酉月生,好斗鸡而亡其国①。余亦西年酉月生②,遂止。

【注释】

①"余阅稗(bài)史"三句:作者所说当为陈鸿《东城老父传》,其中
有"上生于乙酉鸡辰,使人朝服斗鸡,兆乱于太平矣"之语。稗史,
野史,小说。

②余亦酉年酉月生:作者生于明万历二十五年(1597)八月二十五
日,这一年是丁酉年,农历八月为酉月,故有此说。

【译文】

有一天,我读野史,上面说唐玄宗在酉年酉月出生,喜欢斗鸡而亡
国。我也是酉年酉月出生,于是停止了斗鸡。

栖霞①

戊寅冬②,余携竹兜一、苍头一③,游栖霞,三宿之。山
上下左右、鳞次而栉比之岩石颇佳,尽刻佛像,与杭州飞来
峰同受黥劓④,是大可恨事。山顶怪石巉岏⑤,灌木苍郁,有
颠僧住之。与余谈,荒诞有奇理,惜不得穷诘之⑥。日晡,上
摄山顶观霞⑦,非复霞理,余坐石上痴对。复走庵后,看长江
帆影,老鹳河、黄天荡⑧,条条出麓下,悄然有山河辽廓之感。

【注释】

①栖霞:栖霞山,又名"摄山",在今江苏南京东。因南朝时山中建有
"栖霞精舍"而得名。有栖霞寺、南朝石刻千佛岩、舍利塔等古迹。

②戊寅:即崇祯十一年(1638)。

③竹兜:一种有位子而无轿厢的竹轿子。苍头:年纪较大的仆人。

④黥（qíng）劓（yì）：古代刑罚的名称。"黥"为墨刑，"劓"则为割
　鼻刑。这里指对山石风景的破坏。

⑤巉岏（chán wán）：山石险峻、高耸。

⑥诘：追问。

⑦摄山：即栖霞山。

⑧老鹳河：又名"老鹳嘴""七里港"，即芦门河，在今江苏南京东北。
　黄天荡：在今江苏南京东北龙潭附近。曾是长江下游的一个港湾，
　水面辽阔，今已不存。

【译文】

　　戊寅年冬天，我带着一顶竹轿、一个老仆，去游览栖霞山，在那里住
了三个晚上。山的上下左右都是鳞次栉比的岩石，这些石头很好，但都
刻着佛像，与杭州飞来峰一样受到砍削，这是非常遗憾的事。山顶的怪
石险峻高耸，灌木苍翠葱郁，有位疯癫的僧人住在那里。他和我谈话，语
虽荒诞但有奇趣，可惜没能穷根溯源地来问他。黄昏，登上摄山顶观赏
晚霞，不是平常看到的那种晚霞，我坐在石头上痴痴地对着它。又走到
庵后，看长江上船帆的影子，老鹳河、黄天荡一条条出自山脚下，看似静
寂无声却有山河辽阔之感。

　　一客盘礴余前①，熟视余，余晋与揖②，问之，为萧伯玉
先生③。因坐与剧谈，庵僧设茶供。伯玉问及补陀④，余适以
是年朝海归，谈之甚悉。《补陀志》方成⑤，在箧底⑥，出示伯
玉，伯玉大喜，为余作叙。取火下山，拉与同寓宿，夜长，无
不谈之，伯玉强余再留一宿。

【注释】

①盘礴（bó）：箕踞而坐，比较随意的样子。

②晋:进前,上前。

③萧伯玉:萧士玮(1585—1651),字伯玉,江西泰和人。万历四十
　　四年(1616)进士,历任吏部郎中、光禄寺卿。著有《春浮园集》《春
　　浮园别集》等。

④补陀:即普陀山,全名"补陁落迦山",亦称"补落迦""补陁""补陀"
　　等。在今浙江普陀,为佛教四大名山之一。

⑤《补陀志》:即作者所写的《海志》。

⑥箧(qiè):小箱子。藏物之具,大曰"箱",小曰"箧"。

【译文】

　　一位客人箕踞坐在我前面,仔细地打量我,我上前作揖,问其姓名,
才知道是萧伯玉先生。于是坐下来和他畅谈,庵里的僧人设茶水供应。
伯玉问到普陀山,我正好当年从海上朝拜回来,谈得很详细。《补陀志》
刚写成,放在箱底,就拿出来给伯玉看,他很是高兴,为我作了序。我们
取火照明下山,他拉着我同宿,漫漫长夜,我们无话不谈,后来伯玉又拉
着我又住了一晚。

湖心亭看雪①

　　崇祯五年十二月②,余住西湖。大雪三日,湖中人鸟声
俱绝。是日更定矣,余拏一小舟③,拥毳衣炉火④,独往湖心
亭看雪。雾凇沆砀⑤,天与云、与山、与水,上下一白。湖上
影子,惟长堤一痕,湖心亭一点,与余舟一芥,舟中人两三粒
而已。

【注释】

①湖心亭:又名"湖心寺""清喜阁",位于浙江杭州外西湖中央,小

瀛洲北面。因在外西湖中央小岛上，故名。作者《西湖梦寻》卷三"湖心亭"一则有详细介绍："湖心亭旧为湖心寺，湖中三塔，此其一也。明弘治间，按察司佥事阴子淑秉宪甚厉。寺僧怙镇守中官，杜门不纳官长。阴廉其奸事，毁之，并去其塔。嘉靖三十一年，太守孙孟寻遗迹，建亭其上。露台亩许，周以石栏，湖山胜概，一览无遗。数年寻圮。万历四年，佥事徐廷裸重建。二十八年，司礼监孙东瀛改为清喜阁，金碧辉煌，规模壮丽，游人望之如海市蜃楼。烟云吞吐，恐滕王阁、岳阳楼俱无甚伟观也。"作者曾为此亭撰写楹联："如月当空，偶以微云点河汉；在人为目，且将秋水剪瞳神。"

②崇祯五年：即1632年。

③拏（ná）：划动。

④毳（cuì）衣：用皮毛做的衣服。

⑤雾凇（sōng）：又名"树挂"，雾气凝结在树木枝叶上而形成的一种白色松散冰晶。沆砀：当为"沆砀（hàng dàng）"，烟云弥漫的样子。语出《汉书·礼乐志》："西颢沆砀，秋气肃杀。"

【译文】

崇祯五年十二月，我住在西湖边。大雪连着下了三天，湖中人鸟的踪迹都没有了。当天晚上初更之后，我划着一只小船，穿着皮衣，带着火炉，独自前往湖心亭看雪。雾凇如烟云弥漫，天与云、天与山、天与水，上上下下一片银白。湖上的影子，只有一道长堤，一点大的湖心亭，与我的一叶小舟，舟中两三粒人而已。

到亭上，有两人铺毡对坐，一童子烧酒，炉正沸。见余大喜，曰："湖中焉得更有此人！"拉余同饮。余强饮三大白而别①。问其姓氏，是金陵人，客此。及下船，舟子喃喃曰②："莫说相公痴，更有痴似相公者。"

【注释】

①大白：大酒杯。

②舟子：船夫。

【译文】

到了亭上，有两人铺着毡子面对面坐着，一个童子在烧酒，炉火正旺。他们见到我非常高兴，说："湖中怎么还有我们这样的人！"就拉我一同饮酒。我尽力喝了三大杯后告别。问他们的姓氏，知道是金陵人，在此客居。等到下船的时候，船夫喃喃自语："不要说相公痴，更有像相公一样痴的人。"

陈章侯

崇祯己卯八月十三①，侍南华老人饮湖舫②，先月蚤归。章侯怅怅向余曰："如此好月，拥被卧耶？"余敕苍头携家酿斗许，呼一小划船再到断桥，章侯独饮，不觉沾醉。过玉莲亭③，丁叔潜呼舟北岸④，出塘栖蜜橘相饷⑤，邑啖之⑥。

【注释】

①崇祯己卯：崇祯十二年（1639）。

②南华老人：张汝懋，字众之。作者的叔祖。万历四十一年（1613）进士，历任休宁县令、大理寺丞。

③玉莲亭：有关该亭情况，作者在《西湖梦寻》卷一"玉莲亭"一则言之甚详，兹引如下："白乐天守杭州，政平讼简。贫民有犯法者，于西湖种树几株；富民有赎罪者，令于西湖开葑田数亩。历任多年，湖葑尽拓，树木成荫。乐天每于此地载妓看山，寻花问柳。居民设像祀之。亭临湖岸，多种青莲，以象公之洁白。右折而北，为缆舟亭，楼船鳞集，高柳长堤。游人至此买舫入湖者，喧阗如市。

东去为玉岇园，湖水一角，僻处城阿，舟楫罕到。寓西湖者，欲避嚣杂，莫于此地为宜。园中有楼，倚窗南望，沙际水明，常见浴岇数百出没波心，此景幽绝。"

④丁叔潜：即丁汝骧，字叔潜。万历四十七年（1619）进士，曾官叙州知府。

⑤塘栖：地名。在浙江杭州城北。

⑥鬯（chàng）啖：畅快地吃。

【译文】

崇祯己卯年八月十三，我侍奉叔祖南华老人在西湖船中饮酒，大家在月亮升起前就回去了。陈章侯不无遗憾地对我说："如此好的月亮，就这样盖着被子睡觉吗？"我让老仆带一斗家里酿的酒，叫了一艘小船再划到断桥，章侯独自饮酒，不知不觉就醉了。经过玉莲亭时，丁叔潜招呼着把船靠到北岸，拿出塘栖的蜜橘给我们吃，大家畅快地吃掉了。

　　章侯方卧，船上嚣嚣①。岸上有女郎，命童子致意云："相公船肯载我女郎至一桥否？"余许之。女郎欣然下，轻纨淡弱②，婉嫕可人③。章侯被酒挑之曰："女郎侠如张一妹，能同虬髯客饮否④？"女郎欣然就饮。移舟至一桥，漏二下矣，竟倾家酿而去。问其住处，笑而不答。章侯欲蹑之⑤，见其过岳王坟⑥，不能追也。

【注释】

①嚣嚣：大声喊叫。

②轻纨（wán）淡弱：女子衣袂轻柔，体态婉转柔弱。轻纨，轻薄洁白的绢衣。

③婉嫕（yì）：温顺娴静。嫕，文静。

④张一妹、虬髯客：唐杜光庭小说《虬髯客传》中的人物。此处陈章
　侯以虬髯客自比。

⑤蹑：追踪，跟随。

⑥岳王坟：在今浙江杭州。初建于南宋嘉定十四年（1221）。岳飞
　死后被朝廷追封为鄂王，故称"岳王"。作者《西湖梦寻》卷一"岳
　王坟"一则有详细介绍，可参看。

【译文】

　　章侯刚躺下，船上一片喊叫声，原来岸上有一个年轻的女子，命童子
向我们问候道："相公的船肯载我家女郎到一座桥边吗？"我答应了。女郎
高兴地上了船，只见她衣袂轻柔，体态婉转柔弱，温顺娴静可爱。章侯带
着酒劲挑动她说："女郎的侠气如同张一妹，能同我这个虬髯客饮酒吗？"
女子欣然饮酒。船行到一座桥下时，已经是二更了，女郎竟然把家酿喝
完离开了。问她的住处，笑笑不回答。章侯想跟踪她，见她过了岳王坟，
就不能追上了。

卷四

【题解】

这一卷所收各文内容丰富,涉及面广,所展现的是一幅五彩斑斓的晚明生活画卷。如果要用一个词来概括的话,那就是奢华。

这种奢华没有刻意渲染,而是通过作者自己的日常生活不动声色地表现出来,主要是各种极致的享受,无论是口腹之欲,还是声色之乐,无论是越中的放灯,还是泰安的客店,都达到了作者本人所说的"罪孽固重"的程度。这固然是太平盛世的景象,但在刚经历过国破家亡的作者眼里,这又何尝不是醉生梦死,亡国之兆。

作者文笔老到,描摹刻画的能力很强,很平常、很普通的一件小事,被他说得绘声绘色,引人入胜,一切仿佛就在眼前。不经意间娓娓道来,自有一种惊心动魄的力量。

以下对本卷所收各文进行简要评述:

《不系园》:在栖霞山巧遇朋友,到杭州西湖又见到一群故交,大家在一起欢聚,个个施展绝艺,一生中能有几次这样的快乐,也就心满意足了。

《秦淮河房》:不知道是秦淮的繁华成就了《秦淮河灯船赋》这样的名篇佳作,还是《秦淮河灯船赋》这样的名篇佳作成就了秦淮的繁华。从一个朝代到另一个朝代,千百年来,秦淮风月见证着岁月的繁华,也记录着时代的沧桑。

《兖州阅武》：看起来气势恢宏，很有画面感，但与其说是军事操练，不如说是在做军队团体操，后来更是变成了文艺表演。当这样花拳绣腿的军队面对彪悍的东北铁骑，胜负根本就没有悬念。

《牛首山打猎》：本文的看点不在打猎声势的浩大，也不在打到的猎物之多，而是作者在文后隐隐生出的那丝寒酸感。连见过世面的作者都觉得自己开了眼界，可见当时勋戚豪右之奢华。

《杨神庙台阁》：演一场戏花费如此大的物力和精力，明代戏曲之兴盛，由此可见一斑。这种台阁戏与一般的戏曲似乎不大一样，人物扮演除了神似外，还很注重形似，有些像西方的话剧。

《雪精》：作者饲养这头白骡的方式很有意思，基本上是一种野化的放养，难怪到后来谁都驾驭不了。

《严助庙》：在该文中，作者给我们展开了一幅民俗生活画卷，可见当时人们宗教信仰之一斑。如此祭祀，实在过于铺张奢华，不知严助的神灵能给地方带来什么好处，能对得起如此丰盛的祭品否。

《乳酪》：作者在打理生活方面绝对是一位行家里手，无论是饮水，还是品茶，都能别出心裁，玩出花样来，且能谈出其中的精妙之处。这次说的是乳制品，同样匠心独具，令人叹为观止。

《二十四桥风月》：风花雪月往往被视作一个时代繁华的标志，如果换个角度也许就有不同的解读，这要看是站在买笑者还是卖笑者的立场上。欢笑与凄楚、喧闹与冷落，这正是二十四桥风月的真实写照，也是作者想展示的，他力图写出醉生梦死背后的隐忧。

《世美堂灯》："灯不在多，总求一亮"，此语说出了"灯理"所在，值得回味。

《宁了》：这只"宁了"鸟确实够灵异的，这恰恰也是其取死之道，正所谓聪明反被聪明误。文章说的是鸟，人何尝不是这样！

《张氏声伎》：声色繁华，过眼烟云，戏班换过一个又一个，主人也在一天天老去。不知不觉间，年华飞逝，稍一回顾，便觉物是人非，作者难免生出沧桑之叹。

《方物》：一个人能享用如此众多、如此精美的食物，这已经无法用口福来形容了。即便是贵为一国之主的帝王也不过如此，难怪作者说自己是"罪孽固重"。此外，作者还写有《咏方物二十首》，诗序云："自是老饕，遂为诸物董狐。"可与本文对读。

《祁止祥癖》：文章开篇就说："人无癖不可与交，以其无深情也；人无疵不可与交，以其无真气也。"可见作者的交友观。俗话说人无完人，以完美姿态呈现的人要么是伪装的，要么无趣，不交往也罢。

《泰安州客店》：文章所写，并非江南，而是山东泰安。这里的客店竟然达到这样的规模和档次，明代商业之发达，于此可见一斑。本文所述内容，作者《岱志》一文亦有记载，可参看。

不系园①

甲戌十月②，携楚生住不系园看红叶③。至定香桥④，客不期至者八人：南京曾波臣、东阳赵纯卿、金坛彭天锡、诸暨陈章侯⑤，杭州杨与民、陆九、罗三，女伶陈素芝。余留饮。章侯携缣素为纯卿画古佛⑥，波臣为纯卿写照，杨与民弹三弦子，罗三唱曲，陆九吹箫。与民复出寸许界尺，据小梧⑦，用北调说《金瓶梅》一剧，使人绝倒。

【注释】

①不系园：明末安徽富商汪汝谦在西湖湖畔建造的一只游船，得名于《庄子·列御寇》："巧者劳而知者忧，无能者无所求，饱食而遨游，泛若不系之舟，虚而遨游者也。"船名由陈继儒题字。当时陈继儒、董其昌、李渔、钱谦益等人都曾在不系园中饮宴并留

下诗文。

②甲戌：即崇祯七年（1634）。

③楚生：即朱楚生。详见本书卷五"朱楚生"。

④定香桥：在浙江杭州西湖花港观鱼亭前，南宋时京尹袁韶所建。

⑤曾波臣：曾鲸（1564—1647），字波臣，福建莆田人。擅长肖像画，
　　是波臣画派的开创者。彭天锡：江苏金坛人。生卒年不详。本为
　　士人，与南京缙绅多有往来，喜演剧，擅长净、丑戏。详见本书卷
　　六《彭天锡串戏》。

⑥缣（jiān）素：供写字、绘画用的白色丝绢。

⑦小梧：木头做的支架。

【译文】

崇祯甲戌年十月，我带朱楚生住在不系园看红叶。到了定香桥，不
期而至的客人有八位：南京的曾波臣、东阳的赵纯卿、金坛的彭天锡、诸
暨的陈章侯，杭州的杨与民、陆九、罗三，还有女伶陈素芝。我留他们一
起饮酒。陈章侯带着丝绢为赵纯卿画古佛像，曾波臣为赵纯卿画肖像，
杨与民弹三弦子，罗三唱曲，陆九吹箫。杨与民又拿出一寸左右的界尺，
倚着木头做的支架，用北调说唱《金瓶梅》，令人绝倒。

是夜，彭天锡与罗三、与民串本腔戏①，妙绝；与楚生、
素芝串调腔戏②，又复妙绝。章侯唱村落小歌，余取琴和之，
牙牙如话③。纯卿笑曰："恨弟无一长以侑兄辈酒④。"余曰：
"唐裴将军旻居丧⑤，请吴道子画天宫壁度亡母⑥。道子曰：
'将军为我舞剑一回，庶因猛厉，以通幽冥⑦。'旻脱缞衣缠
结⑧，上马驰骤，挥剑入云，高十数丈，若电光下射，执鞘承
之⑨，剑透室而入⑩，观者惊栗。道子奋袂如风⑪，画壁立就。
章侯为纯卿画佛，而纯卿舞剑，正今日事也。"

【注释】

①串：原指担任戏曲角色，这里指表演。本腔戏：昆腔，昆剧。

②调腔戏：又名"掉腔""绍兴高调"，流行于浙东绍兴等地的一个剧种，由明代南戏四大声腔之一的余姚腔发展而来。

③牙牙：语声词。小孩学说话时的声音。

④侑（yòu）：劝酒。

⑤裴将军旻：裴旻，唐代将领。擅长舞剑。当时曾将李白的诗、张旭的草书和裴旻的剑舞并称为"三绝"。

⑥吴道子（约680—约760）：又名道玄，阳翟（今河南禹州）人。擅长丹青，被后人誉为画圣。度亡母：超度亡故的母亲。

⑦幽冥：阴间。

⑧缞（cuī）衣：古代用粗麻布制成的丧服。

⑨鞘：装刀剑的套子。

⑩室：剑鞘。

⑪奋袂（mèi）：扬起袖子。

【译文】

这天夜里，彭天锡与罗三、杨与民串演本腔戏，真是绝妙；又与朱楚生、陈素芝串演调腔戏，也十分绝妙。陈章侯唱起村落小曲，我取琴与他相和，像在一起咿咿呀呀说话拉家常。赵纯卿笑着说："可恨我没有一技之长来劝诸兄饮酒。"我说："唐代将军裴旻服丧期间，请吴道子在天宫寺壁上作画以超度亡母。吴道子说：'将军为我舞一回剑，也许可以借助猛厉的剑势来沟通幽冥。'裴旻将军脱下丧服缠在身上，上马疾驰，挥剑入云，高达十几丈，剑影好似电光下射，执鞘接剑，剑直入剑鞘，一旁的观者吓得战栗。吴道子扬起袖子，运笔如风，天宫壁画一挥而就。章侯为纯卿画佛像，而纯卿舞剑，正好是今天的事。"

纯卿跳身起，取其竹节鞭，重三十斤，作胡旋舞数缠①，大噱而去^②。

【注释】

①胡旋舞：唐代西北少数民族的舞蹈，以各种旋转动作为特色。缠：周。

②大噱（jué）：大笑。

【译文】

赵纯卿跳身而起，取来他的竹节鞭，鞭重三十斤，他跳了好几圈胡旋舞，然后大笑而去。

秦淮河房^①

秦淮河河房，便寓，便交际，便淫冶^②，房值甚贵，而寓之者无虚日。画船箫鼓，去去来来，周折其间。河房之外，家有露台^③，朱栏绮疏^④，竹帘纱幔。夏月浴罢，露台杂坐。两岸水楼中，茉莉风起，动儿女香甚。女客团扇轻纨，缓鬓倾髻，软媚着人。

【注释】

①秦淮河：又称"淮水""龙藏浦"。由东向西横贯南京城区，分内河和外河，内河在城中，沿河一带有很多名胜古迹。

②淫冶：淫荡，轻狎。这里指声色娱乐。

③露台：晒台，凉台。

④绮疏：雕刻着花纹的窗户。

【译文】

秦淮河边的河房，便于居住，便于交际，便于游乐，虽然房价昂贵，但每天都有人住，没有空闲的日子。画船箫鼓，在河中来来去去，穿梭其间。

河房的外面，家家都有露台，朱栏雕窗，围着竹帘纱幔，夏日沐浴之后，在露台上随意坐下。两岸的水楼中，风夹杂着茉莉的香气，花香打动着青年男女。女人们则手里摇着团扇，穿着轻薄的白纱衣，头发蓬松倾斜，温软柔媚，楚楚动人。

　　年年端午，京城士女填溢之看灯船①。好事者集小篷船百什艇，篷上挂羊角灯如联珠②，船首尾相衔，有连至十余艇者。船如烛龙火蜃③，屈曲连蜷④，蟠委旋折⑤，水火激射。舟中镤铍星铙⑥，讴歌弦管，腾腾如沸。士女凭栏轰笑，声光乱乱，耳目不能自主。午夜，曲倦灯残，星星自散。钟伯敬有《秦淮河灯船赋》⑦，备极形致。

【注释】

①填溢：充满，挤满。

②羊角灯：用透明角材料做罩的灯。

③蜃（shèn）：传说中蛟龙一类的动物。能吐气成海市蜃楼。

④连蜷：长而弯曲的样子。

⑤蟠委旋折：盘旋曲折。

⑥镤（sǎn）铍（bó）星铙（náo）：铍铙击打时快时慢，形容各种乐器齐鸣。镤，弩机松弛。星，跟流星一样迅速。

⑦钟伯敬：钟惺（1574—1624），字伯敬，竟陵（今湖北天门）人。万历三十八年（1610）进士，历任行人司行人、工部主事、南京礼部主事、郎中、福建提学佥事。竟陵派的代表人物。著有《隐秀轩集》等。

【译文】

　　每年端午，京城里的青年男女都会涌到河边看灯船。有爱生事的人就聚集一百多条小篷船，在船篷上挂起透明的羊角灯，宛如成串的珍珠，小船首尾相接,甚至有连着十几条船的。这些小船有如烛龙火蜃,曲折连绵,迂回盘旋,水光与灯光交相辉映。船上铙钹齐奏,繁弦急管,热闹沸腾。青年男女倚着栏杆大笑,声光错乱,让人不能控制自己的眼睛和耳朵。午夜,曲声微弱,灯余残辉,人们如星星一样各自散去。钟伯敬写有《秦淮河灯船赋》,淋漓尽致地描写了这些景象。

兖州阅武

辛未三月①,余至兖州,见直指阅武②。马骑三千,步兵七千,军容甚壮。马蹄卒步,滔滔旷旷③,眼与俱驶④,猛掣始回。

【注释】

①辛未:即崇祯四年(1631)。

②直指:直指使者,又称"绣衣直指"或"直指绣衣使者",朝廷直接派往地方巡视、处理政务的官员。

③滔滔旷旷:连续不断、盛大的样子。

④眼与俱驶:眼睛随着军队的行进而移动。

【译文】

崇祯辛未年三月,我到兖州,看到直指使者阅兵的盛况。其中马兵三千,步兵七千,军容很是雄壮。马蹄声夹杂着士兵的脚步声,声势浩大,我的眼睛随着队伍的行进而移动,等队伍走远了才把目光收回来。

其阵法奇在变换,簸动而鼓①,左抽右旋,疾若风雨。阵既成列,则进图直指前,立一牌曰:"某阵变某阵"。连变十余阵,奇不在整齐而在便捷。扮敌人百余骑,数里外烟尘坌起②。逻卒五骑③，小如黑子，顷刻驰至，入辕门报警④。建大将旗鼓，出奇设伏。敌骑突至，一鼓成擒，俘献中军。

【注释】

①旝（kuài）：古代作战指挥所用的令旗。

②坌（bèn）起：飞起，扬起。

③逻（liè）卒：担任警戒的士卒。逻，列队警戒。

④辕门：指军营的门。

【译文】

其阵法之奇在于变换，随着令旗的挥动而擂鼓，队伍左抽右旋，如风雨般迅疾。方阵成列后，就将图纸摆在直指使者面前，树一个牌子，上面写着："某阵变某阵"。连续变换了十多种阵型，其奇特之处不在于整齐而在于快速。一百多骑兵假扮敌人，从数里外奔袭而至，烟尘扬起。五名担任警戒任务的士兵，远看小如黑点，顷刻间飞驰而至，进入军营大门报警。随即立起大将的旗鼓，用奇计设下埋伏。敌兵冲过来，一举将其擒获，将俘虏献到中军大帐。

　　内以姣童扮女三四十骑，荷旃被毳①，绣袪麵结②，马上走解③。颠倒横竖，借骑翻腾，柔如无骨。奏乐马上，三弦、胡拨琥珀词四、上儿密失、义儿机④，傺休兜离⑤，罔不毕集⑥，在直指筵前供唱，北调淫俚⑦，曲尽其妙。是年，参将罗某，北人，所扮者皆其歌童外宅，故极姣丽，恐易人为之⑧，未必能尔也。

【注释】

①荷旃（zhān）被毳（cuì）：扛着赤色曲柄的旗帜，身披毛织的衣物。

旃，古代的一种赤色曲柄旗。毳，鸟兽毛经过加工而制成的毛制品。

②袪（qū）：袖口。魋（chuí）结：结成椎形的髻。魋，通"椎"，发髻。

③走解：在马上表演技艺。

④胡拨琥珀词四：当作"胡拨四、琥珀词"，即火不思，又名"浑不似""和必斯"等，当系同一种乐器，皆为琴的蒙语音译，一种蒙古族弹拨乐器。四弦、长柄、无品、音箱梨形。明刘侗、于奕正《帝京景物略・城东内外・灯市》："弦索，则套数、小曲、数落、打碟子。其器胡拨四、土儿密失、乂儿机等。"清厉荃《事物异名录・音乐》："火不思、琥珀词。《正字通》《元史・天乐一部》有'火不思'，制似琵琶。今山、陕、中州弹琥珀词，盖'火不思'之转语也。"上儿密失：当为"土儿密失"，即都哩默色。明方以智《通雅・乐器》："火不思，智见今山、陕、中州皆弹琥珀词。……今京师有吴拨四、土儿密失、乂儿机等。"清英廉等编《日下旧闻考》："都哩，蒙古语式样也，默色，器械也，旧作'土儿密失'。"乂（yì）儿机：当为"叉儿机"，即察尔奇。《日下旧闻考》："察尔奇，满洲语扎板也，旧作'叉儿机'。"

⑤僸佅（jìn mài）兜离：语出汉班固《东都赋》："四夷间奏，德广所及，僸佅兜离，罔不具集。"班固《白虎通・礼乐》又曰："南夷之乐曰兜，西夷之乐曰禁，北夷之乐曰佅，东夷之乐曰离。"这里泛指古代少数民族音乐。

⑥罔：无。毕：尽，全。

⑦淫俚：轻狎俚俗。

⑧易：改换，交换。

【译文】

又有面目清秀、男扮女装的少儿三四十骑，扛着赤色旗子，穿着毛皮衣服，袖口有刺绣，扎着椎型发髻，在马上表演技艺。他们颠倒横竖，翻腾跳跃，身体柔软得好像没有骨头一样。他们还在马上奏乐，三弦、胡拨

四、土儿密失、叉儿机等，各种少数民族的乐器无不在此聚集，一起在直指使者的筵席前演奏，多为北调轻狎俚俗，极尽曲子的美妙。这一年，参将罗某是北方人，这些扮演者都是他养在外宅的歌童，因此十分娇美，恐怕换了别人做这件事，就未必能做成这样。

牛首山打猎①

戊寅冬②，余在留都，同族人隆平侯与其弟勋卫、甥赵忻城、贵州杨爱生、扬州顾不盈、余友吕吉士、姚简叔、姬侍王月生、顾眉、董白、李十、杨能③，取戎衣衣客④，并衣姬侍。姬侍服大红锦狐嵌箭衣、昭君套，乘款段马⑤，鞲青鹘，绁韩卢⑥，铳箭手百余人⑦，旗帜棍棒称是，出南门，校猎于牛首山前后，极驰骤纵送之乐。得鹿一、麂三、兔四、雉三、猫狸七⑧。看剧于献花岩⑨，宿于祖茔⑩。次日午后猎归，出鹿麂以犒士⑪，复纵饮于隆平家。

【注释】

①牛首山：又称"牛头山"，在今江苏南京。因其两座主峰南北耸峙，宛如牛首，故名。作者在《夜航船》一书中有介绍："牛首山：在祖堂之北，上有二峰相对，如牛角，故名。晋王导曰：'此天阙也。'又名'天阙山'。"

②戊寅：即崇祯十一年（1638）。

③隆平侯与其弟勋卫：张信因军功于永乐年间被封隆平侯，文中所说隆平侯、勋卫为其后裔。赵忻（xīn）城：赵之龙，明末人。曾被封忻城伯，后降清。杨爱生：杨鼎卿，字爱生，贵州贵阳人。杨文骢之子。顾不盈：顾尔迈，字不盈。曾做过范景文幕僚。著有《明

玙彰瘴录》等。姚简叔：姚允在，字简叔，会稽（今浙江绍兴）人。工诗善画，以山水、人物见长。作者称其为"字画知己"。参见本书卷五《姚简叔画》。顾眉：字眉生，号横波，为秦淮八艳之一。后嫁龚鼎孳为妾。董白：字小宛，为秦淮八艳之一。后嫁冒襄为妾。李十：李十娘，名湘真，字雪衣，十娘为其号。秦淮歌妓。杨能：秦淮歌妓。生平不详。

④衣（yì）：穿。

⑤款段马：行路缓慢的马。

⑥韝（gōu）青鹞（xiāo），绁（xiè）韩卢：语出东汉张衡《西京赋》："青鹞击于韝下，韩卢噬于绁末。"韝，射箭时所用的皮制臂套。青鹞，一种青腿的猎鹰。绁，拴，系。韩卢：战国时韩国一只善跑的黑狗。这里泛指良犬。

⑦铳（chòng）：旧时指枪一类的火器。

⑧麂（jǐ）：哺乳动物的一属。像鹿，腿细而有力，善于跳跃，皮很软可以制革，通称"麂子"。雉：野鸡。

⑨献花岩：牛首山分支祖堂山北的一个石窟。相传唐代时法融禅师在此讲经，有百鸟衔花来献，故名"献花岩"。

⑩祖茔（yíng）：当为"祖堂"。祖堂山为牛首山分支，上有幽栖寺、花岩寺等建筑。作者在《夜航船》一书中亦有介绍："祖堂：在应天府治南。唐法融和尚得道于此，为南宗第一祖师，在山房禅定，有百鸟献花，故又名'献花岩'。"

⑪飨（xiǎng）：用酒食慰劳。

【译文】

崇祯戊寅年冬天，我在南京，和同族的隆平侯与他的弟弟勋卫、外甥赵忻城、贵州的杨爱生、扬州的顾不盈、我的朋友吕吉士、姚简叔，姬侍王月生、顾眉、董白、李十、杨能等人在一起，命人取来戎衣为客人穿上，也给他们的姬侍穿上。姬侍们穿着大红锦狐做成的箭衣，头戴昭君套，骑着马缓缓而行，其他人则肩上架着猎鹰，手里牵着猎犬，随行的有一百多名火箭手，旗帜棍棒的数量与人数相称，大家从南门出，到牛首山前后打猎，极尽驰骋打猎的快乐。打猎所得为一只鹿、三只麂、四只兔、三只野鸡、七只狸猫。众人又在献花岩看戏，夜晚宿在祖堂山上。第二天午后打猎归来，我拿出鹿麂招待大家，又到隆平侯家纵酒欢饮。

江南不晓猎较为何事①，余见之图画戏剧，今身亲为之，果称雄快。然自须勋戚豪右为之②，寒酸不办也。

【注释】

①猎较：泛指打猎。

②勋戚：有功勋的皇族亲戚。豪右：豪门望族。

【译文】

江南人不知道打猎是怎么回事，我也只在图画和戏剧里看到过，今天亲自做过这件事，果然可以称得上雄壮畅快。然而只有皇戚贵族富贵人家才能做这件事，一般穷苦人家是办不到的。

杨神庙台阁①

枫桥杨神庙②，九月迎台阁。十年前迎台阁，台阁而已。自骆氏兄弟主之，一以思致文理为之③。扮马上故事二三十骑，扮传奇一本④，年年换，三日亦三换之。其人与传奇中人必酷肖方用⑤，全在未扮时，一指点为某似某，非人人绝倒者不之用。迎后，如扮胡琏者⑥，直呼为胡琏，遂无不胡琏之，而此人反失其姓。人定，然后议扮法，必裂缯为之⑦。果其人其袍铠须某色、某缎、某花样，虽匹锦数十金不惜也。一冠一履，主人全副精神在焉。诸友中有能生造刻画者，一月前礼聘至，匠意为之，唯其使。装束备，先期扮演，非百口叫绝又不用。故一人一骑，其中思致文理，如玩古董名画，一勾一勒，不得放过焉。

【注释】

①杨神庙：即今枫桥大庙戏台，在浙江诸暨枫桥镇，所供之神名杨俨。始建于南宋。清咸丰十一年（1861）毁于太平军战火，后历经修建。台阁：一种民间游艺活动。

②枫桥：在今浙江诸暨东北。

③思致文理：思想意趣、文章情节。

④传奇：这里是对戏曲的统称。

⑤酷肖：非常像。

⑥胡琏：戏曲《蕉帕记》中的人物形象。

⑦裂缯（zēng）：据《太平御览》卷八十二引《帝王世纪》载："妹喜好闻裂缯之声，（桀）为发缯裂之，以顺适其意。"这里有不惜重金之意。缯，一种丝织品。

【译文】

枫桥的杨神庙，九月迎台阁。十年前迎台阁，也只是演演台阁戏而已。自从骆氏兄弟主事以来，就开始用情致文理来做这件事。扮演马上故事用二三十个骑兵，演整本戏，剧目年年都更换，即便是三天的表演也会更换三次。演员与戏中的角色一定要十分相像才会用他，都还在没扮演的时候，一旦指认某人像某人，除非所有人都折服，否则不会用他。迎台阁之后，比如扮演胡琏的演员，大家就直接叫他胡琏，于是没有人不叫他胡琏，这个人的真实姓氏反倒没有人记得了。选好演员之后，商议装扮的方法，一定不惜重金打造。如果这个人的战袍铠甲必须使用某种颜色、某种丝缎、某种花色，即使一匹锦缎需要花费数十金也在所不惜。一顶帽子、一双鞋子，都是人物全部精神风貌的体现。朋友中有一位化妆技艺如再造一般高超，需要提前一个月聘请，让他独具匠心来做这件事，都只听他的调遣。装束准备齐全之后，提前扮演一遍，如果没有达到众人都叫绝的程度，也依然不会用这个人。因此一人一骑，这中间包含的情致文理，就像把玩古董名画一样，一勾一勒，都不能放过。

　　土人有小小灾祲^①，辄以小白旗一面到庙禳之^②，所积盈库。是日以一竿穿旗三四，一人持竿三四走神前，长可七八里，如几百万白蝴蝶，回翔盘礴在山坳树隙^③。

【注释】

①灾祲（jìn）：灾难。

②禳（ráng）：祈祷消灾。

③盘礴（bó）：徘徊，逗留。

【译文】

　　当地人如果有小灾小祸，就会拿一面小白旗到庙里祈祷消灾，因此庙里堆积了很多白旗。迎台阁这一天，用一根竿子穿起三四面白旗，每个人拿着三四个竿子走在神灵前，队伍可长到七八里，远远望去，就如同几百万只白色的蝴蝶，在山坳树隙间盘旋飞舞。

　　四方来观者数十万人。市枫桥下，亦摊亦篷。台阁上马上有金珠宝石堕地，拾者如有物凭焉不能去，必送还神前。其在树丛田坎间者，问神，辄示其处，不或爽^①。

【注释】

①爽：差错。

【译文】

　　从四面八方来观看的人多达几十万。人们在枫桥之下设市贸易,有的摆摊,有的支帐篷。台阁上、马上如果有金珠宝石掉在地上,捡到的人就像有物附在身上一样不能离开,必定要把它送还到神像前。如果有东西遗落在树丛、田坎间,向神灵请示,则告知其位置,此法屡试不爽。

雪精①

　　外祖陶兰风先生②,倅寿州③,得白骡,蹄跆都白④,日行二百里,畜署中。寿州人病噎隔⑤,辄取其尿疗之。凡告期,乞骡尿状常十数纸。外祖以木香沁其尿,诏百姓来取。后致仕归⑥,捐馆⑦,舅氏啬轩解骖赠余⑧。

【注释】

①雪精:指白驴。宋司马光《温公续诗话》:"韩退处士,绛州人,放诞不拘,浪迹秦、晋间,以诗自名。尝跨一白驴,自有诗云:'山人跨雪精,上便不论程。嗅地打不动,笑天休始行。'"亦指白骡,据说为仙人洪崖的坐骑。元张雨《题彭大年祷雨诗卷和仲举韵延祐己未开玄道院作》诗有"白石资方青饥饭,洪崖借乘雪精骡"之语。

②陶兰风:陶允嘉(1556—1622),字幼美,号兰风,山阴(今浙江绍兴)人。曾官通判。

③倅(cuì):担任副职。寿州:今安徽寿县。

④蹄跆(jiá):蹄趾。

⑤噎隔:即噎嗝,一种疾病。主要症状为吞咽困难,饮食难下,或食入即吐。

⑥致仕:交还官职,即辞职、退休。

⑦捐馆:去世,死的婉辞。

⑧啬轩：陶崇文，字乳周，号啬轩、啬轩道人。撰有杂剧《宫衮记》。
　　骖（cān）：古代驾在车前两侧的马。这里代指马。

【译文】

　　我的外祖父陶兰风先生曾在寿州担任副职，在那里他得到一匹白色的骡子，蹄子和脚趾都是白色的，一天能跑二百里，外祖父就把它养在官署中。寿州百姓得了噎嗝之症，外祖父就去取白骡的尿来给他们治病。只要到申告那一天，百姓乞求骡尿的状纸常常有十几张。外祖父把木香浸到骡尿里，告知百姓来取。后来外祖父退休归乡，去世，舅父啬轩就把白骡送给了我。

　　余豢之十余年许①，实未尝具一日草料，日夜听其自出觅食，视其腹未尝不饱，然亦不晓其何从得饱也。天曙，必至门祇候②，进厩候驱策，至午勿御，仍出觅食如故。后渐跋扈难御，见余则驯服不动，跨鞍去如箭，易人则咆哮蹄啮，百计鞭策之不应也。

【注释】

　　①豢（huàn）：喂养。
　　②祇（zhī）候：恭敬地等候。

【译文】

　　我养这匹白骡已有十几年，其实从来没有准备过一天的草料，白天夜里都听凭它自己出去觅食，看它的肚子也从来没有不饱过，然而也不知道它是在哪里吃饱的。天刚一亮，白骡必会到门口恭候，进棚等候驱使，如果到中午没有被骑，它就仍然像往常一样出门觅食。后来白骡渐渐变得骄横难以驾驭，但见到我的时候则驯服不动，跨上鞍就像箭一样飞驰而去，换了别人则咆哮蹄咬，想尽一切办法鞭打它都不服从。

一日,与风马争道城上①,失足堕濠堑死②,余命葬之,谥之曰"雪精"。

【注释】

①风马:疾驰如风的马。杜甫《朝享太庙赋》:"园陵动色,跃在藻之泉鱼;弓剑皆鸣,汗铸金之风马。"

②濠堑:壕沟。

【译文】

一天,白骡与一匹跑得飞快的马在城墙上争道,失足堕下壕沟摔死了,我命人埋葬了它,为它起了个谥号叫"雪精"。

严助庙①

陶堰司徒庙②,汉会稽太守严助庙也。岁上元设供③,任事者聚族谋之终岁。凡山物牟牟④,虎、豹、麋鹿、獾猪之类。海物噩噩⑤,江豚、海马、鲟黄、沙鱼之类。陆物痴痴⑥,猪必三百斤,羊必二百斤,一日一换。鸡、鹅、凫、鸭之属,不极肥,不上贡。水物唅唅⑦,凡虾、鱼、蟹、蚌之类,无不鲜活。羽物毲毲⑧,孔雀、白鹇、锦鸡、白鹦鹉之属⑨,即生供之。毛物毵毵⑩,白鹿、白兔、活貂鼠之属,亦生供之。洎非地、闽鲜荔枝、圆眼、北蘋婆果、沙果、文官果之类⑪。非天、桃、梅、李、杏、杨梅、枇杷、樱桃之属,收藏如新摘⑫。非制、熊掌、猩唇、豹胎之属。非性、酒醉、蜜饯之类。非理、云南蜜唧、峨眉雪蛆之类。非想之物,天花龙蜑、雕镂瓜枣、捻塑米面之类⑬。无不集。庭实之盛,自帝王宗庙社稷坛壝所不能比隆者⑭。

【注释】

①严助（？—前122）：本名庄助，《汉书》为避东汉明帝刘庄讳，将其改为严助，吴县（今江苏苏州）人。历任中大夫、会稽太守。著有《相儿经》《严助赋》等。

②陶堰：又名"陶家堰"，在今浙江绍兴东。

③上元：上元节，为每年农历的正月十五。

④犓犓（chù）：本义为兽类用犄角抵物，这里指兽类凶猛相争的样子。犓，同"触"。

⑤噩噩：肥腴的样子。

⑥痴痴：肥硕的样子。

⑦唅唅（yǎn）：鱼在水面张口呼吸的样子。

⑧毨毨（xiǎn）：羽毛整齐貌。

⑨白鹇（xián）：鸟名。亦称"白雉"，尾长，雄鸟背白色，有黑纹，腹部黑蓝色，雌鸟棕绿色，常栖于高山竹林间。

⑩毧毧（róng）：毛发细密貌。

⑪洎（jì）：到，及。

⑫撷（xié）：采摘。

⑬蜑（dàn）：同"蛋"。

⑭壝（wēi）：祭坛周围的矮墙。

【译文】

　　陶堰司徒庙，是供奉汉代会稽太守严助的庙宇。每年正月十五上元节陈设祭品，掌管这件事的人都要聚集族人商量准备一整年。凡是凶猛的山珍，比如虎、豹、麋鹿、獾猪之类。肥腴的海味，比如江豚、海马、鲟黄、沙鱼之类。肥硕的陆物，猪必定要三百斤，羊必定要二百斤，每天一换。鸡、鹅、兔、鸭之类，若非特别肥硕，就不能作为贡品。鲜活的水产，凡是虾、鱼、蟹、蚌之类，没有不鲜活的。羽毛丰满的禽类，比如孔雀、白鹇、锦鸡、白鹦鹉之类，即是将活物来上贡。毛发细密的动物，比如白鹿、白兔、活貂鼠之类，也是采取生供的方式。还有那些非当地出产的、比如闽鲜荔枝、圆眼、北蘋婆果、沙果、文官果之类。不合时令的，比如桃、梅、李、杏、杨梅、枇杷、樱桃之类，保存得像刚采摘的一样新鲜。不合礼制的，比如熊掌、猩唇、豹胎之类。不合常性的，比如酒醉、蜜饯之类。不合常理的，比如云南蜜唧、峨眉雪蛆之类。难以想象的物品，比如天花龙蛋、雕镂瓜枣、捻塑米面之类。全都汇集在这里。贡品之丰盛，除了帝王的宗庙社稷坛墙，再没有比这更隆重的了。

　　十三日，以大船二十艘载盘轳①，以童崽扮故事，无甚文理②，以多为胜。城中及村落人，水逐陆奔，随路兜截转折③，谓之"看灯头"。五夜，夜在庙演剧，梨园必倩越中上三班④，或雇自武林者，缠头日数万钱⑤。唱《伯喈》《荆钗》⑥，一老者坐台下对院本⑦，一字脱落，群起噪之，又开场重做，越中有"全伯喈""全荆钗"之名起此。

【注释】

①盘轳（líng）：当为"盘铃"，一种乐器。这里指的是盘铃傀儡，即以盘铃伴奏演出的一种傀儡戏。

②文理：文辞义理，文章条理。这里指故事情节。

③兜截转折：这里指观众观剧时随着演出人员的移动或超越或尾随。兜截，包抄拦截。转折，转向，改变。

④倩：请，央求。

⑤缠头：赠送给演员的布帛或财物。

⑥《伯喈》《荆钗》：即《琵琶记》《荆钗记》。

⑦院本：这里指剧本。

【译文】

　　正月十三这一天，用二十艘大船载着盘铃，用少儿扮演故事，没有什么条理，以人多取胜。城内及村里的人，在水中陆上奔跑追逐，随着道路兜折回转，这叫做"看灯头"。连着五个晚上在庙里演戏，演出必定请越中上乘的戏班，或者从杭州专门雇人，演出的酬劳每天有数万钱。上演《琵琶记》《荆钗记》的时候，一位老者坐在台下比对剧本，如果有一字脱落，大家就站起来喊叫，这样戏又得重新开场，越中有"全伯喈""全荆钗"的说法，就是从这来的。

　　天启三年①，余兄弟携南院王岑、老串杨四、徐孟雅、圆社河南张大来辈往观之。到庙蹴鞠②，张大来以"一丁泥""一串珠"名世。球着足，浑身旋滚，一似黏罣有胶、提掇有线、穿插有孔者③，人人叫绝。剧至半，王岑扮李三娘、杨四扮火工窦老，徐孟雅扮洪一嫂，马小卿十二岁扮咬脐，串《磨房》《撇池》《送子》《出猎》四出④。科诨曲白⑤，妙入筋髓，又复叫绝。遂解维归⑥。戏场气夺，锣不得响，灯不得亮。

【注释】

①天启三年：即1623年。

②蹴鞠（cù jū）：古代一种球类游戏。

③罣（zhì）：停留，停滞。

④"王岑"五句：以上人物及出目，皆出自《刘知远白兔记》。

⑤科诨曲白：戏曲术语。科，即科泛、科范，指元杂剧剧本中关于人物动作表情方面的舞台提示。诨，诙谐逗趣的话语，也指打诨逗趣的人。曲，戏剧的唱曲。白，道白，是戏剧人物的语言。

⑥解维：解开绳索。指开船。

【译文】

天启三年，我们兄弟带着南院的王岑、老串杨四、徐孟雅、圆社成员河南的张大来等人一起去观看。我们到庙里玩蹴鞠，张大来以"一丁泥""一串珠"等绝技名扬天下。球一旦到脚上，在他全身旋转翻滚，就好像有胶粘着、摆弄有线傀儡、穿插有孔的样子，人人叫绝。戏演到一半，王岑扮李三娘，杨四扮火工窦老，徐孟雅扮洪一嫂，十二岁的马小卿扮咬脐郎，串演《磨房》《撇池》《送子》《出猎》四出戏。插科打诨，唱曲说白，妙绝如入筋髓，观众再次叫绝。演出结束，大家乘船而归。此时戏场生气已散，锣不再响，灯也不再亮了。

乳酪①

乳酪自驵侩为之②，气味已失，再无佳理。余自豢一牛，夜取乳置盆盎③，比晓④，乳花簇起尺许，用铜铛煮之⑤，瀹兰雪汁⑥，乳斤和汁四瓯⑦，百沸之。玉液珠胶，雪腴霜腻，吹气胜兰，沁入肺腑，自是天供。

【注释】

①乳酪：一种乳制品。用牛、羊等动物的乳汁提炼而成。

②驵侩（zǎng kuài）：牲畜交易的中间人。这里泛指商贩。

③盆盎（àng）：盆和盎。亦泛指较大的盛器。盎，古代的一种腹大口小的盆。

④比晓：等到天亮。

⑤铛（chēng）：平底浅锅。

⑥瀹（yuè）：浸渍。

⑦瓯：小盆。形状似碗，多用以饮酒喝茶。

【译文】

乳酪由商贩来制作，气味已经失去，再也没有上好的道理。我自己养了一只牛，夜里取奶放在盆里，等到天亮的时候，乳白色的泡沫涨有一尺多高，用铜锅来煮，取兰雪茶水浸润，一斤牛奶与四杯茶水融合，多次煮沸。看上去如同玉液珠胶，像雪霜一样醇厚细腻，气息比兰花还香，沁入肺腑，这自然是上天所赐。

　　或用鹤觞、花露入甑蒸之①，以热妙；或用豆粉挼和，漉之成腐，以冷妙。或煎酥，或作皮，或纯饼②，或酒凝，或盐腌，或醋捉，无不佳妙。而苏州过小拙和以蔗浆霜，熬之、滤之、钻之、掇之、印之，为带骨鲍螺，天下称至味。其制法秘甚，锁密房，以纸封固，虽父子不轻传之。

【注释】

①鹤觞（shāng）：美酒。甑（zèng）：一种做饭用的瓦器。

②纯（zhuàn）饼：卷饼。

【译文】

或者与鹤觞、花露两种美酒混合放入甑中来蒸，以热食为妙；或者用豆粉调和，过滤使其成为豆腐状，以冷食为妙。或煎成酥，或制成皮，或卷成饼，或做酒凝，或用盐腌，或用醋渍，味道无不绝妙。苏州的过小拙将其与蔗糖浆混合，经过熬、滤、钻、掇、印等工序，制成带骨的鲍螺，号称天下至味。其制作方法十分神秘，配方锁在隐秘的屋子里，用纸封住，即便是父子之间也不轻易传授。

二十四桥风月①

　　广陵二十四桥风月②，邗沟尚存其意③。渡钞关④，横亘半里许，为巷者九条。巷故九，凡周旋折旋于巷之左右前后者，什百之。巷口狭而肠曲，寸寸节节，有精房密户，名妓、歪妓杂处之。名妓匿不见人，非向道莫得入⑤。歪妓多可五六百人,每日傍晚,膏沐薰烧,出巷口,倚徙盘礴于茶馆、酒肆之前⑥,谓之"站关"。茶馆、酒肆、岸上纱灯百盏,诸妓掩映闪灭于其间,妣甃者帘⑦,雄趾者阈⑧。灯前月下,人无正色,所谓"一白能遮百丑"者,粉之力也。游子过客,往来如梭,摩睛相觑,有当意者,逼前牵之去,而是妓忽出身分,肃客先行,自缓步尾之。至巷口,有侦伺者,向巷门呼曰:"某姐有客了!"内应声如雷。火燎即出⑨,一一俱去,剩者不过二三十人。

【注释】

①二十四桥:在今江苏扬州市内。关于"二十四桥"有两种说法:一种说法是二十四座桥的总称,一种说法是一座桥的名称。

②广陵:今江苏扬州。

③邗(hán)沟:又称"邗水""邗江""邗溟沟",春秋时吴王夫差为通粮道而开凿的古运河。

④钞关:明清两代收取关税的地方。因以钞纳税,故名。扬州钞关设于宣德四年(1429),地址在新城的挹江门,街上有九条巷子,每条巷里通若干小巷,为妓院聚集之地。

⑤向道:向导,指引。

⑥倚徙盘礴:留连徘徊,逗留。酒肆:酒馆,酒店。

⑦妣甃(bā lì):皮肤粗糙,相貌不好。

⑧雄趾:大脚。阈(yù):门槛。

⑨火燎:火把,灯烛。

【译文】

扬州二十四桥风月,只有邗沟还保留着其意味。渡过钞关,横亘半里左右,有九条巷子。巷子原来有九条,环绕盘曲在巷子左右前后,有几十乃至上百条小巷子。巷子口狭长弯曲，密密麻麻分布着精致隐秘的房屋，名妓和歪妓混杂着住在这里。名妓藏在里面不见人，如果没有向导就无法进去。歪妓则多达五六百人，每天傍晚，她们沐浴熏香，走出巷子口，在茶馆、酒肆门前流连徘徊，这叫做"站关"。茶馆、酒肆、岸上有上百盏纱灯，这些妓女就隐藏在忽闪忽灭的灯光里，相貌丑陋的用帘子遮住自己，脚大的则站在门后把脚藏起来。灯前月下，看不清人的本来面目，这就是人们所说的"一白能遮百丑"，都是脂粉的作用。游子过客在这里往来穿梭，用眼睛到处打量，看到有合意的，立刻上前牵走，这个妓女就忽然亮出身份，请客人走在前面，自己缓缓地在后面跟随。到了巷子口，负责打探消息的人就对着巷门高喊："某姐有客了！"里面传来如雷般的应答声。等到灯烛熄灭，妓女们一一离开，剩下来的不过二三十人。

　　沉沉二漏，灯烛将烬，茶馆黑魆无人声[1]。茶博士不好请出[2]，惟作呵欠，而诸妓醵钱向茶博士买烛寸许[3]，以待迟客。或发娇声，唱《劈破玉》等小词[4]；或自相谑浪嬉笑，故作热闹，以乱时候。然笑言哑哑声中，渐带凄楚。夜分不得不去，悄然暗摸如鬼，见老鸨[5]，受饿、受笞，俱不可知矣。

【注释】

①黑魆（xū）：黑暗。魆，暗。

②茶博士：旧时茶店伙计的雅称。

③醵（jù）钱：凑钱。

④《劈破玉》：当时一种流行的民间曲调。

⑤老鸨（bǎo）：鸨母，旧时开妓院的女人。

【译文】

二更时分，灯烛将要燃尽，茶馆里一片漆黑，没有人声。茶馆伙计不好意思请客人出去，只好一直打着呵欠，那些妓女就凑钱向伙计买根一寸长的灯烛，以等待来迟的客人。有的发出娇柔的声音，唱着《劈破玉》这样的小调；有的则相互戏谑嬉笑，故作热闹，以此打发时间。然而她们的欢笑声渐渐带着几分凄凉。到了夜半不得不离开，像幽灵一样悄声摸黑回去，见到老鸨，是挨饿还是受鞭打，就都不可得知了。

余族弟卓如，美须髯，有情痴，善笑，到钞关，必狎妓，向余噱曰："弟今日之乐，不减王公。"余曰："何谓也？"曰："王公大人侍妾数百，到晚耽耽望幸①，当御者亦不过一人。弟过钞关，美人数百人，目挑心招②，视我如潘安③。弟颐指气使④，任意拣择，亦必得一当意者呼而侍我。王公大人，岂遂过我哉⑤！"复大噱，余亦大噱。

【注释】

①耽耽：眼睛注视的样子。

②目挑心招：指女子摆出诱人的神态。

③潘安：潘岳，字安仁，故又省称"潘安"，西晋人。貌美。后用作美貌男子的代称。

④颐指气使：指不说话，用表情或口鼻发出声音来表达意思。

⑤遂：如意，顺心。

【译文】

我的族弟张卓如，须髯俊美，很痴情，爱笑，每次到钞关，一定会去狎妓。他和我开玩笑说："我今日的快乐，不比王公贵族少。"我说："为什么这么说呢？"他答道："王公大人侍妾有数百人，一到晚上都眼巴巴盼着受宠幸，但被宠幸的也不过一人而已。我过钞关，这里有数百个美人，都摆出诱人的神态，将我视作潘安。我颐指气使，任意挑选，必定会得到一个合心意的人喊过来侍奉我。王公大人们岂能超过我！"说完又大笑，我也跟着大笑。

世美堂灯

儿时跨苍头颈[①]，犹及见王新建灯[②]。灯皆贵重华美，珠灯料丝无论[③]，即羊角灯亦描金细画，缨络罩之。悬灯百盏，尚须秉烛而行，大是闷人。余见《水浒传》"灯景诗"有云："楼台上下火照火，车马往来人看人[④]。"已尽灯理。余谓灯不在多，总求一亮。余每放灯，必用如椽大烛[⑤]，颛令数人剪卸烬煤[⑥]，故光迸重垣，无微不见。

【注释】

①苍头：年纪较大的奴仆。

②王新建：明末著名收藏家。在当时与张联芳、朱敬循、项元汴、周铭仲并称江南五大收藏家。

③珠灯：当为"珠子灯"，一种用五色珠装饰的灯。明田汝成《西湖游览志余》："珠子灯，则五色珠为网，下垂流苏，或为龙船、凤辇、楼台故事。"料丝：制作灯具的一种丝状原料。《陔余丛考·料丝》："用玛瑙、紫石英诸药，捣为屑，煮腐如粉，必市天花菜点之方凝。然后取以为丝，极晶莹可爱。盖以煮料成丝，故名'料丝'耳。"

④楼台上下火照火，车马往来人看人：见《水浒传》第七十二回《柴进簪花入禁院　李逵元夜闹东京》。作者《快园道古》一书亦云："《水浒传》形容汴京灯景云：'楼台上下火照火，车马往来人看人。'只此十四字，古今灯诗灯赋，千言万语，刻画不到。"

⑤如椽（chuán）大烛：形容蜡烛之大。椽，承屋瓦的圆木。

⑥颛（zhuān）：通"专"。

【译文】

　　我小的时候骑在老奴的脖子上，还看过王新建的灯。那些灯都贵重华美，不要说珍珠宝石串缀抽丝而成的灯，就连羊角灯也是用金粉细细勾画，外面用璎珞罩着。悬挂的灯有上百盏，但走路时仍需要拿着蜡烛照明，让人感到很是郁闷。我看到《水浒传》"灯景诗"有这样的句子："楼台上下火照火，车马往来人看人。"已经写尽了灯的道理。我认为灯不在多，总的就是要亮。我每次放灯，必定会用大蜡烛，专门命几个人剪掉灯芯烛灰，因此灯光明亮得像要穿透墙壁，任何细微的地方都能看见。

　　十年前，里人有李某者，为闽中二尹①，抚台委其造灯②，选雕佛匠，穷工极巧，造灯十架。凡两年，灯成，而抚台已物故③，携归藏椟中。又十年许，知余好灯，举以相赠，余酬之五十金，十不当一，是为主灯。遂以烧珠、料丝、羊角、剔纱诸灯辅之。

【注释】

①二尹：明清时对县丞或府同知的别称（明清时俗称同知官为二府，而职务则同知府事）。

②抚台：明代对巡抚的别称。

③物故：去世。

【译文】

　　十年前，同乡有一位姓李的，在闽中担任同知官，巡抚委命他造灯，他挑选几个雕刻佛像的匠人，极尽工巧之能事，造了十架灯。花了两年时间，结果灯造好了，巡抚却去世了，他就把造好的灯带回家藏在柜子里。又过了十来年，他知道我喜欢灯，就全拿来赠给我，我给了他五十两金子作为酬谢，这抵不上它们价值的十分之一，这是主灯。我又用烧珠、料丝、羊角、剔纱这些灯作为辅灯。

　　而友人有夏耳金者，剪采为花，巧夺天工，罩以冰纱，有烟笼芍药之致。更用粗铁线界画规矩，匠意出样，剔纱为蜀锦，皷其界地①，鲜艳出人。耳金岁供镇神，必造灯一盏，灯后，余每以善价购之。余一小傒善收藏②，虽纸灯亦十年不得坏，故灯日富。又从南京得赵士元夹纱屏及灯带数副③，皆属鬼工，决非人力。灯宵，出其所有，便称胜事。

【注释】

①皷（mán）：原意为皮，这里铺饰之义。

②小傒（xī）：年纪小的侍童，小厮。

③赵士元：作者在《夜航船》一书中有介绍："夹纱物件：赵士元制夹纱及夹纱帏屏，其所剔翎毛花卉，颜色鲜明，毛羽生动，妙不可言，扇扇是黄荃、吕纪得意名画。"

【译文】

　　我有一个叫夏耳金的朋友，剪纸成花，巧夺天工，用冰纱罩住，有烟笼芍药之致。再用粗铁线在外面画出边界，别具匠心，剔纱灯使用蜀锦，铺饰在界内，鲜艳动人。夏耳金每年供奉镇神，必定会造一盏灯，灯节过后，我总会用高价购买。我有一个小厮很擅长收藏，即便是纸灯，也能历经十年而不坏，因此我收藏的灯日益丰富。又从南京得到了赵士元的夹纱屏和数副灯带，皆是鬼斧神工，绝不是人力所能达到的。元宵节，我拿出收藏的所有灯，也称得上是胜事了。

　　鼓吹弦索，厮养臧获①，皆能为之。有苍头善制盆花，夏

间以羊毛炼泥墩，高二尺许，筑"地涌金莲"，声同雷炮，花
盖亩余。不用煞拍鼓铙②，清吹锁呐应之，望花缓急为锁呐
缓急，望花高下为锁呐高下。灯不演剧，则灯意不酣；然无
队舞鼓吹，则灯焰不发。余敕小傒串元剧四五十本。演元
剧四出，则队舞一回，鼓吹一回，弦索一回。其间浓淡、繁简、
松实之妙，全在主人位置。使易人易地为之，自不能尔尔。
故越中夸灯事之盛，必曰"世美堂灯"。

【注释】

①臧获：奴婢。

②煞拍：击打节拍。

【译文】

吹拉弹唱，连我的小厮婢女们都能做到。有一个老仆擅长制作盆花，
夏天用羊毛烧出泥墩，有二尺高，筑成"地涌金莲"的样子，燃放时声音
就像打雷放炮一样，烟花能遮盖一亩多的天空。不需要击打节拍，敲锣
打鼓，只吹奏锁呐应和它，看着烟花的快慢来控制锁呐的快慢，看着烟花
的高低来控制锁呐的高低。如果只放灯而不演戏，灯的意味就不够酣畅；
然而如果没有队舞鼓吹，灯焰也就不够明亮。我命小厮串演四五十本元
剧。每演四出元剧，就表演一次队舞，鼓吹一次，奏乐一次。这其中浓淡、
繁简、松实的妙处，全由主人把握。要是换一个人换一个地方来做，自然
是不能做到这样。因此越中夸赞灯事的盛大，必定会说到"世美堂灯"。

宁了

大父母喜豢珍禽：舞鹤三对，白鹇一对①，孔雀二对，吐
绶鸡一只②，白鹦鹉、鹩哥、绿鹦鹉十数架③。

【注释】

①白鹇（xián）：鸟名。亦称"白雉"。尾长，雄鸟背白色，有黑纹，腹部黑蓝色；雌鸟棕绿色。常栖于高山竹林间。

②吐绶（shòu）鸡：作者在《夜航船》一书中有介绍："吐绶鸡：形状、毛色俱如大鸡。天晴淑景，颔下吐绶，方一尺，金碧晃曜，花纹如蜀锦，中有一字，乃篆文'寿'字，阴晦则不吐。一名'寿字鸡'，一名'锦带功曹。'"

③鹩（liáo）哥：又称"秦吉了"。全身羽毛黑色，有光泽，前额和头顶紫色。常成群聚集在树上，叫声婉转，善于模仿其他鸟叫。吃昆虫和植物种子等。

【译文】

祖父母喜欢饲养珍奇的鸟类：家里有三对舞鹤，一对白雉，两对孔雀，一只吐绶鸡，还有十多架白鹦鹉、鹩哥、绿鹦鹉。

一异鸟名"宁了"，身小如鸽，黑翎如八哥，能作人语，绝不唅唬①。大母呼媵婢②，辄应声曰："某丫头，太太叫！"有客至，叫曰："太太，客来了，看茶。"有一新娘子善睡，黎明辄呼曰："新娘子，天明了，起来罢。太太叫，快起来。"不起，辄骂曰："新娘子，臭淫妇，浪蹄子。"新娘子恨甚，置毒药杀之。

【注释】

①唅唬（hán hú）：同"含糊"，言语不明白、不清楚。

②媵（yìng）婢：原指随嫁的婢女，这里泛指婢妾。

【译文】

有一种神奇的鸟，名叫"宁了"，身体像鸽子一样小，羽毛像八哥一样是黑色的，能说人话，发音清晰。祖母喊婢妾，它会应声而答："某丫头，太太叫你了！"有客人到，它叫道："太太，客来了，看茶。"有一个新娘子能睡觉，它天一亮就喊她："新娘子，天明了，起来吧。太太叫，快起来。"如果新娘子不起，它就骂道："新娘子，臭淫妇，浪蹄子。"新娘子恨透了，就放毒药毒死了它。

　　"宁了"疑即"秦吉了"①，蜀叙州出②，能人言。一日夷人买去，惊死，其灵异酷似之。

【注释】

①秦吉了：又名"鹩"，产于云南南部、广西南部及海南岛等地区。羽色乌黑而有光泽，其性灵敏，经训练，能模仿人语及动物叫声。作者在《夜航船》一书中有介绍："秦吉了：岭南灵鸟。一名'了哥'。形似鸲鹆，黑色，两肩独黄，顶毛有缝，如人分发，耳聪心慧，舌巧能言。有夷人以数万钱买去，吉了曰：'我汉禽不入胡地！'遂惊死。"

②叙州：明代设叙州府，治所在今四川宜宾。

【译文】

　　我怀疑"宁了"就是"秦吉了"，出产于蜀地叙州，能说人话。有一天被外族人买去，就受惊吓而死。这两种鸟的灵异十分相似。

张氏声伎

　　谢太傅不畜声伎①，曰："畏解，故不畜②。"王右军曰："老年赖丝竹陶写，恒恐儿辈觉③。"曰"解"，曰"觉"，古人用字深确。盖声音之道入人最微，一解则自不能已，一觉则自不能禁也。

【注释】

①谢太傅：谢安（320—385），字安石，祖籍陈郡阳夏（今河南太康），西晋末，家族南迁至安览会稽东山（今属浙江绍兴上虞区）。历任司马、吴兴太守、吏部尚书、中护军。曾指挥著名的淝水之战。死后赠太傅。

②畏解，故不畜：语出《南齐书·崔祖思传》："宋武节俭过人，……殷仲文劝令畜伎，答云'我不解声'。仲文曰'但畜自解'，又答'畏解，故不畜'。"

③老年赖丝竹陶写，恒恐儿辈觉：语出《世说新语·言语》："谢太傅语王右军曰：'中年伤于哀乐，与亲友别，辄作数日恶。'王曰：'年在桑榆，自然至此，正赖丝竹陶写，恒恐儿辈觉，损欣乐之趣。'"陶写，陶冶性情，消愁解闷。

【译文】

谢安不养声伎，他说："害怕了解声乐，所以不养。"王羲之说："老年依靠丝竹怡情悦性，常常担心儿孙们发觉。"说"解"，说"觉"，古人用字精深准确。大概声音之道最容易入人内心，一旦了解就不能控制自己，一旦发觉就不能克制自己。

我家声伎，前世无之，自大父于万历年间与范长白、邹愚公、黄贞父、包涵所诸先生讲究此道①，遂破天荒为之。有"可餐班"，以张彩、王可餐、何闰、张福寿名；次则"武陵班"，以何韵士、傅吉甫、夏清之名；再次则"梯仙班"，以高眉生、李芥生、马蓝生名；再次则"吴郡班"，以王畹生、夏汝开、杨啸生名；再次则"苏小小班"，以马小卿、潘小妃名；再次则平子“茂苑班”，以李含香、顾芥竹、应楚烟、杨骠骖名[2]。

【注释】

①范长白：范允临（1558—1641），字长倩，号长白，吴县（今江苏苏州）人。范仲淹第十七代孙。万历二十三年（1595）进士，曾任福建参议。擅丹青。著有《输廖馆集》。详见本书卷五《范长白》。邹愚公：邹迪光（1550—1626），字彦吉，号愚谷、愚公，江苏无锡人。万历二年（1574）进士，历官湖广学宪。擅丹青。著有《郁仪楼集》《调象庵集》《石语斋集》等。黄贞父：即黄汝亨。详见卷一《奔云石》及相关注释。

②骠骖（lù ěr）：原指周穆王八骏之一，这里用作人名。以上为作者家所养家班艺人。作者写有《祭义伶文》。

【译文】

我家前世没有养过声妓，自从祖父万历年间和范长白、邹愚公、黄贞父、包涵所诸位先生探讨此道，就破天荒地去做这件事。有“可餐班”，以张彩、王可餐、何闰、张福寿闻名；其次是“武陵班”，以何韵士、傅吉甫、夏清之闻名；再次是“梯仙班”，以高眉生、李芥生、马蓝生闻名；再次是“吴郡班”，以王畹生、夏汝开、杨啸生闻名；再次是“苏小小班”，以马小卿、潘小妃闻名；再次是张平子的“茂苑班”，以李含香、顾芥竹、应楚烟、杨骠骖闻名。

主人解事日精一日，而侲僮技艺亦愈出愈奇。余历年半百，小侲自小而老、老而复小、小而复老者，凡五易之。无论“可餐”“武陵”诸人如三代法物[1]，不可复见；“梯仙”“吴郡”间有存者，皆为佝偻老人[2]；而“苏小小班”亦强半化为异物矣；“茂苑班”则吾弟先去，而诸人再易其主。余则婆

娑一老,以碧眼波斯③,尚能别其妍丑④。山中人至海上归,
种种海错皆在其眼⑤,请共舐之⑥。

【注释】

①三代法物:夏、商、周时期的器物。

②佝偻(gōu lóu):脊背向前弯曲。

③碧眼波斯:波斯人,精于鉴别珠宝。

④妍(yán)丑:美丑。妍,美。

⑤海错:海味。

⑥舐:用舌舔物。这里指用鉴赏的眼光品味。

【译文】

随着主人对声乐的了解一天比一天精深,那些戏童们的技艺也越来越出奇。我年过半百,看到戏童们从小到老,从老到小,再从小到老,总共更换了五次。不要说"可餐""武陵"班的这些人像三代古董一样,再也见不到;"梯仙""吴郡"班偶有在世的,也都是佝偻老人了;而"苏小小班"的人也大半亡故了;"茂苑班"则随着我弟弟的离世,大家都换了新的主人。我也已是步履蹒跚的老人,还有一双善于鉴别的眼睛,尚能够分辨出美丑高下。就像山里人从海上归来,种种海味皆已过眼,请与我一起回味吧。

方物①

越中清馋②,无过余者,喜啖方物。北京则蘋婆果、黄鼠、马牙松③;山东则羊肚菜、秋白梨、文官果、甜子④;福建则福橘、福橘饼、牛皮糖、红腐乳;江西则青根、丰城脯;山西则天花菜⑤;苏州则带骨鲍螺、山查丁、山查糕、松子糖、

白圆、橄榄脯;嘉兴则马交鱼脯、陶庄黄雀;南京则套樱桃、桃门枣、地栗团、窝笋团、山查糖;杭州则西瓜、鸡豆子、花下藕、韭芽、玄笋、塘栖蜜橘⑥;萧山则杨梅、莼菜、鸠鸟、青鲫、方柿;诸暨则香狸、樱桃、虎栗;嵊则蕨粉、细榧、龙游糖⑦;临海则枕头瓜;台州则瓦楞蚶、江瑶柱⑧;浦江则火肉⑨;东阳则南枣;山阴则破塘笋、谢橘、独山菱、河蟹、三江屯蛏、白蛤、江鱼、鲥鱼、里河鲩⑩。远则岁致之,近则月致之、日致之。眈眈逐逐⑪,日为口腹谋,罪孽固重。

【注释】

①方物:指土产。

②清馋:清雅而嘴馋。这里指喜爱美食。

③蘋(píng)婆果:明代对苹果的称呼。黄鼲(liè)、马牙松:黄鼲,黄芽菜。马牙松,白菜。一说"黄鼲、马牙松"当为"黄芽马粪菘",即白菜。

④羊肚菜:又名"羊肚菌""羊肚蘑",一种食用菌类。因表面凹凸不平,形态酷似羊肚而得名。文官果:一种果名。产于我国北方,花美丽,可供观赏,果形如螺,味甜,也可榨油。

⑤天花菜:又称"花椰菜""花菜"或"菜花",一种蔬菜。原产地中海沿岸,后引入中国。

⑥鸡豆子:俗称"鸡头",芡的果实。塘栖:在今浙江杭州北。

⑦嵊(shèng):嵊州的简称,今为浙江的一个县级市。蕨粉:用蕨根加工而成的淀粉。细榧(fěi):又名"香榧""细榧""真榧""榧子",榧木的种子,可食用,亦可榨油或入药。

⑧瓦楞蚶(hān):当为"瓦楞蚶"。作者在《夜航船》一书中有介绍:"瓦楞蚶:宁海沿海有蚶田,用大蚶捣汁,竹笸帚洒之,一点水即成

一蚶，其状如荸荠，用缸砂壅之，即肥大。"蚶，软体动物，介壳厚而坚实，生活在浅海泥沙中。肉可食，味鲜美。江瑶柱：又名"牛耳螺""干贝"，一种蚌类。作者《咏方物（二十首）·定海江瑶》诗序云："宁波江瑶柱，亦名西施舌，东坡为之作传。"

⑨火肉：火腿肉。

⑩独山：在浙江绍兴城西。蛏（chēng）：一种软体动物。主要生活在沿海，肉鲜美。鲻（zī）：白鯈鱼。

⑪眈眈逐逐：瞪着眼睛想得到。

【译文】

越中清雅嘴馋的人，没有超过我的，我喜欢吃各地的土产。北京的土产是苹果、黄芽菜、白菜；山东的土产是羊肚菌、秋白梨、文官果、甜子；福建的土产是福橘、福橘饼、牛皮糖、红腐乳；江西的土产是青根鱼、丰城脯；山西则是天花菜；苏州则是带骨鲍螺、山楂丁、山楂糕、松子糖、白圆、橄榄脯；嘉兴则是马交鱼脯、陶庄黄雀；南京则是套樱桃、桃门枣、地栗团、莴笋团、山楂糖；杭州则是西瓜、鸡豆子、花下藕、韭芽、玄笋、塘栖蜜橘；萧山则是杨梅、莼菜、鸠鸟、青鲫、方柿；诸暨则是香狸、樱桃、虎栗；嵊地则是蕨根粉、细榧、龙游糖；临海则是枕头瓜；台州则是瓦楞蚶、江瑶柱；浦江则是火腿肉；东阳则是南枣；山阴则是破塘笋、谢橘、独山菱、河蟹、三江屯蛏、白蛤、江鱼、鲥鱼、里河鲻。远的地方一年采购一次，近的地方一个月甚至每天采购一次。瞪着眼睛盘算着，每天都在为口腹之欲谋划，罪孽固然是深重了。

但籀今思之，四方兵燹^①，寸寸割裂，钱塘衣带水，犹不敢轻渡，则向之传食四方^②，不可不谓之福德也。

【注释】

①兵燹（xiǎn）：战火，战乱。

②向：从前。

【译文】

但在今天想到这些，四面战火纷飞，一块块土地被割裂，钱塘一衣带水，仍不敢轻易渡过，从前能吃到四方的美食，这不能不说是一种福分了。

祁止祥癖①

人无癖不可与交，以其无深情也；人无疵不可与交②，以其无真气也。余友祁止祥有书画癖，有蹴鞠癖，有鼓钹癖，有鬼戏癖，有梨园癖。

【注释】

①祁止祥：祁彪佳（1594—1670），字止祥，号雪瓢，山阴（今浙江绍兴）人。明天启七年（1627）举人，曾任吏部司务。多才多艺，擅长书法、绘画、度曲。祁彪佳之从兄。作者称其为"曲学知己"，并写有《寿祁止祥八十》诗。

②疵（cī）：毛病，缺点。

【译文】

人要是没有癖好不能与他交往，因为他没有深情；人要是没有缺点也不能与他交往，因为他没有真气。我的朋友祁止祥有书画的癖好，有踢蹴鞠的癖好，有鼓钹的癖好，有鬼戏的癖好，有梨园的癖好。

壬午至南都①，止祥出阿宝示余，余谓："此西方迦陵鸟②，何处得来？"阿宝妖冶如蕊女③，而娇痴无赖④，故作涩勒⑤，不肯着人。如食橄榄，咽涩无味，而韵在回甘；如吃烟酒，鲠饲无奈⑥，而软同沾醉。初如可厌，而过即思之。止祥精音律，咬钉嚼铁⑦，一字百磨，口口亲授，阿宝辈皆能曲通主意。

【注释】

①壬午：崇祯十五年（1642）。南都：南京。

②迦陵鸟：即迦陵频伽鸟，意译则为"好声鸟""美音鸟"或"妙声鸟"。产于印度，色黑似雀，羽毛美丽，音声清婉动听。佛教典籍常以其叫声比喻佛、菩萨之妙音。作者在《夜航船》里亦有介绍："迦陵鸟：鸣清越，如笙箫，妙合宫商，能为百虫之音。《楞严经》云：'迦陵仙音，遍十方界。'"

③蕊女：蕊宫之女，仙女。

④无赖：顽皮，调皮。

⑤涩勒：羞涩。

⑥鲠饲（gěng yē）：哽噎，食物梗塞，难以下咽。

⑦咬钉嚼铁：比喻意志坚强。

【译文】

崇祯壬午年我到南京，祁止祥让阿宝出来见我，我说："这是西方的迦陵鸟，你从哪里得到的？"阿宝妖娆如天上仙女，天真顽皮，故意做出不顺从的样子，不肯讨人喜欢。给人的感觉就像吃橄榄一样，咽下去苦涩无味，但韵味在于回甘；又像抽烟喝酒，起初难以下咽，而让人沉醉其中。初见时也许觉得讨厌，但过后就会常常思念。祁止祥精通音律，要求严格认真，一个字要磨合上百次，他亲自传授，阿宝等人都能理解主人的意图。

乙酉①，南都失守，止祥奔归，遇土贼，刀剑加颈，性命可倾，至宝是宝。丙戌②，以监军驻台州，乱民卤掠，止祥囊箧都尽③，阿宝沿途唱曲，以膳主人。及归，刚半月，又挟之

远去。止祥去妻子如脱蹝耳④,独以娈童崽子为性命⑤,其癖
如此。

【注释】

①乙酉:顺治二年(1645)。

②丙戌:顺治三年(1646)。

③囊箧(qiè):袋子、箱子。这里指行李。

④蹝(xǐ):鞋子。

⑤娈童崽子:旧时供人狎玩的美少年。

【译文】

顺治乙酉年,南京失守,祁止祥逃回家乡,路上遇到土贼,刀剑架在
他的脖子上,随时都会失去性命,即便如此,他仍然将阿宝视为至宝。顺
治丙戌年,他作为监军驻守台州,乱民抢掠,祁止祥的财物都被抢走,阿
宝就沿途唱曲,以此养活主人。回到家乡,刚过半个月,祁止祥就又带着
阿宝远去。祁止祥离开妻子就像丢弃一只鞋子,唯独把一个娈童视为性
命,他的癖好达到如此程度。

泰安州客店①

客店至泰安州,不复敢以客店目之。余进香泰山,未至
店里许,见驴马槽房二三十间②;再近,有戏子寓二十余处;
再近,则密户曲房,皆妓女妖冶其中。余谓是一州之事,不
知其为一店之事也。

【注释】

①泰安州:今山东泰安。

②槽房:供牲口吃东西、休息的棚子或房间。

【译文】

客店到了泰安州，就不敢再把它当作普通的客店来看了。我到泰山进香，离客店还有一里左右，就看到有拴驴马的槽房二三十间；走得再近些，有戏子的寓所二十多处；再走近一些，则是幽深曲折的房子，住在里面的都是打扮艳丽的妓女。我以为这是一个泰安州的规模，不知道这仅仅是一家客店的规模。

投店者，先至一厅事①，上簿挂号，人纳店例银三钱八分，又人纳税山银一钱八分②。店房三等：下客夜素，蚤亦素，午在山上用素酒、果核劳之③，谓之接顶。夜至店，设席贺，谓烧香后求官得官，求子得子，求利得利，故曰贺也。贺亦三等：上者专席，糖饼、五果、十饶、果核、演戏④；次者二人一席，亦糖饼，亦饶核，亦演戏；下者三四人一席，亦糖饼、饶核⑤，不演戏，亦弹唱。计其店中，演戏者二十余处，弹唱者不胜计。庖厨炊爨亦二十余所⑥，奔走服役者一二百人。

【注释】

①厅事：厅堂。

②税山银：唐代一种赋税的名称。这里指登山的门票。

③果核：干果。

④五果：指桃、李、杏、栗、枣五种水果。十饶（yáo）：明清时期流行的一套由十道菜肴组成的宴席菜式。饶，同"肴"，煮熟的食物。

⑤饶核：肉类和果类食品。

⑥庖（páo）厨：厨房。爨（cuàn）：烧火做饭。

【译文】

投店住宿的人，要先到一个厅堂里，登记注册，每人交给客店惯例费用三钱八分,每人再交登山税银一钱八分。店房分为三个等级:最下等的客房晚上吃素,早上也吃素,中午在山上饮素酒、吃干果,这叫做"接顶"。夜里回到客店,设宴庆贺,说是烧香之后求官得官,求子得子,求利得利,所以说是"庆贺"。庆贺的宴席也分三个等级:上等每人一席,有糖饼、五种水果、十种菜肴,还有干果,还演戏;次等两人一席,也有糖饼,也有酒菜、干果和演戏;下等则三四个人一席,也有糖饼、酒菜和干果,但不演戏,有人弹唱。算算整个店里,有二十多个演戏的地方,弹唱的人更是不可胜数。烧火做饭的厨房也有二十多个,奔走服役的有一二百人。

　　下山后,荤酒狎妓惟所欲,此皆一日事也。若上山落山,客日日至,而新旧客房不相袭①,荤素庖厨不相溷,迎送厮役不相兼,是则不可测识之矣。

【注释】
①不相袭:意谓不重复。

【译文】
　　下山之后,人们喝酒狎妓纵情声色,这都是一天之内的事情。像这样上山下山,客人天天都有,但新旧客房的使用不会冲突,荤素菜肴厨房也不会弄混,迎来送往的小厮各司其职,不知道是用什么方法进行管理的。

　　泰安一州与此店比者五六所,又更奇。

【译文】
　　泰安州与这家客店差不多的有五六家,这就更让人感到惊奇了。

卷五

【题解】

上一卷的重点在写景状物,以生动形象的文笔展现晚明的富足和奢华,这一卷给人印象最深的则是那些形形色色的民间奇人。这些奇人个个身怀绝艺,或奇在造园,比如范长白;或奇在绘画,比如姚简叔;或奇在表演,比如柳敬亭、刘晖吉、朱楚生;或奇在园艺。特别是那些身份卑微、被人看不起的手工艺人,作者同样给予了很高的评价。他认为没有什么东西会让人低贱,很多的时候只是自己轻贱自己而已,这一观点到现在仍具有启发性。

这些奇人巧匠用自己精湛的才艺创造了奇迹,也书写了一个时代的繁荣和辉煌。作者经历国破家亡之后,将精力放在著书立说上,重点是撰写史书,为一段历史保存记忆。其实《陶庵梦忆》还有那部《西湖梦寻》何尝又不是史书?! 它们是部个人的心灵史,是一幅用文字书写的晚明清明上河图。

具体到本卷来说,作者并不仅仅在感叹世事沧桑,他还用极为传神的笔墨为后人记录了一个时代,一个值得留恋的时代,尽管一切已经如风而逝,物是人非,只剩下成为尘封在心头的记忆碎片。

以下对本卷各文进行简要评述:

《范长白》:按照作者的描写,这位范长白的长相确实很特别,"似羊肚石雕一小猱，其鼻垩颧颐犹残缺失次也"，也可以称得上是奇丑无比了。不过丑归丑，人却有内涵，且不乏幽默感，并不让人反感，正所谓外丑内秀。

《于园》：园子里的石头以奇取胜，或以实奇，或以空奇，或以幽阴深邃奇。如此小的一处宅园，仅仅是石头，建造者就能变出这些花样来，真是巧手，连见多识广的作者都赞不绝口，可以想见造园的水平有多高。

《诸工》："天下何物不足以贵人，特人自贱之耳"，此语颇有见地，也很有针对性。那些民间的能工巧匠，尽管他们的产品摆在达官贵人乃至宫廷王府的家里，但他们身份卑微，经常被人看不起，作者为他们发声，这是难能可贵的。

《姚简叔画》：作者在《石匮书后集》中这样介绍姚简叔："姚允在，字简叔，会稽人。姚氏世工图绘，而简叔笔下澹远，一洗画工习气。其模仿古人，见其临本，直可乱真。久住白下，四方赏鉴家得其片纸，如获拱璧。而雪景奇妙，可匹关思。"可与本文对读。这样一位与人寡合的奇人，竟然和作者特别合得来，也算是一份奇缘吧。

《炉峰月》：虽然没有登华山那样艰难，但作者也够拼命的，自然他看到的也是别人不容易看到的风景。宋王安石早在《游褒禅山记》一文中曾说过："夫夷以近，则游者众；险以远，则至者少。而世之奇伟瑰怪非常之观，常在于险远，而人之所罕至焉，故非有志者，不能至也。"无人的地方有风景，作者深得其中三昧。

《湘湖》：作者拿人做比喻，将西湖、鉴湖、湘湖进行比较，新鲜别致，很生动，也很风趣。在《西湖梦寻》一书中，他说得更为具体、透彻："至于湘湖，则僻处萧然，舟车罕至，故韵士高人无有齿及之者。余弟毅儒常比西湖为美人，湘湖为隐士，鉴湖为神仙。余不谓然。余以湘湖为处子，眠娗羞涩，犹及见其未嫁之时；而鉴湖为名门闺淑，可钦而不可押；若西湖则为曲中名妓，声色俱丽，然倚门献笑，人人得而媟亵之矣。人人得而媟亵，故人人得而艳羡；人人得而艳羡，故人人得而轻慢。在春夏则热闹之至,秋冬则冷落矣;在花朝则喧哄之至,月夕则星散矣;在清明则萍聚之至,雨雪则寂寥矣。"

《柳敬亭说书》:柳敬亭的经历很传奇,早年曾是个亡命之徒,后来改行说书,竟成一代名家。他与明末清初很多文人有交往,曾参与并见证了南明王朝那段历史,也因此被孔尚任写进了《桃花扇》。作者另写有《柳麻子说书》一诗,除了柳敬亭外,亦谈及本书所记的多个人物,兹引如下:

> 向年潦倒在秦淮,亲见名公集白下。
>
> 仲谦竹器叔远犀,波臣写照简叔画。
>
> 昆白弦子士元灯,张卯串戏杂彭大。
>
> 及见泰州柳先生,诸公诸技皆可罢。
>
> 先生古貌伟衣冠,舌底喑呜兼叱咤。
>
> 劈开混沌取须眉,嚼碎虚空寻笑骂。
>
> 张华应对建章宫,万户千门无一差。
>
> 详人所略略人详,笑有真笑怕真怕。
>
> 勾勒《水浒》更神奇,耐庵咋指贯中吓。
>
> 夏起层冰冬起雷,天雨血兮鬼哭夜。
>
> 先生满腹是文情,刻画雕镂夺造化。
>
> 眼前活立太史公,口内龙门如水泻。

《樊江陈氏橘》:这位陈氏很会把握采摘的时机,不早不晚,等橘子达到最佳状态时,才十分小心地采下。说起来这也是个技术活,不能不讲究,否则大家的橘子都一样,作者也就不会宁迟、宁贵、宁少,也一定要买陈氏的橘子了。用现在的话说,陈氏很懂得特色经营这个道理,有智慧。

《治沅堂》:作者在其《夜航船》一书中记载了如下一个拆字故事:"朝字:宣和时,有术士以拆字驰名。宋徽宗书一'朝'字,令中贵持往试之。术士见字,即端视中贵人曰:'此非观察所书也。'中贵人愕然曰:'但据字言之。'术士以手加额曰:'朝字,离之为十月十日,非此月此日所生之人，天人，当谁书也！'一座尽惊，中贵驰奏。翌日召见，补承信郎，锡赉甚厚。"与谢石为宋钦宗拆字事如出一辙，可见此类传说的版本很多，作为笑谈即可，不能当真。

《虎丘中秋夜》：虎丘的中秋之夜是一场苏州地区的全民狂欢，这座城市的富足和繁华于此可见，各类人都可以在这里找到适合自己的娱乐方式。就笔者个人的选择而言，三鼓之后的唱曲，更令人神往。

《麋公》：陈眉公堪称行为艺术的鼻祖，自己也由此成为西湖一景，应该在那里给他塑像。作者在《快园道古》一书中亦记载了一则与陈眉公及角鹿有关的趣事："陶庵年八岁，大父携之至西湖。眉公客于钱塘，出入跨一角鹿。一日，向大父曰：'文孙善属对，吾面考之。'指纸屏上《李白骑鲸图》曰：'太白骑鲸，采石江边捞夜月。'陶庵曰：'眉公跨鹿，钱塘县里打秋风。'眉公赞叹，摩予顶曰：'那得灵敏至此，吾小友也。'"可与此文对读。

《扬州清明》：作者在其《史阙》的南宋卷曾这样评价张择端的《清明上河图》："张择端《清明上河图》，因南渡后想见汴京旧事，故摹写不遗余力。若在汴京，未必作此。乃知繁华富贵，过去便堪入画，当年正不足观。嗟乎，南渡后人但知临安富丽，又谁念故都风物。择端此图，即谓忠简请回銮表可也。"这篇文章也当做如是观，由此不难推想作者撰写此文乃至此书的内在动机。

《金山竞渡》：这分明是一场盛大的狂欢节，重要的不仅仅是精彩的竞渡表演，更在全民性的积极参与。正是在这种参与和互动中，民俗仪式所蕴含的文化精神才真正得以体现，得到传承。

《刘晖吉女戏》：这位刘光斗在舞台的道具制作和声光效果方面下足了功夫，明代戏曲的繁华不仅体现在剧本和演员上，而且体现在各个方面和细节上。作者在《快园道古》一书中记载了他与刘光斗观剧的一件趣事："毗陵刘光斗为绍兴司李，陶庵小仆演魏珰剧，魏珰骂左光斗则直呼其名。陶庵嘱之曰：'司李名光斗，汝但呼左沧屿，勿呼光斗。'小仆惊持过甚,遇骂时,直呼:'刘光斗,你这小畜生!'傍人错愕,司李笑曰:"我得与忠臣同名,尔只管骂不妨。"由此可见这位刘光斗之为人。

《朱楚生》:朱楚生的先天条件并不是很好,比如"色不甚美",这可能会影响到其扮相效果,但她从别的方面弥补,其演唱能达到让昆山老教师"不能加其毫末"的程度,原因无它,"性命于戏,下全力为之"。其实,不光是演戏,其他各个行当也是如此,不全身心投入,就想明冠群芳,天底下哪有这样便宜的事情。

《扬州瘦马》:所谓瘦马就是那些经过训练、卖给达官富商做妾的年轻女子,之所以叫"瘦马",是因为当时以瘦为美,这些女子大多身材苗条瘦削,故名。至今扬州人娶媳妇俗语仍称作"娶马"或"娶马马"。这些瘦马大多是贫苦人家的女儿,她们从小被人贩子买去,然后进行各种训练,等长大后再卖给达官富商。看过此文,很容易联想到上一卷的《二十四桥风月》,俗话说"扬州出美女",在其背后,则是一部辛酸悲楚的血泪史。

范长白

范长白园在天平山下①,万石都焉②。龙性难驯,石皆笋起③,傍为范文正公墓④。园外有长堤,桃柳曲桥,蟠屈湖面⑤,桥尽抵园,园门故作低小,进门则长廊复壁,直达山麓。其缯楼、幔阁、秘室、曲房⑥,故故匿之,不使人见也。山之左为桃源,峭壁回湍,桃花片片流出。右孤山,种梅千树。渡涧为小兰亭⑦,茂林修竹,曲水流觞⑧,件件有之。竹大如椽,明静娟洁,打磨滑泽如扇骨,是则兰亭所无也。地必古迹,名必古人,此是主人学问。但桃则溪之,梅则屿之,竹则林之,尽可自名其家,不必寄人篱下也。

【注释】

①天平山:在今江苏苏州西。因其山顶正平,故名。以怪石、清泉、红枫而闻名,并称三绝。

②都:聚拢,聚集。

③笏起:像笏那样立起。笏,大臣朝见时手拿的狭长板子,用玉、象牙、竹木制成,也叫"手板"。

④范文正公:范仲淹(989—1052),字希文,吴县(今江苏苏州)人。宋真宗朝进士,曾任参知政事。卒谥文正。著有《范文正公集》。

⑤蟠(pán)屈:盘旋屈曲,回环曲折。

⑥缯(zēng)楼:即为彩楼,用彩帛结扎的棚架。缯,为一种丝帛。幔阁:悬挂着帷帐的楼阁。

⑦兰亭:在今浙江绍兴西南。相传越王勾践在此种兰花,汉代在此设驿亭,故名。

⑧曲水流觞(shāng):中国旧时传统习俗,每年夏历三月上巳日,举行祓禊仪式后,大家坐在河渠两旁,在上流放置酒杯,酒杯顺流而下,停在谁的面前,谁就取杯饮酒,意为除去灾祸不吉。作者在《夜航船》中亦有介绍:"流觞:兰亭流觞曲水,不始于兰亭。周公卜洛邑,因流水以泛酒,故诗曰'羽觞随波'。"

【译文】

范长白的园子坐落在天平山下,各种石头聚集在这里。天平山形似巨龙,龙性难驯,石头都像笏板一样竖起,园子旁边是范文正公的墓。园外有长堤,桃柳交映,小桥弯弯,在湖面蜿蜒曲折,桥的尽头就是园子,园门故意做得低小,进门就是长廊重壁,直达山脚。那些彩楼、幔阁、密室、曲房,都特意隐匿在园中,不让外人见到。天平山的左边是桃源,峭壁下水流湍急,桃花顺水片片流出。山的右边是孤山,种了上千株梅树。过了山涧是小兰亭,茂林修竹,曲水流觞,这些景致样样都有。竹子粗大如椽,明净清雅,打磨得光滑润泽,像扇骨一样,这是兰亭所没有的。这里地则皆为古迹,名必出自古人,这就是园主人的学问所在。但是溪边桃树、山间梅树,种竹成林,大可自己命名,不必非要因循古人的范式。

余至,主人出见。主人与大父同籍①,以奇丑著。是日释褐②,大父嬲之曰③:"丑不冠带,范年兄亦冠带了也。"人传以笑。余亟欲一见。及出,状貌果奇,似羊肚石雕一小猱④,其鼻垩颧颐犹残缺失次也⑤。冠履精洁,若谐谑谈笑,面目中不应有此。开山堂小饮,绮疏藻幕,备极华缛,秘阁清讴,丝竹摇飏⑥,忽出层垣,知为女乐。饮罢,又移席小兰亭。

【注释】

①同籍:同年考中进士。范允临与作者的祖父张汝霖都是万历二十三年(1595)考中进士。

②释褐:脱去平民服装。指刚做官。

③嬲(niǎo):戏弄。

④羊肚石:一种玛瑙。表面为白色皱纹,犹如羊肚一样,故名。猱(náo):动物名。猿属,善于攀缘。

⑤鼻垩(è):典出《庄子·徐无鬼》:"郢人垩慢其鼻端若蝇翼,使匠石斫之。匠石运斤成风,听而斫之,尽垩而鼻不伤,郢人立不失容。"这里指鼻子、鼻梁。颧颐:颧骨和面颊。

⑥摇飏(yáng):摇曳、飞扬。

【译文】

我到这里,园子的主人出来见我。他和我的祖父是同年中的进士,以奇丑而闻名。他刚穿官服那一天,我祖父和他开玩笑说:"丑人不能做官,范年兄也还是做官了。"被人们传为笑谈。我很想见他一面。等他出来,相貌果然奇丑,就像用羊肚石雕刻的猴子,鼻梁颧骨面颊上好像残缺无序的样子。但他的鞋帽很是精致整洁,脸上带着戏谑谈笑的神色,他的面目不该有这样的表情。我们在开山堂小酌,窗户雕花帐幕彩饰,华美至极,秘阁里传出清亮的歌声,丝竹声摇曳悠扬,直到忽然穿过层层墙壁而出,这才知道是主人家的女乐。饮酒之后,我们又将酒席转到小兰亭。

　　比晚辞去,主人曰:"宽坐,请看少焉①。"余不解,主人曰:"吾乡有缙绅先生,喜调文袋,以《赤壁赋》有'少焉月出于东山之上'句②,遂字月为'少焉'。顷言'少焉'者③,月也。"固留看月,晚景果妙。主人曰:"四方客来,都不及见小园雪,山石谽岈④,银涛蹴起,掀翻五泄⑤,捣碎龙湫⑥,世上伟观,惜不令宗子见也。"步月而出,至玄墓⑦,宿葆生叔书画舫中⑧。

【注释】

①少焉:这里指月亮。

②《赤壁赋》:指北宋苏轼的《前赤壁赋》。

③顷言:刚才所说。

④谽岈(hān xiā):幽深空旷。

⑤五泄:在今浙江诸暨西北。当地人称瀑布为"泄",一水折为五级,故称"五泄"。

⑥龙湫:龙湫瀑,在今浙江雁荡山。包括大龙湫瀑布、小龙湫瀑布。

⑦玄墓:玄墓山,在今江苏苏州。东晋时郁泰玄葬于此,故名。

⑧葆生叔:即作者的叔父张联芳,作者在本书中又称其为"仲叔"。

【译文】

　　到了晚上,我准备告辞离开,主人说:"再坐坐,请你一起看'少焉'。"我不理解这话的意思,主人说:"我们乡有一位做官的人,喜欢卖弄学问,因《赤壁赋》中有'少焉月出于东山之上'之句，就给月亮起名为'少焉'。刚才我所说的'少焉'，就是指月亮。"他务必请我留下赏月，当天晚上的景色果然美妙。主人说："四方客人到我这里，都没能看到小园雪，园内山石幽深空旷，月光映照下如浪涛卷起，掀翻五泄，捣碎龙湫，是世间壮观的景象，可惜没能让你看到。"我踏着月色走出，到了玄墓山，夜里就睡在葆生叔的画舫里。

于园

于园在瓜州步五里铺[①]，富人于五所园也。非显者刺[②]，则门钥不得出。葆生叔同知瓜州[③]，携余往，主人处处款之。园中无他奇，奇在礌石[④]。前堂石坡高二丈，上植果子松数颗，缘坡植牡丹、芍药，人不得上，以实奇。后厅临大池，池中奇峰绝壑，陡上陡下，人走池底，仰视莲花，反在天上，以空奇。卧房槛外，一壑旋下，如螺蛳缠[⑤]，以幽阴深邃奇。再后一水阁，长如艇子，跨小河，四围灌木鬓丛[⑥]，禽鸟啾唧[⑦]，如深山茂林，坐其中，颓然碧窈[⑧]。瓜州诸园亭，俱以假山显，胎于石，娠于礌石之手，男女于琢磨搜剔之主人，至于园可无憾矣。

【注释】

①步：同"埠"，水边停船之处。

②显者：有名声、有地位的人。刺：名帖。

③同知：副职，佐官。

④礌（léi）石：层叠的石头。礌，同"磊"。

⑤螺蛳：淡水螺。

⑥鬖（méng）丛：茂盛、丛生的样子。

⑦啾唧：象声词。形容虫、鸟等细碎的叫声。

⑧颓然：寂然，寂静。碧窈（yǎo）：碧绿幽远。

【译文】

于园在瓜州埠五里铺，是富人于五所建的园林。不是有名声、有地位的人递名帖，则不让进入园子。葆生叔在瓜州任同知，带我过去，园子主人处处热情款待。园中没有其他奇特之处，奇就奇在垒石上。堂前有块石头斜坡高达二丈，上面种了几棵果子松，沿斜坡种着牡丹、芍药，人没办法上去，这是以实而奇。后厅紧邻大水池，池中奇峰绝壁，直上直下，人走在池底，仰视莲花，反倒感觉在天上，这里以空而奇。卧房栏杆外，一条深谷旋转而下，如同螺蛳的花纹，这是以幽阴深邃而奇。再往后有一处水阁，长如一艘小船，跨过小河，四周灌木丛生，禽鸟啼鸣，如同深山茂林，坐在其中，感觉寂静幽远。瓜州的各处园亭，都以假山出名，假山源于山石，育于垒石工匠之手，成于用心讲究的主人，到了于园可以说是没什么遗憾的。

仪真汪园①，辇石费至四五万②，其所最加意者，为"飞来"一峰，阴翳泥泞，供人唾骂。余见其弃地下一白石，高一丈、阔二丈而痴，痴妙；一黑石，阔八尺、高丈五而瘦，瘦妙。得此二石足矣，省下二三万，收其子母③，以世守此二石何如？

【注释】

①仪真：在今江苏扬州仪征。

②辇（jú）：这里用作动词，运送、运输的意思。

③子母：利息和本金。

【译文】

仪真有座汪园，光运送石头的费用就要四五万两银子，其中最得意的是"飞来"峰，但是园子阴暗泥泞，让人唾骂。我看到被丢弃在地上的一块白石，高一丈，宽两丈，看着笨拙，但笨拙得妙；有一块黑石，宽八尺，高五丈，看着瘦，但瘦得妙。能够得到这两块石头就知足了，省下二三万两银子，用其本金所得的利息，世世代代守护这两块石头如何？

诸工

竹与漆与铜与窑，贱工也。嘉兴腊竹、王二之漆竹、苏州姜华雨之䉾䈽竹、嘉兴洪漆之漆、张铜之铜、徽州吴明官之窑[①]，皆以竹与漆与铜与窑名家起家，而其人且与缙绅先生列坐抗礼焉[②]。则天下何物不足以贵人[③]，特人自贱之耳[④]。

【注释】

①䉾䈽（měi lù）竹：荩草的别名。一年生草本植物，叶似竹而细薄，生长在平泽溪涧之侧。秋季开紫褐色或灰绿色的花，茎和叶可作染料。

②列坐抗礼：坐在一起平等对待。

③贵人：使人高贵。

④特：不过，只是。

【译文】

竹艺、漆艺、铜艺和窑艺，都是人们瞧不起的工艺。但是嘉兴的蜡竹、王二的漆竹、苏州姜华雨的䉾䈽竹、嘉兴洪氏的漆、张氏的铜、徽州吴明官的瓷窑，这些都是靠竹艺、漆艺、铜艺和窑艺成名发家的，这些艺人已经和官宦人家平起平坐了。天下没什么东西不能使人高贵，只不过是人们自己轻贱自己罢了。

姚简叔画①

姚简叔画千古，人亦千古。戊寅②，简叔客魏为上宾。余寓桃叶渡，往来者闵汶水、曾波臣一二人而已。简叔无半面交，访余，一见如平生欢，遂榻余寓③。与余料理米盐之事，不使余知。有空，拉余饮淮上馆，潦倒而归④。京中诸勋戚、大老、朋侪、缁衲、高人、名妓与简叔交者⑤，必使交余，无或遗者。与余同起居者十日，有苍头至，方知其有妾在寓也。简叔塞渊⑥，不露聪明，为人落落难合，孤意一往，使人不可亲疏。与余交，不知何缘，反而求之不得也。

【注释】

①姚简叔：即姚允在。详见卷四《牛首山打猎》注。

②戊寅：崇祯十一年（1638）。

③榻：下榻，住宿。

④潦倒：这里指喝醉酒的状态。

⑤勋戚：皇族贵戚。朋侪（chái）：朋友、辈分相同的人。缁（zī）衲：僧衣。这里代指僧侣。

⑥塞渊：心地诚实，见识深远。

【译文】

姚简叔的画千古难得，其人也千古难遇。崇祯戊寅年，姚简叔在魏国公家做客，被奉为上宾。当时我在桃叶渡寓居，相往来的只有闵汶水、曾波臣一两个人而已。姚简叔和我从未见过面，他来造访我，我们一见如故，于是留他住在我的寓所。他帮我料理柴米油盐之类琐事，不让我知道。有空闲的时候，就拉着我去秦淮河边的酒馆，大醉而归。南京城里有交往的那些皇戚贵族、前辈宿老、朋辈、僧侣、高人、名妓，简叔必定让他们和我交结，没有遗漏。他和我共同生活了十来天，他家的老奴过来，我这才知道他有侍妾被冷落在寓所。简叔其人心地诚实，见识深远，不卖弄小聪明，但为人孤僻不合群，一意孤行，使人难以亲近。和我交往，不知道是什么缘故，他反而是求之不得。

　　访友报恩寺，出册叶百方，宋元名笔。简叔眼光透入重纸，据梧精思①，面无人色。及归，为余仿苏汉臣一图②：小儿方据澡盆浴，一脚入水，一脚退缩欲出；宫人蹲盆侧，一手掖儿，一手为儿擤鼻涕；傍坐宫娥，一儿浴起伏其膝，为结绣褋③。一图，宫娥盛妆端立有所俟，双鬟尾之；一侍儿捧盘，盘列二瓯，意色向客；一宫娥持其盘，为整茶锹④，详视端谨⑤。覆视原本，一笔不失。

【注释】

①据梧：靠着梧几。精思：认真思考。

②苏汉臣（1094—1172）：汴梁（今河南开封）人，北宋、南宋时任画院待诏。传世之作有《货郎图》《秋庭婴戏图》《杂技戏孩图》等。

③褋（jué）：短衣。

④茶锹（qiāo）：茶匙。

⑤端谨：小心谨慎。

【译文】

　　我们到报恩寺访友，朋友拿出书画册页一百多张，都是宋元时期的名家名作。简叔眼光犀利，仿佛能看透一张张纸，他靠着梧几认真思索，脸上显出不同常人的神色。等到回去，就为我仿作了苏汉臣的画：其中一张图，一个小儿正踏进澡盆洗澡，一只脚伸进水里，另一只脚退缩着想要出来；宫人蹲在盆边，一只手扶着小儿，另一只手为他擤鼻涕；旁边坐着一个宫娥,一个洗完澡的小儿正趴在她的膝上,她在为其穿短衣。另一张图,一位宫娥盛装打扮端正地站着,仿佛在等什么人,两个丫鬟跟在她后面;一个侍儿捧着盘子,盘子上放着两个杯子,望着客人;还有一个宫娥拿着盘子,整理茶匙,小心翼翼地看着。对比原本,简叔的仿作一笔不少。

炉峰月①

炉峰绝顶,复岫回峦②,斗耸相乱③,千丈岩陬牙横梧④,两石不相接者丈许,俯身下视,足震慑不得前。王文成少年曾趵而过⑤,人服其胆。余叔尔蕴以毡裹体⑥,缒而下⑦,余挟二樵子,从壑底掗而上⑧,可谓痴绝。

【注释】

①炉峰:又名"香炉峰"。在浙江会稽山诸峰中最高,海拔 354 米,山势较为险峻。

②复岫(xiù)回峦:山峦起伏、曲折。

③斗耸:陡立,耸立。

④陬(zōu)牙横梧:犬牙交错的样子。

⑤王文成:王守仁(1472—1529),字伯安,号阳明,浙江余姚人。卒谥文成。趵(bào):跳跃。

⑥尔蕴:张烨芳,字尔蕴,号七磐。作者的七叔。

⑦缒(zhuì):系在绳子上放下去。

⑧掗(wā):用手抓住物体。

【译文】

香炉峰的最高峰,山峦起伏曲折,陡立错落,千丈岩的山石犬牙交错,两块石头中间隔断有一丈多,俯身向下看,两腿发软不敢向前。王守仁少年时曾一跃而过,人们都佩服他的胆量。我的叔父张尔蕴用毡子裹住身体，让人系在绳子上放下去，我带着两个樵夫，从谷底往上攀爬，可以说是痴到极致。

丁卯四月^①，余读书天瓦庵^②。午后同二三友人登绝顶，看落照。一友曰："少需之，俟月出去。胜期难再得，纵遇虎，亦命也。且虎亦有道，夜则下山觅豚犬食耳，渠上山亦看月耶^③？"语亦有理，四人踞坐金简石上。

【注释】

①丁卯：天启七年（1627）。

②天瓦庵：天瓦山房。明祁彪佳在《越中园亭记》有介绍："在表胜庵下，背负绝壁，楼台在丹崖青嶂间。"

③渠：岂，难道。一说系方言中的第三人称"他"。

【译文】

天启丁卯年四月，我在天瓦庵读书。午后和两三个友人登上山顶，一起看落日。一个朋友说："再等一会儿，等到月亮出来再回去。这样的好机会很难再有，纵使遇上老虎，也是我们的命。况且虎也有其道，到了晚上就下山寻找猪狗做食物，难道也上山观月不成？"这话说得有理，于是我们四个人就踞坐在金简石上。

是日，月政望^①，日没月出，山中草木都发光怪，悄然生恐。月白路明，相与策杖而下。行未数武^②，半山噪呼^③，乃余苍头同山僧七八人，持火燎、鞱刀、木棍^④，疑余辈遇虎失路，缘山叫喊耳。余接声应，奔而上，扶掖下之。

【注释】

①政望：农历每月十五。

②武：步。

③噭（jiào）呼：大声喊叫。噭，同"叫"。

④鞴（wēng）刀：一种可装在靴筒里的短刀。鞴，靴子。

【译文】

这一天是十五，太阳落山，月亮升起，山中的草木都发出怪异的光，静悄悄的，生出恐慌的气氛。月光皎洁，照得山路发亮，我们一同拄杖下山。还没走多远，半山腰就传来大声呼叫，原来是我家的老仆和七八个山僧，举着火把，拿着鞴刀和木棍，他们怀疑我们几个遇上老虎迷了路，就沿着山路叫喊。我顺着声音回应他们，他们立刻奔上来，扶着我们下了山。

次日，山背有人言："昨晚更定，有火燎数十把，大盗百余人，过张公岭，不知出何地？"吾辈匿笑不之语。谢灵运开山临澥①，从者数百人，太守王琇惊骇②，谓是山贼，及知为灵运，乃安。吾辈是夜不以山贼缚献太守，亦幸矣。

【注释】

①澥（xiè）：靠近陆地的海湾。

②骇（hài）：同"骇"，吃惊，可怕。

【译文】

第二天，山后有人传言："昨晚夜里，有几十个火把，一百多名大盗，经过张公岭，不知道他们是从哪里来的？"我们几个偷笑着不说话。谢灵运在海边开山，跟随他的有几百人，太守王琇十分害怕，以为是山贼，等到知道是谢灵运，这才放了心。我们这天夜里没有被当成山贼绑着献给太守，也算是幸运了。

湘湖[①]

西湖，田也而湖之，成湖焉；湘湖，亦田也而湖之，不成湖焉。湖西湖者，坡公也，有意于湖而湖之者也；湖湘湖者，任长者也，不愿湖而湖之者也。任长者有湘湖田数百顷，称巨富。有术者相其一夜而贫[②]，不信。县官请湖湘湖，灌萧山田，诏湖之，而长者之田一夜失，遂赤贫如术者言。

【注释】

①湘湖：在今浙江杭州，位于钱塘江南岸，萧山城区西南。景色优美，与西湖一起被称为"姐妹湖"。

②相：看面，相面。

【译文】

西湖，是由田地改造成湖，最后成了湖；湘湖，也是由田地改造成湖，却没有成为湖。让西湖成为湖的，是苏东坡，他是有意于湖而成了湖；让湘湖成为湖的，是任长者，他无意于湖却去成湖。任长者在湘湖有数百顷田地，可以称得上巨富。有位算命的预言他会一夜之间变穷，任氏不相信。县官请他开浚湘湖，灌溉萧山的田地，他一夜之间失去了田地，于是穷得一无所有，应验了算命的所说的话。

今虽湖，尚田也，不下插板，不筑堰，则水立涸。是以湖中水道，非熟于湖者不能行咫尺。游湖者坚欲去，必寻湖中小船与湖中识水道之人，溯十阆三[①]，鲠咽不之畅焉。湖里外锁以桥，里湖愈佳。盖西湖止一湖心亭为眼中黑子，湘湖皆小阜、小墩、小山，乱插水面，四围山趾，棱棱砺砺，濡足入水[②]，尤为奇峭。

【注释】

①阏（è）：阻塞。

②濡：沾湿，润泽。

【译文】

　　如今湘湖虽然说是湖，但其实还是一片田地，如果不放插板，不筑堤堰，湖水立即就会干涸。因此湖中的水道，如果不是对湖非常熟悉的人，一点儿都行进不了。如果游湖的人坚持前往，一定要寻找湖中的小船和熟悉水路的人，上溯湖水十里，倒有三里是淤泥，水路阻塞不顺畅。湖的里外以桥贯通，里湖的景色更佳。西湖水面上只有湖心亭看起来像一枚黑棋子，但湘湖里全是小岛、小土墩、小山，杂乱地插在水面上，四周的山脚下，怪石层叠嶙峋，浸润在水中，十分奇险陡峭。

　　余谓西湖如名妓，人人得而媟亵之①；鉴湖如闺秀，可钦而不可狎；湘湖如处子，眠娗羞涩②，犹及见其未嫁时也。此是定评，确不可易。

【注释】

①媟（xiè）亵：举止亲昵，不庄重。

②眠娗（tǐng）：腼腆，害羞。

【译文】

　　我曾说西湖就像名妓，人人都可以亵玩；鉴湖如同名门闺秀，可以仰慕却不可亲近；湘湖则如同处子，羞涩腼腆，仍来得及看到她未出嫁时的模样。这是确切的评价，实在不容更改。

柳敬亭说书①

　　南京柳麻子，黧黑，满面疤瘰②，悠悠忽忽，土木形骸③，

善说书。一日说书一回,定价一两。十日前先送书帕下定^④,
常不得空。南京一时有两行情人^⑤:王月生、柳麻子是也。

【注释】

①柳敬亭(1587—约1670):原姓曹,名永昌,字葵宇,江苏泰州人,
　一说通州(今江苏南通通州区)人。后犯法逃命,改姓柳,名逢春,
　号敬亭。因脸麻而被人称为"柳麻子"。以善说评书名于世。

②疤癗(bā lěi):疤痕。

③悠悠忽忽,土木形骸:语出《世说新语·容止》:"刘伶身长六尺,
　貌甚丑悴,而悠悠忽忽,土木形骸。"悠悠忽忽,悠闲恬淡的样子。
　土木形骸,形体像土木一样自然。这里指不加修饰,以本来面目
　示人。

④书帕:指请柬、订金。下定:约定时间。

⑤行情人:走红、受欢迎的人。

【译文】

　　南京的柳麻子,皮肤很黑,满脸疤痕,悠闲恬淡,不修边幅。他擅长
说书,一天说一次书,定价一两银子。需要提前十天送请帖和定金来预
约时间,就这样他也经常没空。南京城当时有两位走红的人,一个是王
月生,一个就是柳麻子了。

　　余听其说《景阳冈武松打虎》白文^①,与本传大异^②。其
描写刻画,微入毫发,然又找截干净^③,并不唠叨。勃夬声如
巨钟^④,说至筋节处^⑤,叱咤叫喊,汹汹崩屋。武松到店沽酒^⑥,
店内无人,蓦地一吼^⑦,店中空缸空甓皆瓮瓮有声。闲中着
色,细微至此。主人必屏息静坐,倾耳听之,彼方掉舌^⑧。稍
见下人咕哗耳语^⑨,听者欠伸有倦色,辄不言,故不得强。每

至丙夜⑩,拭桌剪灯,素瓷静递⑪,款款言之,其疾徐轻重,吞吐抑扬,入情入理,入筋入骨,摘世上说书之耳,而使之谛听,不怕其不齰舌死也⑫。

【注释】

①白文:只有说白,没有弹唱的表演。

②本传:指小说《水浒传》。

③找截干净:直截了当,干净利落。

④勃夬(guài):声音洪亮。

⑤筋节:关键的地方。

⑥沽:买。

⑦謈(pó):大喊。

⑧掉舌:喋喋不休。这里指动舌说话。作者在《夜航船》中亦有介绍:"掉舌:汉郦生说齐王与汉平。蒯彻言于韩信曰:'郦生一士,伏轼掉三寸舌,下齐七十余城。'"

⑨呫哔(chān bì)耳语:小声说话,窃窃私语。

⑩丙夜:三更半夜,从晚上十一点至第二天凌晨一点。

⑪素瓷:白色、没有图案花纹的瓷器。

⑫齰(zé):咬。

【译文】

我听过他讲《景阳冈武松打虎》的说白,和小说有很大差别。他的刻画十分细致,但又直截了当,一点儿都不啰唆。他说书声音洪亮如钟,说到关键处,叱咤叫喊,声势浩大,仿佛要房倒屋塌。武松到店里买酒,店里没有人,突然大吼一声,店里的空缸空甓都嗡嗡作响。为情节添枝加叶,竟然能细微到这种地步。主人一定要摒住呼吸静坐,倾耳恭听,他才会开口说书。只要看见下面的人稍有窃窃私语,或者听众打哈欠、伸懒腰、面露倦色的,就闭上嘴不说了,因此也不能勉强他。每天到三更半夜,擦拭桌子,剪掉灯芯,轻轻端着茶杯,然后从容不迫地开讲,语气快慢轻重,吞吐抑扬,入情入理,入筋入骨,把世间所有说书人的耳朵摘下来,让他们聆听柳敬亭说书,恐怕他们都会羞愧得咬舌自尽。

柳麻子貌奇丑,然其口角波俏①,眼目流利,衣服恬静,直与王月生同其婉娈②,故其行情正等③。

【注释】

①口角波俏:口齿伶俐。

②婉娈:年少貌美。

③行情正等:声名、身价正相当。

【译文】

柳麻子相貌奇丑,然而口齿伶俐,目光犀利,穿着恬淡安静,和王月生的柔媚温婉一样难得,所以他们的声名、身价相当。

樊江陈氏橘①

樊江陈氏辟地为果园,枸菊围之。自麦为蒟酱②,自秫酿酒③,酒香冽④,色如淡金蜜珀,酒人称之。自果自蔏⑤,以螯乳醴之为冥果⑥。

【注释】

①樊江:在今浙江绍兴皋埠镇,相传为西汉名将樊哙故地。

②蒟(jǔ)酱:用胡椒类植物做成的酱。亦称“枸酱”。

③秫(shú):即黏高粱,多用以酿酒。

④洌（liè）：酒清。

⑤蓏（luǒ）：通常木本植物所结果实为"果"，草本或蔓生植物所结的果实为"蓏"

⑥螯乳：蜂蜜。冥果：一种青果蜜饯。

【译文】

樊江陈氏开辟了一块地做果园，外面种些枸菊围着。自己种麦子做蒟酱，自己种高粱来酿酒，酒香清冽，颜色像淡金色的蜜珀，喜欢酒的人都称赞它。自己种瓜果自己采摘，用蜂蜜腌渍成青果蜜饯。

树谢橘百株，青不撷，酸不撷[①]，不树上红不撷，不霜不撷，不连蒂剪不撷。故其所撷，橘皮宽而绽，色黄而深，瓤坚而脆，筋解而脱，味甜而鲜。第四门、陶堰、道墟以至塘栖，皆无其比。

【注释】

①撷（xié）：采摘。

【译文】

陈氏种了上百棵谢橘，色青的不摘，味酸的不摘，不在树上变红的不摘，未经秋霜的不摘，不连蒂剪下的不摘。因而摘下来的橘子，橘皮饱满，颜色深黄，里面的果瓤紧实爽口，筋脉撕开橘瓣脱落，味道甘甜鲜美。第四门、陶堰、道墟乃至塘栖产的橘子，都无法与其相比。

余岁必亲至其园买橘，宁迟、宁贵、宁少。购得之，用黄砂缸藉以金城稻草或燥松毛收之[①]。阅十日，草有润气，又更换之，可藏至三月尽，甘脆如新撷者。

【注释】

①藉：铺垫。金城稻：潮州稻，金城为潮州之别称。一说金城稻即占城稻。松毛：即松针，松叶的别称。松叶如针，繁盛如毛，故称。

【译文】

我每年必定亲自到他家果园去买橘子，宁可买得迟，宁可买得贵，宁可买得少。买到之后，用黄沙缸垫些金城稻或者燥松毛收藏。过了十来天，稻草有湿气就更换，这样橘子可以藏到三月底，还甘甜脆爽得像新摘的一样。

枸菊城主人橘百树，岁获绢百匹，不愧木奴①。

【注释】

①木奴：《水经注·沅水》："龙阳县之氾洲，洲长二十里，吴丹杨太守李衡植柑于其上，临死，敕其子曰：'吾州里有木奴千头，不责衣食，岁绢千匹。'"作者在《夜航船》一书中亦有解释："木奴：李衡为丹阳太守，于龙阳洲上种橘千树。临终，敕其子曰：'吾州里有千头木奴，不责汝衣食。岁上一匹绢，亦足用矣。'"后因称"柑橘树"为"木奴"，也泛指果实。

【译文】

枸菊城主人种的这上百棵橘树，每年可换得上百匹丝绢，这也可以对得起木奴之称了。

治沅堂

古有拆字法。宣和间①，成都谢石拆字②，言祸福如响。钦宗闻之③，书一"朝"字，令中贵人持试之④。石见字，端视中贵人曰："此非观察书也⑤。"中贵人愕然。石曰："'朝'

字离之为'十月十日',乃此月此日所生之天人,得非上位耶?"一国骇异。

【注释】

①宣和:北宋徽宗年号,1119 至 1125 年。

②谢石:字润夫,北宋时期成都(今属四川)人。以测字闻名,民间有许多其测字灵验的传说。

③钦宗:即宋钦宗赵桓(1100—1156)。原名亶,又名桓。宋徽宗长子,仅在位两年。"宣和"是宋徽宗的第六个年号(1119—1125),此处当为宋徽宗赵佶(1082—1135)。

④中贵人:皇帝宠幸的宦官。

⑤观察:唐代于不设节度使的区域设观察使,省称"观察"。宋代观察使实为虚衔。这里泛指官员。

【译文】

古有拆字法。北宋宣和年间,成都谢石精于拆字,预测祸福很灵验。宋徽宗听说这件事,就写了一个"朝"字,派宦官拿着去测试。谢石看到字,端详着宦官说:"这不是您写的。"宦官十分惊讶。谢石说:"'朝'字分开来看,是'十月十日',这是此月此日所生的天人所写,莫非是当今皇上?"举国为之震惊。

　　吾越谢文正厅事名"保锡堂"①,后易之他姓。主人至,呕去其扁,人问之,曰:"分明写'呆人易金堂'。"朱石门为文选署中额"典劇"二字②,继之者顾诸吏曰:"尔知诸公意乎? 此二字离合言之,曰:'曲虍曲虍,八刀八刀'耳。"歙许相国孙志吉为大理评事③,受魏珰指④,案卖黄山⑤,势张甚,当道媚之,送一扁曰"大卜于门"。里人夜至,增减其笔画凡三：一曰"天下未闻"，一倒读之曰"阉手下犬"，一曰"太平拿问"。后直指提问⑥，械至太平⑦，果如其言。

【注释】

①谢文正：谢迁（1449—1531），字于乔，号木斋，浙江余姚人。明成化十一年（1475）状元，历任翰林院编撰、兵部尚书、东阁大学士。卒谥文正。著有《谢文正公集》《归田稿》等。

②朱石门：朱敬循，字石门，山阴（今浙江绍兴）人。历任礼部郎中、大常少卿、右通政使。著有《刻精注大明律例致君奇术》。系朱赓之子，作者舅祖。

③许相国：许国（1527—1596），字维桢，号颍阳，安徽歙县人。嘉靖四十四年（1565）进士，官至礼部尚书兼东阁大学士。志吉：许志吉，历任太仆寺丞、大理寺正，因依附魏忠贤，为非作歹，后被处决。大理评事：官名。负责刑狱之事。明代大理寺下设左、右二寺，按地区分理天下刑狱，寺设寺正、寺副及评事。

④魏珰：指宦官魏忠贤。珰，原为汉代武职宦官帽子上的装饰品，后借指宦官。

⑤案卖黄山：指许志吉在黄山一案中徇私枉法事。据《明史·魏忠贤传》记载："编修吴孔嘉与宗人吴养春有仇，诱养春仆告其主隐占黄山，养春父子瘐死。忠贤遣主事吕下问、评事许志吉先后往徽州籍其家，株蔓残酷。"

⑥直指：直指使者。又称"绣衣直指"或"直指绣衣使者"，朝廷直接派往地方处理政务的官员。

⑦太平：太平府，辖区相当于今安徽马鞍山、芜湖。

【译文】

越中谢文正的住宅名为"保锡堂"，后来换了别的主人。新主人一到，就急忙取下这块匾，别人问他原因，他说："这块匾上分明写着'呆人易金堂'。"朱石门为文选署匾额题写"典劇"二字，继任者看着各位吏员说："你们知道朱公的用意吗？把这两个字拆开来看，叫作：'曲虍曲虍，八刀八刀'。"歙县许相国的孙子许志吉担任大理评事，受魏忠贤指使，查办黄山一案，势焰嚣张，当时有位官员讨好他，送了一块写着"大卜于门"的匾额。乡里的人深夜过来，总共增减了三次笔画：一次改成"天下未闻"，一次倒着念是"閣手下犬"，一次则改成"太平拿问"。后来朝廷特派官员审问，许志吉戴着刑具被押往太平府受讯，果然应验了匾额上的话。

　　凡此数者皆有义味。而吾乡缙绅有名"治沅堂"者，人不解其义，问之，笑不答，力究之，缙绅曰："无他意，亦止取'三台''三元'之义云尔①。"闻者喷饭。

【注释】

①三台、三元：三台，即三公，古代三种最高官衔的合称。明清时期以太师、太傅、太保为三公。三元，乡试、会试、殿试的第一名分别为解元、会元、状元，合称"三元"。

【译文】

　　上述这几个例子都有其中的意味。我乡有位官员宅名为"治沅堂"，别人不理解其中的意思，问他，他笑而不答，一再追问，这位官员只好说："没别的意思，也只不过是取'三台''三元'的意思罢了。"人们听后笑到要喷饭。

虎丘中秋夜

　　虎丘八月半，土著流寓、士夫眷属、女乐声伎、曲中名妓戏婆、民间少妇好女、崽子娈童及游冶恶少、清客帮闲、侪僮走空之辈^①，无不鳞集^②。自生公台、千人石、鹤涧、剑池、申文定祠^③，下至试剑石、一二山门^④，皆铺毡，席地坐，登高望之，如雁落平沙，霞铺江上。

【注释】

①娈子：男孩。娈童：以色相获宠的美貌男子。傒（xī）僮：未成年的奴仆。走空：骗子。

②鳞集：聚集。

③生公台：即生公讲台，相传东晋高僧竺道生曾在此讲经说法，故名。千人石：又名"千人坐"，虎丘景区的一块巨石，可容纳千人，故名。鹤涧：在虎丘后山，唐代有位清远道士在此养鹤，故名。剑池：在千人石北崖壁下，窄如剑形。据说吴王阖闾死后葬于此，并以鱼肠剑等宝剑殉葬，故名。申文定祠：申时行的祠堂。申时行（1535—1614），字汝默，长洲（今江苏苏州）人。嘉靖四十一年（1562）状元，历任少师兼太子太师、吏部尚书、中极殿大学士、内阁首辅。谥文定。著有《赐闲堂集》等。

④试剑石：位于虎丘上山路上的一块巨石，中间有道裂缝，据说吴王曾在此试剑。

【译文】

虎丘每到八月十五，当地的居民、客居苏州者、士大夫和他们的家眷、女乐声伎，曲巷妓院里的名妓戏婆、民间的少妇妙女、少男娈童乃至放荡恶少、清客帮闲、奴仆骗子之类，无不聚集在这里。从生公台、千人石、鹤涧、剑池、申文定祠，向下一直到试剑石、一二山门，都有人铺着毡毯，席地而坐，登到高处一眼望去，就像平坦的沙滩上落满大雁，云霞铺满了江面。

天暝月上^①，鼓吹百十处，大吹大擂，十番铙钹^②，《渔阳掺挝》③，动地翻天，雷轰鼎沸，呼叫不闻。更定，鼓铙渐歇，丝管繁兴，杂以歌唱，皆"锦帆开，澄湖万顷"同场大曲④，蹲踏和锣丝竹肉声⑤，不辨拍煞⑥。更深，人渐散去，士夫眷属皆下船水嬉，席席征歌，人人献技，南北杂之，管弦迭奏，听者方辨句字，藻鉴随之⑦。

【注释】

①暝（míng）：日落，天黑。

②十番铙（náo）钹（bó）：亦称"十番锣鼓"，民间器乐，以吹打乐器为主。

③《渔阳掺挝（zhuā）》：鼓曲名。

④锦帆开，澄湖万顷：传奇《浣沙记》第十四出《打围》中《普天乐》曲首句为"锦帆开，牙樯动"，第三十出《采莲》中《念奴娇序》曲首句为"澄湖万顷、见花攒锦绣，平铺十里红妆"。同场大曲：多人一起合唱的曲子。

⑤蹲踏：蹲沓，噜沓，意谓众声纷纭，人声嘈杂。丝竹肉声：弦乐、管乐和歌唱之声。

⑥拍煞：套曲的中段、结尾。这里泛指节拍、节奏。

⑦藻鉴：品评、鉴别。

【译文】

天色变暗，月亮升起，奏乐的地方有百十处，都在大吹大擂，十番铙钹演奏着《渔阳掺挝》，天翻地动，如同雷轰鼎沸，彼此呼叫都听不到声音。入更之后，鼓铙之声渐渐消歇，丝竹管弦之音越来越多，夹杂着歌唱，都是"锦帆开，澄湖万顷"这类多人一起合唱的曲子，嘈杂的人声与锣鼓、丝竹、弦乐、演唱之音混杂，分不清节拍节奏。夜深时分，人们渐渐散去，士大夫和他们的家眷都乘船戏水，每桌宴席都在演唱，人人争相献技，南北腔调相杂，管弦之音迭奏，听者刚分辨出字句，马上就开始品评赏鉴。

二鼓人静，悉屏管弦，洞箫一缕，哀涩清绵，与肉相引，尚存三四，迭更为之。三鼓，月孤气肃，人皆寂阒^①，不杂蚊虻。一夫登场，高坐石上，不箫不拍，声出如丝，裂石穿云，串度抑扬，一字一刻。听者寻入针芥^②，心血为枯，不敢击节，惟有点头。然此时雁比而坐者，犹存百十人焉。使非苏州^③，焉讨识者^④！

【注释】

①寂阒（qù）：寂静。

②针芥：细微之处。

③使：假如。

④识者：指知音。

【译文】

二鼓之后，人们安静下来，管弦也都停下，只有一缕洞箫之声，哀怨涩苦且又清幽缠绵，与歌唱声相和，仍有三四个人在那里轮流演唱。到了三鼓，月亮孤寂地挂在天边，空气清爽，人声寂静，连蚊虻的声音都听不见了。此时一个人上场，高高地坐在石头上，不吹箫也不打节拍，起初声音如游丝般细弱，渐渐裂石穿云而出，抑扬顿挫，字字如刻。听者体会其细微精妙之处，为之耗尽心血，不敢打拍子，只能点头赞叹。此时像大雁那样排列而坐的仍有百十人。假如不是在苏州，哪里能找到这样的知音！

麋公^①

万历甲辰^②，有老医驯一大角鹿，以铁钳其趾，设鞍鞯其上^③，用笼头衔勒，骑而走，角上挂葫芦药瓮，随所病出药，服之辄愈。家大人见之喜④，欲售其鹿，老人欣然，肯解以赠，大人以三十金售之。五月朔日⑤，为大父寿，大父伟硕，跨之走数百步，辄立而喘，常命小傒笼之，从游山泽。

【注释】

① 糜（mí）公：陈继儒（1558—1639），字仲醇，号空青、眉公、糜公、白石山樵，华亭（今上海松江）人。多才多艺，以文学、书画闻名。著有《皇明书画史》《书画金汤》《眉公秘籍》《陈眉公全集》等。他是作者祖父张汝霖的好友，作者的思想及创作受其影响较大。

② 万历甲辰：即万历三十二年（1604）。

③ 鞍鞯（jiào xiǎn）：用鲛鱼皮做成的马肚带。

④ 家大人：对他人称自己的父亲。

⑤ 朔日：农历每月初一。

【译文】

万历甲辰年，有一位年长的医生驯养了一头大角鹿，他用铁钳将其蹄趾钳住，在其身上放了鞍鞯，用笼头勒住它的嘴，然后骑着它走，在鹿角上挂着葫芦药瓮，根据患者的病情下药，服下能很快痊愈。我父亲见了十分喜爱，想要买下这头鹿，老人欣然同意，愿意赠送，父亲花了三十两银子买下。五月初一是祖父的寿辰，祖父身体高大健硕，跨上鹿只走了几百步，那头鹿就站在那里喘气，祖父经常让小童子牵着鹿，和他一起游历山水。

次年，至云间①，解赠陈眉公。眉公羸瘦②，行可连二三里，大喜。后携至西湖六桥、三竺间③，竹冠羽衣④，往来于长堤深柳之下，见者啧啧，称为"谪仙"⑤。后眉公复号"糜公"者，以此。

【注释】

①云间：旧时松江的别称。

②羸（léi）：瘦弱。

③六桥：苏堤上的六座拱桥，即映波桥、锁澜桥、望山桥、压堤桥、东浦桥和跨虹桥。三竺：杭州灵隐山东南天竺山，有上天竺、中天竺、下天竺三座寺院，合称"三竺"或"三天竺"。

④羽衣：道士所穿的服装。

⑤谪仙：被谪降人世的神仙。唐代诗人李白曾被贺知章称为"谪仙"，后人多以"谪仙"专指李白。

【译文】

第二年，祖父到云间，就把这头鹿赠给了陈眉公，眉公身体瘦弱，骑着鹿能走二三里地，他感到很是高兴。后来他带着这头鹿到西湖六桥、三竺那里，头戴竹冠，身着羽衣，往来于长堤深柳之下，看到的人都啧啧称赞，称其为"谪仙"。后来眉公又号"麋公"，就是因为这个缘故。

扬州清明

扬州清明，城中男女毕出，家家展墓①。虽家有数墓，日必展之。故轻车骏马，箫鼓画船，转折再三，不辞往复。监门小户亦携馂核纸钱，走至墓所，祭毕，席地饮胙②。自钞关、南门、古渡桥、天宁寺、平山堂一带③，靓妆藻野④，袨服缛川⑤。随有货郎，路傍摆设骨董古玩并小儿器具。博徒持小机坐空地⑥，左右铺袙衫半臂、纱裙汗帨、铜炉锡注、瓷瓯漆奁⑦，及肩奓鲜鱼、秋梨福橘之属⑧，呼朋引类，以钱掷地，谓之"跌成"⑨。或六或八或十，谓之"六成""八成""十成"焉。百十其处，人环观之。

【注释】

①展墓：省视坟墓，即扫墓。

②饮胙（zuò）：吃祭祀过后的食物。胙，祭祀用的肉食。

③天宁寺：在今江苏扬州城北。始建于东晋，相传原为谢安别墅，后由其子司空谢琰建立寺庙，取名谢司空寺。北宋政和年间易名为"天宁寺"。平山堂：在今江苏扬州大明寺，包括平山堂、谷林堂、欧阳祠三部分。初建于宋庆历八年（1048），时欧阳修任扬州知州。由此远望，南面诸山，历历在目，与此堂平，故名。

④藻：藻饰，修饰。

⑤袨（xuàn）服缛（rù）川：黑色的礼服遍及河川、桥头。缛，坐卧时铺在身体下面的垫子。这里用作动词，铺垫。

⑥小杌（wù）：小凳子。

⑦袒（rì）衫：内衣，贴身衣服。汗帨（shuì）：佩巾。

⑧肩臡（zhì）：俗称"肘子"，即猪腿上面的部分。

⑨跌成：一种赌博游戏。据清李斗《扬州画舫录》："跌成，古博戏也，时人谓之'拾博'。用三钱者为三星，六钱者为六成，八钱者为八乂，均字均幕为成，四字四幕为天分。天分必幕与幕偶，字与字偶，长一尺，不杂不斜，以此为难。"

【译文】

扬州清明时节，城里的男男女女都会出去，家家都要扫墓。虽然家里有多座墓，但一天之内必定要全部祭扫完。因此轻车骏马，箫鼓游船，回旋曲折，来来回回。一般的小户人家也带着菜肴干果纸钱，走到墓地，祭拜完毕，就席地而坐，吃祭祀用过的食物。从钞关、南门、古渡桥、天宁寺到平山堂一带，美丽的妆饰点缀着田野，黑色的礼服美化着河川。随处都有货郎，他们在路边摆摊售卖古董古玩及小孩的玩具。博彩的则带着小凳子坐在空地上，旁边摆着内衣、半袖衣、纱裙、佩巾、铜炉、锡壶、瓷杯、漆盒以及肘子、鲜鱼、秋梨、福橘之类，招呼客人，把钱投在地上，这叫作"跌成"。有人出六钱、八钱或十钱,就叫作"六成""八成""十成"。这样的摊位有百十个,人们都围着看热闹。

是日,四方流寓及徽商、西贾、曲中名妓①,一切好事之徒,无不咸集②。长塘丰草,走马放鹰;高阜平冈,斗鸡蹴鞠;茂林清樾,劈阮弹筝③。浪子相扑,童稚纸鸢④,老僧因果,瞽者说书⑤,立者林林,蹲者蛰蛰⑥。日暮霞生,车马纷沓。宦门淑秀,车幕尽开,婢媵倦归⑦,山花斜插,臻臻簇簇⑧,夺门而入。

【注释】

①西贾:晋商,山西商人。

②咸:全,都。

③阮(ruǎn):一种弦乐器,柄长而直,形似月琴。

④纸鸢(yuān):风筝。

⑤瞽(gǔ)者:眼睛失明的人。

⑥蛰蛰(zhé):人数很多的样子。

⑦婢媵(yìng):婢妾。

⑧臻臻(zhēn)簇簇:簇拥的样子。

【译文】

这一天,四方客居者及徽商、晋商、青楼名妓,所有好事之徒,无不聚集在这里。长塘草地茂密,人们就在这里骑马放鹰;高山平冈,人们就在这里斗鸡蹴鞠;密林清荫,人们就在这里弹奏乐器。浪子们玩着相扑,孩子们放着风筝,老僧讲着佛法,盲人表演说书,站着的密密麻麻,蹲着的不计其数。日落时分,晚霞出现,此时车马众多。官宦人家的女眷掀开帘子,婢女们劳累而归,山花插在头上,花团锦簇,争先恐后地进城。

余所见者，惟西湖春、秦淮夏、虎丘秋，差足比拟。然彼皆团簇一块，如画家横披^①；此独鱼贯雁比，舒长且三十里焉，则画家之手卷矣。南宋张择端作《清明上河图》^②，追摹汴京景物^③，有西方美人之思^④，而余目盱盱^⑤，能无梦想。

【注释】

①横披：书画装裱的一种式样，竖短横长。

②张择端：字正道，东武（今山东诸城）人。北宋画家。曾任职翰林图画院。代表作有《清明上河图》等。

③汴京：今河南开封。

④西方美人：典出《诗经·邶风·简兮》："云谁之思，西方美人。彼美人兮，西方之人兮。"诗中以"西方美人"寄托对西周君王的怀念。作者用此典以表达故国之思。

⑤盱盱（xū）：张目直视的样子。

【译文】

就我个人的见闻，只有西湖之春、秦淮之夏、虎丘之秋能与此相提并论。然而那些地方都是聚集在一起，就像画家手下的横幅；但扬州的清明却像鱼群雁阵一样排列，舒展长达三十里，则是画家的手卷了。南宋张择端作《清明上河图》，追忆摹画汴京的景物，有故国之思，我睁着眼睛观赏，难道梦中就没有想法吗？

金山竞渡^①

看西湖竞渡十二三次，己巳竞渡于秦淮^②，辛未竞渡于无锡^③，壬午竞渡于瓜州^④，于金山寺。西湖竞渡，以看竞渡之人胜，无锡亦如之。秦淮有灯船无龙船，龙船无瓜州比，而看龙船亦无金山寺比。瓜州龙船一二十只,刻画龙头尾,取其怒;傍坐二十人持大楫⑤,取其悍;中用彩篷,前后旌幢绣伞⑥,取其绚;撞钲挝鼓⑦,取其节;艄后列军器一架,取其锷⑧;龙头上一人足倒竖,敁敠其上⑨,取其危;龙尾挂一小儿,取其险。

【注释】

①竞渡:流行于我国南方的一项民俗活动。多以龙舟竞赛的方式进行。每年的端午节举行,相传起源于楚地。为纪念屈原而设。

②己巳:崇祯二年(1629)。

③辛未:崇祯四年(1631)。

④壬午:崇祯十五年(1642)。

⑤楫:划船用的船桨。

⑥旌幢(jīng chuáng):旗帜。旌,古代用羽毛装饰的旗子。又代指旗子。幢,古代原指支撑帐幕、伞盖、旌旗的木杆,后借指帐幕、伞盖、旌旗。

⑦钲(zhēng):乐器名。挝(zhuā):击,打。

⑧锷(è):原指剑刃,这里指兵器锋利的意思。

⑨敁敠(diān duō):亦作"掂掇"。原指用手估量物体的轻重,这里形容人倒挂的样子。

【译文】

　　我看西湖的龙舟竞赛有十二三次之多,己巳年在秦淮看赛舟,辛未年在无锡看赛舟,壬午年在瓜州、在金山寺看赛舟。西湖龙舟赛的看点在看竞赛的人,无锡也是如此。秦淮只有灯船而没有龙船,龙船没有什么地方能比得上瓜州,但看龙舟比赛却没有地方能比得上金山寺。瓜州有龙船一二十只,描摹龙头龙尾,突出其愤怒;旁边坐着二十个人,手拿大桡,突出其彪悍;中间用彩色的船篷,前后装饰着旌旗绣伞,突出其绚丽;撞钲打鼓,突出其节奏;艄后陈列着一架军器,突出其锋利;龙头上有一个人脚朝上倒挂着,突出其危;龙尾挂着一个小孩,突出其险。

　　自五月初一至十五,日日画地而出。五日出金山,镇江亦出。惊湍跳沫①,群龙格斗,偶堕洄涡,则百蚨捷捽②,蟠委出之③。金山上人团簇,隔江望之,蚁附蜂屯④,蠢蠢欲动。晚则万艓齐开⑤,两岸沓沓然而沸。

【注释】

①惊湍:急流。

②百蚨(qǔ)捷捽(zuó):形容竞渡者身手敏捷。

③蟠委:环绕。

④蚁附蜂屯:像蚂蚁、蜜蜂一般集聚,比喻集结者众多。

⑤艓(dié):小船。

【译文】

　　从五月初一到十五,每天都会选一个地方进行比赛。初五那天,龙船从金山出发,也有从镇江出发的。江水汹涌湍急,如群龙格斗,有时会坠入漩涡,竞渡者身手敏捷,在周围绕着把船拉出来。金山上观者团簇,隔江观看比赛,就像蚂蚁蜜蜂一样聚在一起,蠢蠢欲动。到了晚上万船齐发,两岸声音嘈杂仿佛滚开的水。

刘晖吉女戏①

　　女戏以妖冶恕②,以啴缓恕③,以态度恕,故女戏者全乎其为恕也。若刘晖吉则异是。刘晖吉奇情幻想,欲补从来梨园之缺陷。如唐明皇游月宫④,叶法善作⑤,场上一时黑魆地暗,手起剑落,霹雳一声,黑幔忽收,露出一月,其圆如规,四下以羊角染五色云气,中坐常仪⑥,桂树吴刚⑦,白兔捣药⑧。轻纱幔之内,燃赛月明数株,光焰青黎⑨,色如初曙,撒布成梁,遂蹑月窟⑩,境界神奇,忘其为戏也。其他如舞灯,十数人手携一灯,忽隐忽现,怪幻百出,匪夷所思,令唐明皇见之,亦必目睁口开,谓氍毹场中那得如许光怪耶⑪。

【注释】

① 刘晖吉:刘光斗,字晖吉,武进(今江苏常州武进区)人。天启五年(1625)进士,曾任广西御史、大理寺丞。

② 恕:宽容,体谅。

③ 啴(chǎn)缓:和缓,舒缓。

④ 唐明皇游月宫:唐明皇,即唐玄宗李隆基(685—762),712年至756年在位。传说唐玄宗曾游月宫,作者在《夜航船》一书中亦有介绍:"游月宫:开元二年八月十五夜,明皇与天师申元之游月宫,及至,见大府,榜曰'广寒清虚之府',翠色冷光相射,极寒,不可少留。前见素娥十余人,皆皓衣,乘白鸾,笑舞于广寒大桂树之下,音乐清丽。明皇制《霓裳羽衣曲》以记之。一说叶静能,一说罗公远,事凡三见。"

⑤ 叶法善:字道元,唐代道士。民间多有其成仙灵异的故事。作者在《夜航船》一书中即记载有一则:"照病镜:叶法善有铁镜,鉴物如水。人有疾以镜照之,尽见脏腑中所滞之物,然后以药治之,疾即愈。"

⑥ 常仪:即嫦娥,神话传说中的人物。据说她偷吃仙丹,飞到了月亮上。

⑦ 桂树吴刚:传说月中有桂树,高五百丈,下有一人常砍之,树创随

砍随合。砍树者为吴刚，因学仙有过，谪令伐树。

⑧白兔捣药：传说月中有白兔。西晋傅咸《拟天问》："月中何有？玉兔捣药。"

⑨青黎：青黑色。

⑩月窟：月宫，月亮。

⑪氍毹（qú shū）：毛毯。通常泛指戏曲舞台。

【译文】

　　女子演戏因妖冶而得到体谅，因舒缓而得到体谅，因神色而得到体谅，因此女戏全都可以得到体谅了。像刘晖吉则与此不同。刘晖吉富有奇情幻想，想弥补梨园自古以来的缺陷。比如唐明皇游月宫这场戏，叶法善上场表演，一时间天昏地暗，只见他手起剑落，霹雳一声，黑色的纱幔忽然收起，露出一轮明月，明月圆得像圆规画的，四周用羊角渲染五色云气，嫦娥坐在中间，吴刚砍着桂树，白兔正在捣药。轻柔的纱幔里面，点燃着数株名为赛月明的烟花树，喷出青黑色的火焰，就像天刚蒙蒙亮，撒出白布形成桥梁，于是唐明皇蹑步走入月宫，境界如此奇妙，观众都忘记这是在看戏。其他如舞灯，十多个人每人拿着一盏灯，忽隐忽现，奇幻百出，超出寻常人的想象，即便是让唐明皇见到这一景象，也一定为之目瞪口呆，说戏曲舞台上哪会有如此光怪陆离的景象。

　　彭天锡向余道："女戏至刘晖吉，何必男子，何必彭大。"天锡，曲中南、董①，绝少许可，而独心折晖吉家姬，其所赏鉴，定不草草。

【注释】

①曲中南、董：这里指彭天锡能对戏曲表演做出客观、公允的评价。南、董，春秋时期齐国史官南史、晋国史官董狐，二人皆以直笔不

讳而著称。

【译文】

彭天锡对我说："女戏到了刘晖吉这里，何必男子，何必彭天锡。"彭天锡是曲中的南、董，他很少赞许肯定别人，唯独佩服刘晖吉家的歌伎，他的评价一定不是草率做出的。

朱楚生

朱楚生，女戏耳，调腔戏耳。其科白之妙，有本腔不能得十分之一者。盖四明姚益城先生精音律①，与楚生辈讲究关节②，妙入情理，如《江天暮雪》《霄光剑》《画中人》等戏，虽昆山老教师细细摹拟③，断不能加其毫末也。班中脚色，足以鼓吹楚生者方留之，故班次愈妙。

【注释】

①四明：今浙江宁波。姚益城：姚宗文，字衮之，号益城，浙江慈溪人。万历三十五年（1607）进士，历任户科给事中、都御史。著有《益城集》。

②关节：指关键要害之处或情节衔接转换处。

③昆山：今江苏昆山。

【译文】

朱楚生不过是位女戏子，不过唱调腔戏而已。但她科白的精妙，本腔戏比不上其十分之一。四明姚益城先生精通音律，他曾与楚生等人探讨关节，情理精妙细微，比如《江天暮雪》《霄光剑》《画中人》等戏，即便是昆山的老教师细细模拟刻画，也决不能添加一点儿东西。戏班中的脚色，只有那些能够为楚生生色者才能留下，因此戏班的表演更加精妙。

　　楚生色不甚美,虽绝世佳人,无其风韵。楚楚谡谡①,其孤意在眉,其深情在睫,其解意在烟视媚行。性命于戏,下全力为之。曲白有误,稍为订正之,虽后数月,其误处必改削如所语。

【注释】

①楚楚谡谡(sù):风度清雅高迈。

【译文】

　　楚生的容貌并不是很美,但即便是绝世佳人,也没有她的那种风韵。她风姿清雅高迈,孤高存于眉间,深情存于眼睫中,其善解人意存于神态举止中。她将性命系于戏曲,下全力去演戏。曲白有误,稍加订正,即使过去数月,那些错误的地方必定也会按照当初所说的那样改正。

　　楚生多坐驰①,一往深情,摇飏无主②。一日,同余在定香桥,日晡烟生,林木窅冥③,楚生低头不语,泣如雨下,余问之,作饰语以对④。劳心忡忡,终以情死。

【注释】

①坐驰:身形不动但心里却不平静。

②摇飏(yáng)无主:指心神不定。

③窅(yǎo)冥:深邃幽暗。

④饰语:矫饰不实之语。

【译文】

　　楚生经常坐着想心事,因用情专深,故心神不定。有一天,她和我在定香桥,日落烟生,林木幽暗,楚生低着头不说话,泪如雨下,我问她原因,她用掩饰的话来敷衍。整天忧心忡忡,最终因情而死。

扬州瘦马①

扬州人日饮食于瘦马之身者数十百人。娶妾者切勿露意，稍透消息，牙婆、驵侩②，咸集其门，如蝇附膻，撩扑不去③。

【注释】

①瘦马：买来养育以待再贩卖的童女或雏妓。据明谢肇淛《五杂俎》卷八记载："维扬居天地之中，川泽秀媚，故女子多美丽，而性情温柔，举止婉慧。所谓泽气多，女亦其灵淑之气所钟，诸方不能敌也。然扬人习以此为奇货，市贩各处童女，加意装束，教以书、算、琴、棋之属，以邀厚值，谓之'瘦马'。然与性成，与亲生者亦无别矣。"

②牙婆：旧称媒婆、人贩子一类女性为牙婆，或称"牙嫂"。驵侩（zǎng kuài）：原指牲畜交易的中间人，这里指媒婆。

③撩扑：驱逐，轰赶。

【译文】

扬州每天靠瘦马生活的人有几十个乃至上百个。想要娶妾的人千万不能透露想法，稍稍透露出一点儿消息，那些媒婆、人贩子就都会聚集到门口，就像苍蝇趴在膻肉上一样，赶都赶不走。

黎明，即促之出门，媒人先到者先挟之去，其余尾其后，接踵伺之。至瘦马家，坐定，进茶，牙婆扶瘦马出，曰："姑娘拜客。"下拜。曰："姑娘往上走。"走。曰："姑娘转身。"转身向明立，面出。曰："姑娘借手睄睄①。"尽褫其袂②，手出、臂出、肤亦出。曰："姑娘睄相公③。"转眼偷觑，眼出。曰："姑娘几岁了？"曰几岁，声出。曰："姑娘再走走。"以手拉其裙，趾出。然看趾有法，凡出门裙幅先响者，必大；高系其裙，人未出而趾先出者，必小。曰："姑娘请回。"一人进，一人又出。看一家必五六人，咸如之。看中者，用金簪或钗一股插其鬓，曰"插带"。看不中，出钱数百文，赏牙婆或赏其家侍婢，又去看。牙婆倦，又有数牙婆踵伺之。一日、二日至四、五日，不倦亦不尽，然看至五六十人，白面红衫，千篇一律，如学字者，一字写至百至千，连此字亦不认得矣。心与目谋，毫无把柄④，不得不聊且迁就，定其一人。

【注释】

①睄睄（shào）：扫一眼，略看一看。

②褫（chǐ）：夺下，解下。

③相公：旧时对成年男子的敬称。

④把柄：主意，办法。

【译文】

天刚亮，媒婆就催促客人出门，先到的媒婆就可以先把客人带走，其余的就尾随其后，轮番接待。客人到了瘦马家，坐定，上茶，媒婆就扶着瘦马出来，说："姑娘拜客。"于是姑娘下拜。又说："姑娘往上走。"于是姑娘就开始走。又说："姑娘转身。"姑娘就转身朝亮处站着，露出面容。又说："姑娘把手伸出来看看。"于是把袖子全都挽起来，露出手，露出臂，皮肤也露出来。又说："姑娘看着相公。"姑娘就转过眼睛偷看，眼睛露出来。又问："姑娘几岁？"姑娘回答几岁，声音也发出来。又说："姑娘再走走。"用手拉她的裙子，脚也露出来。然而看脚是有办法的，凡是出门裙边先响的，脚一定大；把裙子高高系起，人还没出来而脚先迈出的，脚一定小。又说："姑娘请回。"一人进去，一人又出来。看一家必定得看五六个，都是这样看。有看中的，就用一支金簪或金钗插在女子的鬓发上，这叫做"插带"。看不中意，就拿出几百文钱，赏给媒婆或赏给这家的侍婢，再到别家去看。一个媒婆累了，还有好几个媒婆等着轮换。一天、两天直到四天、五天，既看不厌倦也看不完，然而看到五六十个人之后，感觉白面红衣，千篇一律，就像学写字的人，一个字写了成百上千遍，连这个字都不认得了。心里想的和眼里看的，一点儿主意都没有了，不得不暂且将就一下，定下其中一个人。

插带后，本家出一红单，上写彩缎若干，金花若干①，财礼若干，布匹若干，用笔蘸墨，送客点阅。客批财礼及缎匹如其意，则肃客归②。归未抵寓，而鼓乐、盘担、红绿、羊酒在其门久矣③。不一刻而礼币、糕果俱齐④，鼓乐导之去。去未半里而花轿、花灯、擎燎、火把、山人、傧相、纸烛、供果、牲醴之属⑤，门前环侍。厨子挑一担至，则蔬果、馐馔、汤点、花棚、糖饼、桌围、坐褥、酒壶、杯箸、龙虎寿星、撒帐牵红、小唱弦索之类⑥，又毕备矣。不待复命，亦不待主人命，而花轿及亲送小轿一齐往迎，鼓乐灯燎，新人轿与亲送轿一时俱到矣。新人拜堂，亲送上席，小唱鼓吹，喧阗热闹⑦。日未午而讨赏遽去⑧，急往他家，又复如是。

【注释】

①金花：用金翠珠宝等制成的花朵形首饰。这里泛指女性的首饰。

②肃客：送客。

③盘担：内装盘馔的礼盒担子。红绿：即红绿帖，旧时婚姻所用的订婚凭证。用红、绿二色纸书写，故名。"红帖"是男家向女家求婚的求帖，"绿帖"是女家同意允婚的允帖。羊酒：羊与酒，旧时定亲的礼物。

④礼币：礼物。

⑤山人：从事卜卦、算命等职业的人。牲醴：祭祀时所用的牲畜和甜酒。

⑥撒帐：旧时婚俗，新婚夫妇交拜后，并坐床沿，由妇女散掷金钱彩果。

⑦喧阗（tián）：喧哗。

⑧遽（jù）去：迅速离开。

【译文】

插带之后，这家就会拿出一张红色的纸单，上面写着彩缎若干，金花若干，财礼若干，布匹若干，用毛笔蘸了墨，送给客人点阅。客人批点财礼及缎匹的数量符合心意，就恭敬地把客人送回去。客人还没回到寓所，鼓乐、礼盒担子、红绿帖、赏赐馈赠的礼品都已摆在门口很久了。不一会儿，礼币、糕点、水果都已齐备，鼓乐吹打着引导而去。走了还没半里地，抬花轿的、举花灯的、举火炬火把的、算卦的、接引宾客赞礼的，还有香烛纸钱、供奉用的瓜果、祭祀用的牺牲甜酒之类，都在门前环绕等待。厨子挑着一个担子进来，则蔬果、肴馔、汤点、花棚、糖饼、桌围、坐褥、酒壶、杯箸、龙虎寿星、撒帐牵红、小唱弦索之类东西，又都齐全了。不用等待回话，也不用等主人的命令，花轿和送亲的小轿就一起去接亲，打着鼓乐，点着灯火，新人坐的轿和送亲的轿子一时间都到了。新人拜堂，亲人入席就座，小曲锣鼓，喧哗热闹。还没到中午，那些人就讨了赏钱迅速离开，急忙去往别家，又重复去做这些事情。

卷六

【题解】

这一卷的内容同样丰富而广泛,涉及演剧、工艺、民俗、园艺等诸多领域,皆为作者本人亲历亲闻者,其中给人印象最深的是收藏。

收藏是一个时代盛衰的晴雨表,从中可见风云变迁,可见世态人心。无论是朱氏还是作者的本家叔叔,都将大量时间和精力花费在自己的爱好上,家中珍藏让人眼界大开。作者出身世家,本人受家庭的熏陶和影响,对此也相当痴迷,且兴趣很是广泛,无论是古玩、字画还是书籍,都有不少奇珍异宝。

俗话说,乐极生悲,有聚就必然有散,这是一个无法回避的问题。围绕着这些收藏的获得与失去,作者讲述了一个个惊心动魄的传奇故事。

以下对本卷各文进行简要评述:

《彭天锡串戏》:人家演戏是为了挣钱谋生,这位彭天锡则因此而破家,他本来可以富足一些的,何以如此?无他,太喜爱、太敬业了。为了学一出戏,不惜花费重金,十万家业因此而尽。下这样的大功夫,演出水平之高也就可以想见。一个人的力量也许微不足道,但涓涓细流可以汇成江河,明代戏曲的繁盛就是这样累积的结果。

《目莲戏》:目连戏的演出与一般戏曲不同,带有鲜明的宗教及民俗色彩,民众参与度高。观众齐声呐喊,竟然达到惊动官府的程度,仅此一端,不难想象当时目连戏演出的盛况。本书多有晚明戏曲演出的记述,放在一起,可以看到这一时期江南地区戏曲繁盛的境况,加上作者又是行家里手,很有史料价值。

《甘文台炉》:甘文台不信佛,大肆毁掉佛像是为了造香炉,而人们买他的香炉则是为了烧香拜佛,大家并行不悖,都在认真做自己的事情,这真是奇妙而有趣的循环逻辑。

《绍兴灯景》:作者在本书中多次写到绍兴的放灯,将其作为越中繁华的体现。民俗节庆的吸引力正在于此,属于全民狂欢。每个人都不是旁观者,富人有富人的玩法,穷人有穷人的乐趣,连僧人都可以参加进来,如此热闹、祥和的景象让人感到温暖。经历过国破家亡的不幸,也许只有这些回忆才能让作者继续活下去,完成自己的撰史事业。

《韵山》:著书撞车,古已有之,这是一个典型的例子,三十年的心血,令人惋惜。假如这套大书保存下来,未必没有价值。作者在《诗韵确序》一文中也曾说到祖父的这部《韵山》,并谈及自己对诗韵的看法:"一韵之中,只有数字可用,余皆奇险幽僻,诗中屏弃不用者,多可删去。总之,用险韵决无好诗,查《韵府》必多累句。"

《天童寺僧》:这位老和尚很有意思,将当头棒喝作为不二法门,天天打人,方式也太简单粗暴了。这样说法,很多僧人不仅不能开悟,反而会被他打傻了。作者在《快园道古》一书中也记载了他去天童寺的情景:"天童老和尚开堂说法,多以棒喝加人,手执拄杖,逢人便打。四方进香者以银钱供养,谓见活佛,痛哭悲号,求其超度。陶庵至其寺,调笑老和尚曰:'曾见戏场上狱卒两句上场白,好赠和尚。'老和尚曰:'怎么说?'陶庵曰:'手执无情棍,怀揣滴泪钱。'老和尚大笑。"可为本文之补充。

《水浒牌》:明代陈章侯的水浒叶子如今已成为中国绘画史上的经典之作。作者慧心妙笔,为好友的画作生色不少,画与文相映成趣,彼此增色。陈洪绶曾称赞作者"才大气刚,志远学博"。

《烟雨楼》:明祁豸佳曾称赞作者"笔具化工",说其记游之文有"一种空灵晶映之气,寻其笔墨,又一无所有",本文正体现了这一特点。无论是写景还是记事,作者并没有着意描摹,寥寥几笔,跃然而出,字里行间,又带有空灵之气,回味无穷。晚明小品文名家众多,但成就最高者,还数张岱。

《朱氏收藏》:民间有富不过三代之说,这并非虚言。不管是财富还是收藏,都难以走出这个怪圈。作者看到了这一点,也照样痴迷收藏,直到国破家亡,才算是真正明白过来。该文最后所谈田产之事,作者在《快园道古》一书中亦有记载:"朱文懿当国,其子纳言石门广置田宅。居近南门,凡南门外'坐''朝''问''道'四号田欲买尽无遗,巧取豪夺,略无虚日。外祖陶兰风先生谑之曰:'石门你只管坐朝问道,却忘了垂拱平章。'"但一为"卖尽",一为"买尽",一字之差,文义迥别。

《仲叔古董》:那位淮抚李三才为了争夺一块石头,竟然调动军队,真是太夸张了。估计抗击清兵他都不会这么拼命,有这样的"父母官",大明王朝不灭亡,真是没有"天理"了。幸亏他的官不大,只能在自己的辖区撒撒野,否则,作者的叔父可就吃不了兜着走了。人家都说玩物丧志,这两位都玩到玩物丧命的地步了。

《噱社》:所谓的噱社,相当于现在的段子俱乐部。漏仲容对少年、老人读书、做文章特点的概括,用语俚俗却不失精当,可谓语糙理不糙,颇有启发意义,正如作者所言,"此是格言,非止谐语"。

《鲁府松棚》:鲁府松棚奇,这位鲁王更奇,不知道练的是哪门子功法,天天抱着一段松树睡觉,而且还睡得"滑泽酣酡",莫非也想让自己睡成一棵松树?朱元璋明初分封诸子,散居各地,看似为子孙找到了好出路,个个安享富贵,其实这是害了后代,让他们变为不折不扣的寄生虫,看看明亡后南明小王朝上演的各种闹剧,就知道这些朱氏子孙彻底变成了废物。作者另写有《兖州鲁府松棚歌》一诗,可参看。

《一尺雪》:"种芍药者如种麦",一语写尽当日兖州芍药的盛况。当地种芍药已经成为一种产业,这也算是特色种植吧。

　　《菊海》：本文以"菊海"为题，写出其多、其盛、其艳，极为贴切。与上一篇文章所描绘的"种芍药者如种麦"相映成趣，也许可以改变人们对齐鲁大地粗犷豪迈的印象，多了一些柔美的感觉。

　　《曹山》：张汝霖与陶氏兄弟之间的玩笑属文人之间的风雅趣事，作者在谈及自己的父祖辈时，总是带有一种崇敬和自豪。此事在《快园道古》一书中亦有记载："先大父携声伎往游曹山，陶石梁作《山君檄》讨之，有曰'尔以丝竹，秽我山灵'。大父作《曹山判》曰：'谁云鬼刻神镂，竟是残山剩水。'陶司成见之，谓石梁曰：'文人也，可犯其锋？不若自认。'乃磨崖镌此四字。"另外《越山五佚记》一文亦载其事，可参看。

　　《齐景公墓花樽》：可惜了这对花樽，不仅仅是珍贵，应该很有文物价值，不知今在何处。不少文物就是这样失传的，还不如一直深埋地下。

彭天锡串戏①

　　彭天锡串戏妙天下，然出出皆有传头②，未尝一字杜撰。曾以一出戏，延其人至家，费数十金者，家业十万缘手而尽③。三春多在西湖④，曾五至绍兴，到余家串戏五六十场，而穷其技不尽。

【注释】

　　①串戏：演戏。

　　②传头：来历，根据。

　　③缘手：随手，顺手。

　　④三春：春季三个月，农历正月称孟春，二月称仲春，三月称季春。这里泛指春季。

【译文】

　　彭天锡演戏妙绝天下，然而每出戏都有来历，未曾杜撰一个字。他

曾经为了一出戏，将人请到家里，花费数十两银子，十万家业就这样随手
而尽。春天他大多在西湖，曾经五次到绍兴，到我家演过五六十场戏，却
还没能穷尽其技艺。

　　天锡多扮丑、净①，千古之奸雄佞幸②，经天锡之心肝而
愈狠，借天锡之面目而愈刁，出天锡之口角而愈险。设身处
地，恐纣之恶不如是之甚也③。皱眉眡眼④，实实腹中有剑，
笑里有刀，鬼气杀机，阴森可畏。盖天锡一肚皮书史，一肚
皮山川，一肚皮机械⑤，一肚皮磊砢不平之气⑥，无地发泄，
特于是发泄之耳。

【注释】

①丑、净：戏曲的两种角色行当。

②佞（nìng）幸：靠阿谀奉承得到君主宠幸的奸臣。

③纣：纣王。名辛，商朝的最后一位国君，因残暴昏庸而亡国。

④眡（shì）：同“视”。

⑤机械：机巧。

⑥磊砢（lěi luǒ）：意谓郁结。磊，同“磊”。

【译文】

　　彭天锡多扮演丑角、净角，那些千古奸雄佞臣，经彭天锡的心肠更显
狠毒，借彭天锡的面目更加刁钻，出彭天锡之口更加阴险。设身处地，恐
怕商纣王的恶毒都没达到如此程度。皱眉瞪眼间，确实是腹中有剑，笑里
藏刀，其鬼气杀机，阴森生畏。大概是彭天锡有一肚子诗书，一肚子山川，
一肚子机巧，一肚子郁结的不平之气，无处发泄，特地从这里发泄出来。

　　余尝见一出好戏，恨不得法锦包裹①，传之不朽；尝比

之天上一夜好月，与得火候一杯好茶，只可供一刻受用，其实珍惜之不尽也。桓子野见山水佳处，辄呼"奈何奈何"②！真有无可奈何者，口说不出。

【注释】

①法锦：西南少数民族地区所产的一种丝织品。

②桓子野见山水佳处，辄呼"奈何奈何"：《世说新语·任诞》载："桓子野每闻清歌，辄唤：'奈何！'谢公闻之曰：'子野可谓一往有深情。'"桓子野，桓伊（？—约383），字叔夏，小字子野，谯郡铚（今安徽宿州西南）人。历任淮南太守、豫州刺史、江州刺史。擅长音乐。

【译文】

我曾经看过一出好戏，恨不得用法锦包裹起来，让其流传后世而不朽；曾将其比作天上夜间的一轮好月，和恰当火候的一杯好茶，只能够享用片刻，其实珍惜是没有穷尽的。桓子野见到山水绝胜之处，就会喊"奈何！奈何！"真是有无可奈何的东西啊，言语是表达不出来的。

目莲戏①

余蕴叔演武场搭一大台，选徽州旌阳戏子②，剽轻精悍③，能相扑跌打者三四十人，搬演目莲，凡三日三夜。四围女台百什座④，戏子献技台上，如度索舞絚、翻桌翻梯、觔斗蜻蜓、蹬坛蹬臼、跳索跳圈、窜火窜剑之类⑤，大非情理。凡天神地祇、牛头马面、鬼母丧门、夜叉罗刹、锯磨鼎镬、刀山寒冰、剑树森罗、铁城血澥⑥，一似吴道子《地狱变相》⑦，为之费纸札者万钱⑧，人心惴惴⑨，灯下面皆鬼色。

【注释】

①目连：又称"目犍连""摩诃目犍连目连"。出身于婆罗门，皈依佛教，是释迦牟尼十大弟子之一。传说其母死后堕入饿鬼道，目连以神力得脱母亲苦难。目连戏以此为题材，在民间有着广泛的流传和影响。

②旌阳戏子：对旌阳艺人的俗称。旌阳，即今安徽旌德，明代属宁国府，与徽州毗邻。旌阳艺人或参加徽州戏班，或与徽州艺人联合演出，故当时有"徽州旌阳戏子"之称。

③剽（piào）轻精悍：身体强壮、灵活。

④女台：戏台周围所搭高脚看棚，供财主、官吏家眷看戏。一说指妇女观众席。

⑤縆（gēng）：粗绳。觔（jīn）斗：跟头。

⑥祇（qí）：地神。鼎镬（huò）：旧时以鼎镬烹煮罪犯的酷刑。血澥（xiè）：血海。澥，海。

⑦变相：根据佛经的内容所绘的图像，多绘在石窟、寺院墙壁上或纸帛上。

⑧纸札：纸做的冥器。

⑨惴惴：恐惧害怕的样子。

【译文】

我叔叔张尔蕴在演武场搭了一个大戏台，从徽州旌阳演员中挑选那种身体强壮灵活、会跌打相扑的，有三四十个，让他们搬演目连戏，总共演三天三夜。四周设女子观赏的座位一百多个，演员在台上献技，如走索舞绳、翻桌翻梯、翻筋斗竖蜻蜓、蹬坛蹬臼、跳索跳圈、窜火窜剑之类，都不是常人能想象理解的。凡是天地神灵、牛头马面、鬼母丧门、夜叉罗刹、锯磨鼎镬、刀山寒冰、剑树森罗、地狱血海之类，都像吴道子所绘《地狱变相》里的景象，为制作这些花费了上万钱的纸张，观众内心惊慌，灯下看脸都是鬼色。

戏中套数^①，如《招五方恶鬼》《刘氏逃棚》等剧，万余人齐声呐喊。熊太守谓是海寇卒至^②，惊起，差衙官侦问，余叔自往复之，乃安。

【注释】

①套数：程式，套路。

②熊太守：熊鸣岐，江西丰城人。万历三十五年（1607）进士，当时任绍兴知府。辑有《昭代王章》。

【译文】

戏中的套路，如《招五方恶鬼》《刘氏逃棚》等剧，演出时上万人齐声呐喊。熊太守以为是海盗突袭，惊慌起身，派官吏来侦察询问，我叔父亲自去答复，他才安心。

台成，叔走笔书二对。一曰："果证幽明^①，看善善恶恶随形答响，到底来那个能逃？道通昼夜，任生生死死换姓移名，下场去此人还在。"一曰："装神扮鬼，愚蠢的心下惊慌，怕当真也是如此。成佛作祖，聪明人眼底忽略，临了时还待怎生？"真是以戏说法。

【注释】

①幽明：指生与死，阴间与阳间。

【译文】

戏台搭成，我叔叔走笔写了两副对联。一副是："果证幽明，看善善恶恶随形答响，到底来那个能逃？道通昼夜，任生生死死换姓移名，下场去此人还在。"一副是："装神扮鬼，愚蠢的心下惊慌，怕当真也是如此。成佛作祖，聪明人眼底忽略，临了时还待怎生？"这真是用戏说法。

甘文台炉

香炉贵适用，尤贵耐火。三代青绿[①]，见火即败坏，哥、汝窑亦如之[②]。便用便火，莫如宣炉[③]。然近日宣铜一炉价百四五十金[④]，焉能办之？北铸如施银匠亦佳，但粗夯可厌[⑤]。

【注释】

①三代青绿：夏、商、周时期的青铜器。

②哥、汝窑：哥窑、汝窑。哥窑，宋代五大名窑之一。以纹片精美而闻名，仿古铜器形制，多为陈设瓷器。作者在《夜航船》一书中亦有解释："哥窑：宋时处州章生一与弟章生二皆作窑器。哥窑比弟窑色稍白，而断纹多，号白级碎，曰哥窑，为世所珍。"汝窑，宋代五大名窑之首。以玛瑙入釉，色泽温润柔和，如羊脂玉，极为精美。作者在《夜航船》一书中亦有解释："汝窑：宋以定州白瓷有芒不堪用，遂命于汝州造青色诸器，冠绝邓、耀二州。"

③宣炉：宣德炉，明宣德年间铸造的一种铜质香炉。

④宣铜：作者在《夜航船》一书中有解释："宣铜：宣德年间三殿火灾，金银铜熔作一块，堆垛如山。宣宗发内库所藏古窑器，对临其款，铸为香炉、花瓶之类，妙绝古今，传为世宝。"

⑤粗夯（bèn）：粗糙。

【译文】

香炉贵在适用，尤其贵在耐火。夏、商、周三代的青铜器，见到火就损坏了，宋代的哥窑、汝窑也是如此。使用方便且耐火的，没有比得上宣德炉的。然而近日一个宣铜铸的炉子价格竟要一百四五十两银子，哪里能买得起呢？北边施银匠铸造的香炉也不错，但制作粗糙，令人生厌。

苏州甘回子文台，其拨蜡范沙[①]，深心有法，而烧铜色等分两,与宣铜款致分毫无二,俱可乱真②,然其与人不同者,尤在铜料。甘文台以回回教门不崇佛法,乌斯藏渗金佛③,见即锤碎之,不介意,故其铜质不特与宣铜等,而有时实胜之。甘文台自言佛像遭劫已七百尊有奇矣。余曰:"使回回国别有地狱,则可。"

【注释】

①拨蜡范沙:铸造香炉、金属印章或人像的一种方法。先雕刻蜡模,外面用泥作范,然后再熔金属注入泥范。

②乱真:仿造得很像,让人难辨真伪。

③乌斯藏:明时对西藏的称呼。渗(shèn):混合、掺杂。

【译文】

苏州回族人甘文台,铸造香炉自有他的心得妙法,他烧铸的铜色分量和宣铜的样式完全一致,都可以假乱真。他与别人不同的地方,主要在于铜料。甘文台因信奉伊斯兰教不尚佛法,西藏产的那些掺有金子的佛像,他见到就会把它们锤碎,并不当一回事,因此其铜质不光与宣铜一样,有时甚至能胜过它。甘文台自己说他毁坏的佛像已超过七百尊了。我说:"假如你的信仰世界里另有一个地狱,你才可以这样做。"

绍兴灯景

绍兴灯景为海内所夸者无他,竹贱、灯贱、烛贱。贱,故家家可为之;贱,故家家以不能灯为耻。故自庄逵以至穷檐曲巷①,无不灯、无不棚者。棚以二竿竹搭过桥,中横一竹,挂雪灯一②,灯球六③。大街以百计,小巷以十计。从巷口回视巷内,复叠堆垛,鲜妍飘洒④,亦足动人。

【注释】

①庄逵：大路。穷檐：代指茅舍、破屋。

②雪灯：用雪制作的灯。

③灯球：一种圆形的灯。

④妍（yán）：美丽。

【译文】

绍兴灯景被海内夸赞没别的原因，主要是竹子便宜、灯便宜、花烛便宜。因为原料便宜，所以家家都可以做；因为便宜，所以家家都以不能制灯为耻。所以从宽街大路到茅舍曲巷，没有不张灯的，没有不搭棚的。灯棚用两根竹竿搭成过桥，中间横着一根竹竿，挂一盏雪灯，六盏灯球。大街上的灯棚数以百计，小巷里的灯棚数以十计。从巷口往巷子里看，灯棚层层叠叠，鲜艳飘扬，也足以动人。

　　十字街搭木棚，挂大灯一，俗曰"呆灯"，画《四书》《千家诗》故事，或写灯谜，环立猜射之。庵堂寺观以木架作柱灯及门额，写"庆赏元宵""与民同乐"等字。佛前红纸荷花琉璃百盏，以佛图灯带间之，熊熊煜煜①。庙门前高台鼓吹五夜，市廛②，如横街轩亭、会稽县西桥，闾里相约③，故盛其灯，更于其地斗狮子灯，鼓吹弹唱，施放烟火，挤挤杂杂。小街曲巷有空地，则跳大头和尚，锣鼓声错，处处有人团簇看之。城中妇女多相率步行，往闹处看灯；否则，大家小户杂坐门前，吃瓜子、糖豆，看往来士女，午夜方散。乡村夫妇多在白日进城，乔乔画画④，东穿西走，曰"钻灯棚"，曰"走灯桥"。天晴，无日无之。

【注释】

①熊熊煜煜（yù）：灯火辉煌的样子。

②市廛（chán）：店铺集中的地方。

③闾里：乡里。泛指民间。

④乔乔画画：打扮得花枝招展、漂漂亮亮的样子。

【译文】

人们在十字街头搭座木棚，挂一盏大灯，俗称"呆灯"，上面画着《四书》《千家诗》中的故事，或者写上灯谜，人们站在四周来猜。庵堂、寺庙、道观用木架做柱灯和门额，上面写着"庆赏元宵""与民同乐"等字。佛像前摆着上百盏红纸做的荷花琉璃灯，中间夹杂着佛图灯带，灯火辉煌。庙门前的高台，要锣鼓奏乐五夜，集市如横街的轩亭、会稽县的西桥，乡里相约，因此花灯十分繁盛，还有在那里赛狮子灯的，吹拉弹唱，燃放烟火，人群拥挤混杂。小街曲巷有空地，就在那里跳大头和尚舞，锣鼓之声交错，到处都有人聚在一团观看。城中的妇女大多相随着步行，到热闹的地方看灯；不然的话，大家小户的女眷就坐在家门口，吃瓜子、糖豆，看往来的男女，直到午夜才散去。村里的夫妇大多白天进城，打扮得花枝招展，漂漂亮亮，东穿西走，叫做"钻灯棚"，也叫做"走灯桥"。只要是晴天，就没有一天不是如此的。

　　万历间，父叔辈于龙山放灯，称盛事，而年来有效之者①。次年，朱相国家放灯塔山②，再次年，放灯蕺山③。蕺山以小户效颦④，用竹棚，多挂纸魁星灯。有轻薄子作口号嘲之曰⑤："蕺山灯景实堪夸，篛篰竿头挂夜叉⑥。若问搭彩是何物，手巾脚布神袍纱。"繇今思之，亦是不恶。

【注释】

①效：学习，效仿。

②朱相国:朱赓。详见本书卷三"朱文懿家桂"。塔山:又名"怪
　山""龟山",在今浙江绍兴,与府山、蕺山鼎足而立。因山上有应
　天塔,故名。

③蕺(jí)山:又名"王家山",在今浙江绍兴。蕺,即蕺草,也称"岑
　草",传说越王勾践败于吴国后,曾在这里采蕺草而食,故名。

④效颦(pín):即东施效颦故事,典出《庄子·天运》:"西施病心而
　矉其里,其里之丑人见而美之,归亦捧心而矉其里。"后人称故事
　中的丑人为东施,将机械模仿称作"东施效颦"或"效颦"。

⑤轻薄子:言行轻浮不庄重的人。

⑥箶簩(hú xiǎo):细竹。

【译文】

万历年间,我的父亲叔叔辈在龙山放灯,被称为盛事,其后历年都有
效仿者。第二年,朱相国家在塔山放灯,再一年,在蕺山放灯。蕺山放灯
有小户人家效仿,用竹棚,多挂着纸做的魁星灯。有轻浮的人编顺口溜
嘲讽道:"蕺山灯景实堪夸,箶簩竿头挂夜叉。若问搭彩是何物,手巾脚
布神袍纱。"现在想来,这样效仿也是不错的。

韵山

大父至老,手不释卷,斋头亦喜书画、瓶几布设。不数
日,翻阅搜讨,尘堆砚表,卷帙正倒参差。常从尘砚中磨墨
一方,头眼入于纸笔,潦草作书生家蝇头细字。日晡向晦①,
则携卷出帘外,就天光,爇烛②,檠高光不到纸③,辄倚几携
书就灯,与光俱颓④,每至夜分,不以为疲。

【注释】

①日晡(bū):指傍晚。晦:夜晚。

②爇（ruò）：点燃。

③檠（qíng）：灯架。

④颒（fǔ）：看。

【译文】

　　我祖父一直到老，都手不释卷，书斋里也喜欢摆设些书画瓶几。但过不了几天，翻箱倒柜找东西，砚台上落满灰尘，书籍也放得正反颠倒。祖父常在落满灰尘的砚台中磨墨，头眼深深扎进纸笔中，潦草地写着书生家的蝇头小字。日落时分，天色渐暗，就带着书到帘外，借外面的天光看书；点燃蜡烛，烛台太高，光照不到纸上，他就倚着几案拿书靠近灯光，随着灯光看，每每读书到半夜，也不感到疲倦。

　　常恨《韵府群玉》《五车韵瑞》寒俭可笑①，意欲广之。乃博采群书，用淮南大、小山义②，摘其事曰《大山》，摘其语曰《小山》，事语已详本韵而偶寄他韵下曰《他山》，脍炙人口者曰《残山》，总名之曰《韵山》。小字襞绩③，烟煤残楮④，厚如砖块者三百余本。一韵积至十余本，《韵府》《五车》不啻千倍之矣⑤。正欲成帙，胡仪部青莲携其尊人所出中秘书⑥，名《永乐大典》者，与《韵山》正相类，大帙三十余本，一韵中之一字犹不尽焉。大父见而太息曰："书囊无尽，精卫衔石填海⑦，所得几何！"遂辍笔而止。

【注释】

①《韵府群玉》：古代韵书，元人阴时夫著。全书共二十卷，分韵一百零六部，摘录典故、词汇，隶于各韵之下。《五车韵瑞》：古代韵书，明人凌稚隆著。该书仿阴时夫《韵府群玉》而成，共一百六十卷，分经、史、子、集、杂五部。

②淮南大、小山：东汉王逸《楚辞章句·招隐士序》："昔淮南王安博雅好古，招怀天下俊伟之士。自八公之徒，咸慕其德而归其仁，各竭才智，著作篇章，分造辞赋，以类相从，故或称小山，或称大山，其义犹《诗》有小雅、大雅也。"

③襞（bì）积：重叠、堆积。这里是说书上的字密密麻麻。

④楮（chǔ）：纸的代称。

⑤不啻（chì）：不止。

⑥仪部：礼部主事及郎中的别称。胡青莲：胡敬辰，字直卿，号青莲，浙江余姚人。天启二年（1622）进士，历任江西驿传道、光禄寺录事。著有《檀雪斋集》。尊人：父亲，即胡敬辰的父亲胡维新（1534—1606），字云屏。嘉靖三十八年（1559）进士，历任江西巡按御史、扬州推官、陕西布政使司右参政。中秘书：掌管宫廷藏书的机构。

⑦精卫衔石填海：古代神话故事，典出《山海经》卷三《北山经》："北二百里，曰发鸠之山，其上多柘木，有鸟焉，其状如乌，文首，白喙，赤足，名曰精卫，其鸣自詨。是炎帝之少女，名曰女娃。女娃游于东海，溺而不返，故为精卫，常衔西山之木石，以堙于东海。"

【译文】

祖父常埋怨《韵府群玉》《五车韵瑞》寒碜可笑，想要进行扩充。于是博采群书，用淮南王的大山、小山之义，将摘录事典的叫《大山》，摘录言语的叫《小山》，事典、语典在本韵中详细摘录过又偶尔出现在别的韵下的叫《他山》，其他脍炙人口的叫《残山》，以上总称《韵山》。小字密密麻麻，黑墨残纸，像砖块那么厚的有三百多本。一个韵累积到十多本，较《韵府》《五车》扩充的不止上千倍。正要整理成书，仪部胡青莲带来他父亲从中秘书带出的藏书，叫《永乐大典》，与《韵山》正相似，大开本三十多本，连一个韵中的一个字都没完结。祖父见到后叹息着说："书籍是没法穷尽的，即便像精卫衔石填海那样，又能得到多少呢！"于是停笔不做了。

以三十年之精神，使为别书，其博洽应不在王弇州、杨升庵下①。今此书再加三十年，亦不能成，纵成亦力不能刻。笔冢如山②，只堪覆瓿③，余深惜之。丙戌兵乱④，余载往九里山，藏之藏经阁，以待后人。

【注释】

①博洽：学识广博。王弇州：王世贞，号弇州山人。杨升庵：杨慎（1488—1559），字用修，号升庵，新都（今四川成都新都区）人。正德六年（1511）中状元，历任翰林院修撰、经筵讲官。以诗文名于世，著有《升庵集》等。

②笔冢：典出唐李肇《唐国史补》："长沙僧怀素好草书，自言得草圣三昧，弃笔堆积，埋于山下，号曰'笔冢'。"

③覆瓿（fǒu）：当为"覆瓿（bù）"，指书没有发挥其价值。

④丙戌：顺治三年（1646）。

【译文】

凭着三十年的精力，让祖父去写别的书，其博学应不在王弇州、杨升庵之下。现在这部书再增加三十年也不能完成，即使成书也无力刊刻。弃笔堆积成山，写成的书也只能用来盖瓶子，我深深感到惋惜。丙戌年遇上兵乱，我把书运到九里山，藏在藏经阁里，来等待后人。

天童寺僧①

戊寅②，同秦一生诣天童访金粟和尚③。至山门，见万工池绿净可鉴须眉，傍有大锅覆地，问僧。僧曰："天童山有

龙藏,龙常下饮池水,故此水刍秽不入④。正德间⑤,二龙斗,
寺僧五六百人撞钟鼓撼之,龙怒,扫寺成白地,锅其遗也。"

【注释】

①天童寺:在今浙江宁波。始建于西晋永康元年(300),有东南佛
　国之称,为我国五大丛林之一。

②戊寅:崇祯十一年(1638)。

③诣:到。特指到尊长那里去。天童:天童山,在浙江宁波。作者在
　《夜航船》一书中亦有介绍:"天童山:在鄞县。晋僧义兴卓锡于此,
　有童子给役薪水,久之辞去,曰:'吾太白神也,上帝命侍左右。'
　言讫不见。遂名'太白山',又名'天童山'。"金粟和尚:园悟,字
　觉初,号密云,明代高僧。俗姓蒋,江苏宜兴人。历主金粟、天童
　诸寺。其在金粟寺时影响较大,信徒尊称其为"金粟和尚"。

④刍秽:柴草等污秽物。

⑤正德:明武宗朱厚照年号(1506—1521)。

【译文】

　　崇祯戊寅年,我与秦一生到天童寺拜访金粟和尚。到了山门,见万
工池碧绿澄澈得可以照见须发眉毛,旁边有口大锅盖在地上,就问僧人。
僧人说:"天童山上有龙藏身,龙常下来饮池里的水,因此池水没有污秽。
正德年间,有两条龙争斗,寺里五六百名僧人击鼓撞钟吓唬它,结果龙发
怒了,将寺庙夷为平地,锅就是那时遗留下来的。"

　　入大殿,宏丽庄严。折入方丈①,通名刺②。老和尚见
人便打,曰"棒喝"③。余坐方丈,老和尚迟迟出。二侍者执
杖、执如意先导之④,南向立,曰:"老和尚出。"又曰:"怎么
行礼?"盖官长见者皆下拜,无抗礼。余屹立不动,老和尚
下行宾主礼。侍者又曰:"老和尚怎么坐?"余又屹立不动,

老和尚肃余坐。

【注释】

①方丈：佛寺或道观中住持住的房间，因住持的居室四方各为一丈，故名。

②名刺：名片，名帖。

③棒喝：佛教用语。禅师启发弟子，或用棒打，或大喝一声，使弟子开悟。

④如意：用骨角、竹木削成人手爪形，有长柄，可用以搔背部的痒，故称"如意"。

【译文】

进入大殿，里面宏丽庄严。转到住持所在的居室，递上名帖。听说老和尚见人便打，说这叫"棒喝"。我坐在方丈室里，老和尚过了很久才出来。两位侍者手持仪杖、如意在前面带路，随后朝南站着，说道："老和尚出。"又说："怎么行礼？"大概官员、长者见到老和尚都要下拜，没有抗礼的。我站在那里不动，老和尚只好下来对我行宾主之礼。侍者又说："老和尚怎么坐？"我又站在那里不动，老和尚只好请我坐下。

坐定，余曰："二生门外汉，不知佛理，亦不知佛法，望老和尚慈悲，明白开示①。勿劳棒喝，勿落机锋②，只求如家常白话，老实商量，求个下落。"老和尚首肯余言，导余随喜③。蚤晚斋方丈，敬礼特甚。

【注释】

①开示：尊称高僧大德的教诲。

②机锋：佛教禅宗以含义深刻、不漏迹象的言语彼此问答，相互启发领悟，类似弓弩触机而发出锋锐，所以称为"机锋"。

③随喜：此处指游览寺院。

【译文】

坐下来后，我说："我们二人是门外汉，不知道佛理，也不通晓佛法，希望老和尚大发慈悲，明白开示我们。不劳烦您棒喝，也不要隐藏机锋，只求像平常说话那样，诚心商量，求个明白。"老和尚点头同意我的话，带我游览寺院。这天早晚都在方丈那里吃饭，老和尚对我们很是礼遇。

余遍观寺中僧匠千五百人，俱舂者、碓者、磨者、甑者、汲者、爨者、锯者、劈者、菜者、饭者①，狰狞急遽②，大似吴道子一幅《地狱变相》。老和尚规矩严肃，常自起撞人，不止"棒喝"。

【注释】

①碓（duì）：一种舂米的设备。甑（zèng）：旧时蒸饭的一种瓦器，底部有许多透气的孔格，置于鬲上蒸煮，如同现代的蒸锅。爨（cuàn）：烧火做饭。

②急遽（jù）：急速，快速。

【译文】

我遍览寺里一千五百多僧匠，都是舂粮的、舂米的、推磨的、蒸饭的、打水的、烧火的、锯木的、劈柴的、洗菜的、做饭的，面目狰狞，都是急匆匆的样子，很像吴道子的一幅《地狱变相》图。老和尚规矩很严，常常亲自动手打人，不只是"棒喝"而已。

水浒牌①

古貌、古服、古兜鍪、古铠胄、古器械②，章侯自写其所学所问已耳，而辄呼之曰宋江，曰吴用，而宋江、吴用亦无不应者，以英雄忠义之气，郁郁芊芊③，积于笔墨间也。

【注释】

①水浒牌：水浒叶子，即一种由陈洪绶所绘水浒人物的酒牌，做酒筹、酒令之用。作者写有《水浒牌四十八人赞》，可参看。

②兜鍪（móu）：古代士兵作战时所戴的头盔。铠胄（zhòu）：铠甲。

③郁郁芊芊（qiān）：气盛的样子。

【译文】

古朴的形貌、古老的服饰、古代的头盔、古代的铠甲、古代的器械，章侯不过是把自己所学所问画出来而已，直接叫宋江、叫吴用，宋江、吴用也没有不回应的，因为英雄的忠义气概，如树木般郁郁葱葱，积于笔墨之间。

周孔嘉丐余促章侯①，孔嘉丐之，余促之，凡四阅月而成。余为作缘起曰：

余友章侯，才足扙天②，笔能泣鬼。昌谷道上，婢囊呕血之诗③；兰渚寺中，僧秘开花之字④。兼之力开画苑，遂能目无古人，有索必酬，无求不与。既蠲郭恕先之癖⑤，喜周贾耘老之贫⑥，画《水浒》四十人，为孔嘉八口计，遂使宋江兄弟，复睹汉官威仪。伯益考著《山海》遗经⑦，兽毡鸟氄⑧，皆拾为千古奇文；吴道子画《地狱变相》，青面獠牙，尽化作一团清气。收掌付双荷叶，能月继三石米，致二斗酒，不妨持赠⑨；珍重如柳河东⑩，必日灌蔷薇露，薰玉蕤香⑪，方许解观。非敢阿私，愿公同好。

【注释】

①周孔嘉：作者好友。作者曾在《越山五佚记》一文中提及："天启五年，姑苏周孔嘉僦居于轩亭之北，余每至其家，剧谈竟日。"丐：请求。

②掞（yàn）：这里是照耀的意思。

③昌谷道上，婢囊呕血之诗：典出唐李商隐《李长吉小传》："（李贺）恒从小奚奴，骑距驴，背一古破锦囊，遇有所得，即书投囊中。及暮归，太夫人使婢受囊出之，见所书多，辄曰：'是儿要当呕出心乃已尔。'"

④兰渚寺中，僧秘开花之字：据唐何延之《兰亭记》记载，王羲之《兰亭序》传至后人智永，智永再付弟子辨才。辨才珍藏，秘不示人。唐太宗求之不得，派萧翼设计骗走。作者在《夜航船》一书中亦有介绍："兰亭真本：王右军写《兰亭记》，韵媚道劲，谓有神助。后再书数十余帧，俱不及初本。右军传于徽之，徽之传七世孙智永，智永传弟子辨才，辨才被御史萧翼赚入库内，殉葬昭陵。"开花之字，典出唐张怀瓘《书议》："（王献之）若风行雨散，润色开花，笔法体势之中最为风流者也。"另据作者《古兰亭辨》一文云："兰亭真本，辨才死守，什袭藏之，不许人见。后被萧翼赚出，走至半途，袖中偷看，遍地花开。"

⑤蠲（juān）：免除。郭恕先：郭忠恕（？—977），字恕先，河南洛阳人。曾任宗正丞兼国子书学博士、国子监主簿。擅长丹青。传世之作有《雪霁江行图》等。

⑥贾耘老：贾收，号耘老，乌程（今浙江湖州）人。曾得到苏轼的周济。

⑦伯益考著《山海》遗经：作者在《夜航船》一书中有介绍："金简玉字：大禹登宛委山，发石匮，得金简玉字之书，言治水之要，周行天下。伯益记之为《山海经》。"

⑧毨（xiǎn）：形容毛羽更生、齐整的样子。氄（rǒng）：鸟兽细软而

茂密的绒毛。

⑨"收掌"四句：语出宋苏轼《答贾耘老四首》之四："念贾处士贫甚，无以慰其意，乃为作怪石古木一纸，每遇饥时，辄以开看，还能饱人否？若吴兴有好事者，能为君月致米三石，酒三斗，终君之世者，便以赠之。不尔者，可令双荷叶收掌，须添丁长，以付之也。"

⑩柳河东：柳宗元（773—819），字子厚，河东（今山西运城、永济一带）人。历任县尉、监察御史、永州司马、柳州刺史等。唐代古文运动的发起者，也是唐宋八大家之一。著有《柳河东集》。

⑪蔷薇露、玉蕤（ruí）香：典出后唐冯贽《云仙杂记·玉蕤香》："《好事集》曰：'柳宗元得韩愈所寄诗，先以蔷薇露灌手，熏以玉蕤香，然后发读，曰："大雅之文，正当如是。"'"蔷薇露，蔷薇水，俗称"花露水"，一种香水名。《陈氏香谱·蔷薇水》记载："后周显德五年，昆明国献蔷薇水十五瓶，得自西域，以之洒衣，衣敝而香不灭。"宋蔡绦《铁围山丛谈》卷五："旧说蔷薇水乃外国采蔷薇花上露水，殆不然，实用白金为甑，采蔷薇花蒸气成水，则屡采屡蒸，积而为香，此所以不败。"

【译文】

周孔嘉请我催促陈章侯，孔嘉请求，我催促，总共用了四个月时间才完成。我为它写了缘起如下：

我的朋友陈章侯，才气足以光耀天宇，运笔能使鬼神哭泣。像李贺路上苦吟，呕心沥血作诗；像王羲之苦练书法，墨宝被僧人秘藏。加之在画坛自成一派，因此能目无古人，有要的一定给，没有请求不满足的。既免除郭恕先那样对书画的癖好，也喜欢周济贾耘老这样的穷人，画了《水浒》中的四十人，为孔嘉家里八口人考虑，就使得宋江兄弟，又能看到汉官的威仪。伯益考作《山海经》，兽皮鸟羽，都能采集写为千古奇文；吴道子画《地狱变相》，青面獠牙，全部化作一团清气。像苏轼所说的，先令内人掌管，若能每月得三石米，得二斗酒，则不妨赠予；和柳宗元一样珍惜，必定每天以蔷薇露灌手，以玉蕤香薰，方能打开来看。不敢存有私心，愿与诸君一同欣赏。

烟雨楼①

嘉兴人开口烟雨楼，天下笑之，然烟雨楼故自佳。楼襟对莺泽湖②，淁淁濛濛③，时带雨意，长芦高柳，能与湖为浅深。

【注释】

①烟雨楼：在今浙江嘉兴南湖湖心岛上。始建于五代，位置在湖滨，楼名由唐代诗人杜牧诗句"南朝四百八十寺，多少楼台烟雨中"而来。明嘉靖二十七年（1548），嘉兴知府赵瀛填南湖成湖心岛，在岛上依原貌重建烟雨楼。登楼远望，南湖一带秀美风光，尽收眼底。

②楼襟（jīn）对莺泽湖："襟"在衣服之前，这里代指前面，即楼的前面是莺泽湖。莺泽湖，即南湖，原名"澂湖""马场湖"，在今浙江嘉兴。

③淁淁濛濛：烟雨迷茫、景色朦胧的样子。

【译文】

嘉兴人一开口就说烟雨楼，被天下人取笑，然而烟雨楼的景色本来就很美。楼前对着莺泽湖，云雾迷蒙，时常带着雨意，纤长的芦苇、高大的柳树，能与湖水深浅相映。

湖多精舫，美人航之，载书画茶酒，与客期于烟雨楼。客至，则载之去，舣舟于烟波缥缈①。态度幽闲，茗炉相对，意之所安，经旬不返。舟中有所需，则逸出宣公桥、甪里街②，果蓏蔬鲜，法膳琼苏③，咄嗟立办④，旋即归航。柳湾桃坞，痴迷仵想，若遇仙缘，洒然言别，不落姓氏。间有倩女离魂⑤，文君新寡⑥，亦效颦为之。淫靡之事，出以风韵，习俗之恶，愈出愈奇。

【注释】

①舣（yǐ）舟：停船。缥缈（piāo miǎo）：隐约，若隐若现的样子。

②宣公桥：在浙江嘉兴城东，相传为唐宰相陆贽所建。该桥于1969年拆除，今已不存。宣公，陆贽（754—805），字敬舆，浙江嘉兴人。唐代宗大历年间进士，历任翰林学士、中书舍人、中书侍郎、同门下平章事等。卒谥宣公。著有《翰苑集》等。甪（lù）里街：原名"甪里坊"，在浙江嘉兴城东。

③法膳：帝王所用膳食。这里泛指美味佳肴。琼苏：古代美酒名。这里泛指美酒。

④咄嗟：片刻之间，霎时。

⑤倩女离魂：典出唐陈玄祐小说《离魂记》。写张倩娘与表兄王宙相爱，但父亲将其另许他人。倩娘魂魄离开躯体，与王宙结为夫妻。后世许多戏曲以此为题材。

⑥文君新寡：卓文君丧夫后，与司马相如相恋，两人私奔到成都。《西京杂记》卷二载："司马相如初与卓文君还成都，居贫愁懑，以所着鹔鹴裘就市人阳昌贳酒，与文君为欢。既而文君抱颈而泣曰：'我平生富足，今乃以衣裘贳酒。'遂相与谋，于成都卖酒。相如亲着犊鼻裈涤器，以耻王孙。王孙果以为病，乃厚给文君。文君遂为富人。文君姣好，眉色如望远山。脸际常若芙蓉，肌肤柔滑如脂。十七而寡，为人放诞风流，故悦长卿之才而越礼焉。长卿素有消渴疾，及还成都，悦文君之色，遂以发痼疾。乃作《美人赋》，欲以自刺，而终不能改，卒以此疾至死。文君为诔，传于世。"

【译文】

　　湖上有很多精美的小船，由美人撑船，船上载着书画茶酒，与客人相会在烟雨楼。客人到了，就载着他离开，把船停在烟波缥缈的水面上。大家神色悠闲，相对品茗，把这里当做安心之处，呆十多天都不回去。船上需要什么东西，就开到宣公桥、角里街，新鲜果蔬，佳肴美酒，立刻就能置办，很快就可以返航。柳湾、桃坞这样的地方，引人痴迷遐想，如若遇见一段仙缘，就潇洒离去，不留姓名。偶尔出现倩女离魂、卓文君新寡这样的事，也效仿着去做。这些淫靡之事，以风韵的形式出现，习俗之恶，越来越离奇。

朱氏收藏

　　朱氏家藏，如龙尾觥、合卺杯①，雕镂锲刻，真属鬼工，世不再见。余如秦铜汉玉、周鼎商彝、哥窑倭漆、厂盒宣炉、法书名画、晋帖唐琴②，所畜之多，与分宜埒富③，时人讥之。

【注释】

①觥（gōng）：古代的一种酒器。腹椭圆，上有提梁，多兽形。合卺（jǐn）：指旧时结婚，男女同饮交杯酒之礼。

②倭（wō）漆：日本漆。作者在《夜航船》一书中有介绍："倭漆：漆器之妙，无过日本。宣德皇帝差杨瑄往日本教习数年，精其技艺。故宣德漆器比日本等精。"厂盒：一种漆盒。作者在《夜航船》一书中有介绍："厂盒：古延厂永乐年间所造，重枝叠叶，坚若珊瑚，稍带沉色。新厂宣德年间所造，雕镂极细，色若朱砂，鲜艳无比。有蒸饼式、甘蔗节二种，愈小愈妙，享价极重。"

③分宜：指严嵩，因其为江西分宜人，故称。埒（liè）：相等，相当。

【译文】

朱家的收藏，如龙尾觥、合卺杯，精雕细琢，真可谓鬼斧神工，世上难以再见。其他像秦铜汉玉、周鼎商彝、哥窑倭漆、厂盒宣炉、名家字画、晋帖唐琴等，收藏之多，可以与严嵩相抗衡，受到当时人的讥讽。

余谓博洽好古，犹是文人韵事。风雅之列，不黜曹瞒^①；赏鉴之家，尚存秋壑^②。诗文书画未尝不抬举古人，恒恐子孙效尤^③，以袖攫石、攫金银以赚田宅，豪夺巧取，未免有累盛德。闻昔年朱氏子孙，有欲卖尽"坐""朝""问""道"四号田者，余外祖兰风先生谑之曰^④："你只管坐朝问道，怎不管垂拱平章^⑤？"一时传为佳话。

【注释】

① 黜（chù）：排斥，排除。曹瞒：曹操（155—220），字孟德，小名阿瞒，沛国谯县（今安徽亳州）人。三国时期政治家、军事家。著有《魏武帝集》。作者在《西湖梦寻》卷五"三茅观"一则中亦谈及曹操、贾似道风雅鉴赏事："余尝谓曹操、贾似道千古奸雄，乃诗文中之有曹孟德，书画中之有贾秋壑，觉其罪业滔天，减却一半。方晓诗文书画，乃能忏悔恶人如此。凡人一窍尚通，可不加意诗文，留心书画哉？"

② 秋壑：贾似道（1213—1275），字师宪，号秋壑，浙江台州人。嘉熙二年（1238）进士，历任江州知州、同知枢密院事、右丞相等。著有《奇奇集》《悦生堂随钞》《促织经》等。作者在《西湖梦寻》卷一"大佛头"一则中亦有介绍："贾秋壑为误国奸人，其于山水书画骨董，凡经其鉴赏，无不精妙。"

③ 效尤：故意仿效错误的行为。

④谑：开玩笑。

⑤坐朝问道、垂拱平章：贤君端坐朝堂，探讨治国之道；群臣垂衣拱
　　手，一起共商国是。语出《千字文》："坐朝问道，垂拱平章。爱育
　　黎首，臣伏戎羌。"系由《尚书·武成》"惇信明义，崇德报功，垂
　　拱而天下治"及《尚书·尧典》中的"九族既睦，平章百姓"等语
　　演变而来。由于《千字文》十分普及，影响深远，后世常用《千字
　　文》的文字顺序来计数，一些商贾、店铺的账簿、地主的田地、书
　　卷的编号，甚至连科举考试的试卷页码，都采用《千字文》的字序
　　来编排。

【译文】

　　我认为博学好古，仍然是文人的韵事。风雅之士并不排斥曹阿瞒，
鉴赏之家中也有贾似道这样的人。诗文书画往往以古为贵，常常担忧子
孙效仿，靠攫取金银玉石来赚取田宅，巧取豪夺，不免连累了祖上深厚的
功德。听说当年朱氏子孙中有想要卖光"坐""朝""问""道"四号田的，
我的外祖父兰风先生调侃道："你只管坐朝问道，怎么不管垂拱平章呢？"
一时传为佳话。

仲叔古董

　　葆生叔少从渭阳游①，遂精赏鉴。得白定炉、哥窑瓶、官
窑酒匜②，项墨林以五百金售之③，辞曰："留以殉葬。"

【注释】

①渭阳：朱敬循，号渭阳。

②白定炉：定窑所烧的一种瓷器。作者在《夜航船》一书中有介绍：
　　"定窑：有白定、花定，制极质朴，其色呆白，毫无火气。"官窑：宋
　　代宫廷自建窑，烧造瓷器，故称。作者在《夜航船》一书中有介

绍："官窑：宋政和间，汴京置窑，章生二造青色，纯粹如玉，虽亚于汝，亦为世所珍。"酒匜(yí)：酒器。

③项墨林：项元汴(1525—1590)，字子京，号墨林山人，又号香岩居士、退密斋主人，浙江嘉兴人。收藏书画颇富，精于鉴赏。售：购买，求购。

【译文】

葆生叔年少时跟随朱渭阳游学，因而精通赏鉴。他得到白定炉、哥窑瓶、官窑酒匜，项墨林拿五百两银子求购，葆生叔推辞道："这些东西我留着用来殉葬。"

癸卯①，道淮上。有铁梨木天然几②，长丈六、阔三尺，滑泽坚润，非常理。淮抚李三才百五十金不能得③，仲叔以二百金得之，解维遽去④。淮抚大恚怒⑤，差兵蹑之，不及而返。

【注释】

①癸卯：万历三十一年(1603)。

②铁梨木：又名"愈疮木"，一种常绿乔木。质地坚韧，多用于制作家具、造船。

③李三才(？—1623)：字道甫，号修吾，顺天通州(今北京通州)人。万历二年(1574)进士，曾任淮阳巡抚。

④解维：解开缆索。指开船。

⑤恚(huì)怒：恨怒。

【译文】

万历癸卯年，葆生叔经过淮上。当地有个铁梨木材质的天然几案，六丈长，三尺宽，光滑亮泽，坚实柔润，有着不是寻常能见到的纹理。淮抚李三才花一百五十两银子没能买下来，葆生叔用二百两银子得到了，随即解绳开船离开。淮抚大怒，派兵追踪，最终没追上，空手而回。

　　庚戌①，得石璞三十斤，取日下水涤之，石罅中光射如
鹦哥祖母②，知是水碧③，仲叔大喜。募玉工仿朱氏龙尾觥
一，合卺杯一，享价三千，其余片屑寸皮，皆成异宝。仲叔赢
资巨万，收藏日富。

【注释】

①庚戌：万历三十八年（1610）。

②石罅（xià）：石缝。罅，缝隙。鹦哥祖母：即鹦哥绿、祖母绿，一种
　十分名贵的绿色翡翠。作者在《夜航船》一书中亦有介绍："祖母
　绿：亦宝石。绿如鹦哥毛，其光四射，远近看之，则闪烁变幻，武将
　上阵，取以饰盔，使射者目眩，箭不能中。"此外作者还写有《小美
　人觥铭》，其序云："二酉叔收藏。汉铜小美人觥，长尺有三寸，半
　截花纹，浑身翡翠。"

③水碧：又名"紫晶"，一种稀见的水晶。

【译文】

　　万历庚戌年，葆生叔得到一块三十斤重的石璞，取太阳下的温水清
洗，从石缝中反射出祖母绿一样的光芒，知道这是水碧，葆生叔十分高
兴。他招募玉匠仿制了朱家的一件龙尾觥、一件合卺杯，价值三千两，其
他的边角碎料，也都是异宝。葆生叔赚得巨额资金，收藏也日益丰富。

　　戊辰后①，倅姑熟②，倅姑苏③，寻令盟津④。河南为铜薮⑤，
所得铜器盈数车，美人觥一种⑥，大小十五六枚，青绿彻骨，
如翡翠，如鬼眼青⑦，有不可正视之者。归之燕客，一日失
之，或是龙藏收去⑧。

【注释】

①戊辰：崇祯元年（1628）。

②倅（cuì）：州县官之副职。姑熟：在今安徽当涂。

③姑苏：苏州的别称。因城西南有姑苏山而得名。

④盟津：即孟津，古黄河渡口名。在今河南孟州西南。

⑤铜薮（sǒu）：铜聚集的地方。

⑥美人觚：一种商周时期的细腰酒器。作者在《夜航船》一书中有
　　介绍："三代铜：花觚入土千年，青绿彻骨，以细腰美人觚为第一，
　　有全花、半花，花纹全者身段瘦小，价至数百。"

⑦鬼眼青：一种名贵的玉石。

⑧龙藏：龙臧，龙宫。

【译文】

崇祯戊辰年之后，葆生叔先后在姑熟和姑苏任副职，不久又到盟津
任县令。河南盛产铜，叔父得到的铜器装满好几车，有一种美人觚，大大
小小总共十五六只，颜色青绿彻骨，像翡翠，像鬼眼青，不能正眼相看。
回来给了燕客，有一天丢失了，也许是被龙宫收走了。

噱社

仲叔善诙谐，在京师与漏仲容、沈虎臣、韩求仲辈结
"噱社"①，喀喋数言②，必绝缨喷饭③。

【注释】

①漏仲容：漏坦之，字仲容，山阴（今浙江绍兴）人。沈虎臣：沈德符
　　（1578—1642），字景倩，又字虎臣、景伯，秀水（在今浙江嘉兴北）
　　人。万历四十六年（1618）举人。著有《万历野获编》《清权堂集》
　　《敝帚轩剩语》等。韩求仲：韩敬，字简与、求仲，号止修，归安（今
　　浙江湖州）人。万历三十八年（1610）状元。

②喀喋（shà dié）：聚集在一起说话。

③绝缨：扯断结冠的带子。这里指大家在一起不拘形迹，十分随便。

【译文】

二叔善诙谐，在京师与漏仲容、沈虎臣、韩求仲这些人结成"嚇社"，他们聚在一起说不了几句，必定会笑得喷饭。

　　漏仲容为帖括名士①。常曰："吾辈老年读书做文字，与少年不同。少年读书，如快刀切物，眼光逼注，皆在行墨空处，一过辄了。老年如以指头掐字，掐得一个，只是一个，掐得不着时，只是白地。少年做文字，白眼看天，一篇现成文字挂在天上，顷刻下来，刷入纸上，一刷便完。老年如恶心呕吐，以手挖入齿哕出之②，出亦无多，总是渣秽③。"此是格言，非止谐语。

【注释】

①帖括：指八股文。

②哕（yuě）：呕吐。

③渣秽：渣滓，污秽之物。

【译文】

漏仲容是科举名士。他常常说："我们这一辈老年人读书写文章，与少年人不同。少年人读书，如同快刀切物，目光注视，都在文字之间，看一遍就可以了。老年人读书如同用指头掐字，掐到一个就是一个，掐不着时，就只剩下空白了。少年人写文章，只需白眼看天，一篇现成的文字就挂在天上，顷刻之间下来，落到纸上，一写就完成了。老年人写文章就如同恶心呕吐，把手伸到嘴里抠吐出来，吐出来的也不多，往往都是渣滓污秽。"这是格言，并非只是笑话。

　　一日，韩求仲与仲叔同谶一客①，欲连名速之②。仲叔曰："我长求仲③，则我名应在求仲前，但缀蝇头于如拳之上④，则是细注在前，白文在后，那有此理！"人皆失笑。沈虎臣出语尤尖巧。仲叔候座师收一帽套，此日严寒，沈虎臣嘲之曰："座主已收帽套去，此地空余帽套头。帽套一去不复返，此头千载冷悠悠。"其滑稽多类此。

【注释】

①醼（yàn）：同"宴"。

②速：邀请。

③长：比……年龄大。

④蝇头：指像苍蝇头那样小的字。如拳：指像拳头一样大的字。

【译文】

有一天，韩求仲与二叔共同宴请一位客人，他们想联名发邀请。二叔说："我比求仲年长，我的名字应当在求仲之前，但这就像把蝇头小字放在拳头般的大字之上，则是详注在前，原文在后，哪有这样的道理！"人们都忍不住笑了。沈虎臣说话尤其尖新奇巧。二叔等着主考官来收他的帽套，这一天很冷，沈虎臣就嘲笑他说："座主已收帽套去，此地空余帽套头。帽套一去不复返，此头千载冷悠悠。"其诙谐滑稽大多类似这样。

鲁府松棚

报国寺松①，蔓引弹委②，已入藤理。入其下者，蹒跚局蹐③，气不得舒。鲁府旧邸二松，高丈五，上及檐甃④，劲竿如蛇脊，屈曲撑距，意色酺怒，鳞爪拏攫，义不受制，鬣起针针⑤，怒张如戟。旧府呼"松棚"，故松之意态情理无不棚之。便殿三楹盘郁殆遍⑥，暗不通天，密不通雨。

【注释】

①报国寺：在今北京市西城区。始建于辽代，后多次重修。

②䋠（duǒ）委：盘曲下垂的样子。

③蹒跚（pán shān）：走路摇摇摆摆的样子。局踏（jí）：狭窄，局促。

④檐甃（zhòu）：指屋檐。

⑤鬣（liè）起：意谓松针像兽颈上的毛根根竖起。鬣，兽的颈毛。

⑥便（pián）殿：正殿以外的别殿，古时帝王的休息之所。

【译文】

报国寺的松树，枝干延伸，盘曲下垂，很像藤蔓。人走在树下，脚步蹒跚局促，呼吸不顺畅。鲁府旧宅有两棵松树，高一丈五，上面可达屋檐，苍劲的枝干如同蛇脊，弯曲着撑起，像是在发怒，鳞爪张扬，仿佛不受控制，像兽毛一样根根立起，张开如同剑戟。旧宅称其为"松棚"，因而松的意态情致无不像松棚那样。便殿三间房屋都被松棚盘曲环绕，暗无天日，密不漏雨。

　　鲁宪王晚年好道，尝取松肘一节①，抱与同卧，久则滑泽酡酡②，似有血气。

【注释】

①尝：曾。

②酡酡（tuó）：像醉酒后脸红一样的颜色。

【译文】

鲁宪王晚年喜爱修道，曾取一节松枝，抱着它一起入睡，时间长了，松枝光滑润泽，颜色像喝酒后红了脸，似乎有血气。

一尺雪

　　一尺雪为芍药异种，余于兖州见之。花瓣纯白，无须萼，无檀心①，无星星红紫，洁如羊脂，细如鹤翮②，结楼吐舌，粉艳雪腴。上下四傍，方三尺，干小而弱，力不能支，蕊大如芙蓉，辄缚一小架扶之。大江以南，有其名无其种，有其种无其土，盖非兖勿易见之也。

【注释】

①檀心：淡红色的花蕊。

②翮（hé）：羽茎。

【译文】

一尺雪是芍药的特殊品种，我在兖州见过。其花瓣纯白，没有花须花萼，没有淡红色的花蕊，也没有星星点点的红紫色，洁白如羊脂，纤细如鹤羽，层层吐出花蕊，粉艳雪腴。花的四周，有三尺见方，枝干小而柔弱，难以支撑，花蕊大如芙蓉，于是就绑一个小架子来支撑。长江以南，知道其名但没有这个品种，即便有这个品种也没有适合种植它的土壤，不在兖州就不容易见到。

兖州种芍药者如种麦，以邻以亩①。花时讌客，棚于路、彩于门、衣于壁、障于屏、缀于帘、簪于席、裀于阶者②，毕用之，日费数千勿惜。余昔在兖，友人日剪数百朵送寓所，堆垛狼藉，真无法处之。

【注释】

①以邻以亩：指种芍药的田地一块连一块。

②裀（yīn）：褥，垫。这里是铺上花草的意思。

【译文】

兖州人种芍药就像种麦子一样，花地一块接一块。花开时节宴请客人，在路上搭棚子，在门上结彩，在墙上挂衣服，在屏风上设遮挡、在帘子上点缀，在席上放簪花、在台阶上铺花草，都是用芍药，一天用掉数千朵也不觉得可惜。我当日在兖州时，友人每天剪数百朵芍药送到我的寓所，杂乱地堆积在那里，真是没办法处置。

菊海

　　兖州张氏期余看菊①，去城五里。余至其园，尽其所为园者而折旋之②，又尽其所不尽为园者而周旋之，绝不见一菊，异之。移时，主人导至一苍莽空地③，有苇厂三间④，肃余入⑤，遍观之，不敢以菊言，真菊海也。厂三面，砌坛三层，以菊之高下高下之。花大如瓷瓯⑥，无不球，无不甲，无不金银荷花瓣，色鲜艳，异凡本，而翠叶层层，无一叶蚤脱者。此是天道，是土力，是人工，缺一不可焉。

【注释】

①期：相约，约定。

②折旋：来来回回地走一遍。

③苍莽：无边无际的样子。这里指空地面积很大。

④苇厂：用芦苇所搭的棚子。

⑤肃：郑重，恭敬。

⑥瓯：小盆。形状似碗，多用以饮酒喝茶。

【译文】

　　兖州的张氏约我赏菊，在距城五里的地方。我到了他的园子，把整个园子来来回回地走了一遍，又把园子外面来来回回走了一遍，没见到一朵菊花，感到很奇怪。过了一会儿，主人带我来到一处很大的空地，那里有三间芦苇搭的棚子，他很郑重地请我进去，放眼望去，不敢说是菊花，简直就是菊海。棚子有三面，砌了三层花坛，根据菊花的高低设置摆放的高度。花朵大如瓷瓯，没有不是球形的，没有不是金黄如铠甲的，没有不是金银荷花瓣的，色彩艳丽，不同于寻常的菊花，绿叶层层铺展，没有一片过早脱落的。这是天道，这是土力，这是人工，缺一不可。

　　兖州缙绅家风气袭王府，赏菊之日，其桌、其杌、其灯、其炉、其盘、其盒、其盆盎、其馐器、其杯盘大觥、其壶、其帏、其褥、其酒、其面食、其衣服花样①，无不菊者。夜烧烛照之，蒸蒸烘染，较日色更浮出数层。席散，撤苇帘以受繁露②。

【注释】

①杌（wù）：一种小凳。

②繁露：即露水。

【译文】

　　兖州的官宦之家沿袭王府的气派，赏菊期间，家里的桌、小凳、灯、炉、盘、盒、盆、餐具、杯盘、酒器、壶、帐子、被褥、美酒、面食、衣服花样，没有和菊无关的。夜里点上蜡烛映照，经烘托点染，比白天更多了几分情致。筵席散去，就撤掉芦苇帘，让菊花接受露水的浸润。

曹山①

　　万历甲辰②，大父游曹山，大张乐于狮子岩下③。石梁先生戏作山君檄讨大父④，祖昭明太子语⑤，谓若以管弦污我岩壑。大父作檄骂之，有曰："谁云鬼刻神镂，竟是残山剩水⑥！"石篑先生嗤石梁曰⑦："文人也，那得犯其锋？不若自认，以'残山剩水'四字摩崖勒之。"先辈之引重如此。

【注释】

①曹山：在今浙江绍兴，为吼山五大景区之一。作者《越山五佚记》
　一文有详细介绍，可参看。

②万历甲辰：即万历三十二年（1604）。

③张乐：置乐，奏乐。

④石梁先生：陶奭龄（？—1640），字君奭，又字公望，号石梁、小柴
　桑老，会稽（今浙江绍兴）人。王阳明的三传弟子。著有《歇庵集
　附录》等。山君：指山神。

⑤昭明太子：萧统（501—531），字德施，梁武帝长子。天监元年
　（502）立为皇太子。为太子时去世，谥昭明，故称"昭明太子"。
　曾聚集门下文学之士，编辑《文选》。

⑥残山剩水：这里指人工堆砌的假山及开凿的池塘。

⑦石篑先生：陶望龄，系陶奭龄之兄。

【译文】

　　万历甲辰年，我祖父游览曹山，在狮子岩下大张旗鼓奏乐。石梁先
生戏仿山神口吻作檄文声讨我祖父，他效仿昭明太子之语，说你用管弦
玷污了我的山川。祖父也作了一篇檄文回骂，其中写道："谁说这是鬼斧
神工，竟不过是残山剩水。"石篑先生讥笑石梁先生说："这是文人啊，哪
能冒犯他的锋芒呢？不如你自己承认，把'残山剩水'四个字刻在石壁
上。"先辈们互相推重到这种程度。

　　曹石宕为外祖放生池^①，积三十余年，放生几百千万，
有见池中放光如万炬烛天，鱼虾荇藻附之而起^②，直达天河
者。余少时从先宜人至曹山庵作佛事，以大竹篰贮西瓜四^③，
浸宕内。须臾，大声起岩下，水喷起十余丈，三小舟缆断，颠
翻波中，冲击几碎。舟人急起视，见大鱼如舟，口欲四瓜^④，
掉尾而下。

【注释】

①放生：一种佛教仪式。以释放鱼鸟等动物的形式进行，旨在戒杀，
　劝人多行善事。很多寺庙建有放生池。

②荇（xìng）藻：一种草本植物。根生水底，叶子圆形，浮在水面。

③簋（bù）：竹篓。

④欱（hē）：吮吸。

【译文】

曹石宕是我外祖父的放生池，三十多年间，在这里放生过成百上
千万的生灵，有人看到池中放光，如万把火炬照亮天空，鱼虾荇藻随之而
起，直达银河。我年少时跟随先母到曹山庵做佛事，用大竹篓装了四个
西瓜，浸入池里。片刻间，岩下发出巨大声响，水喷起十多丈，三只小船
的船缆都断了，在水中颠来倒去，几乎被冲碎。船上的人急忙起身查看，
看见一条大鱼像船那样大，嘴里含着四个西瓜，摇着尾巴游走了。

齐景公墓花樽①

霞头沈金事宦游时②，有发掘齐景公墓者，迹之，得铜
豆三③，大花樽二。豆朴素无奇。花樽高三尺，束腰拱起，口
方而敞，四面戟楞，花纹兽面，粗细得款，自是三代法物。归
乾阳刘太公④，余见赏识之，太公取与严，一介不敢请⑤。及
宦粤西，外母归余斋头⑥。余拂拭之，为发异光。取浸梅花，
贮水，汗下如雨，逾刻始收，花谢结子，大如雀卵。

【注释】

①齐景公：春秋时期齐国国君，名杵臼。其墓地在今山东淄博。其
　周围有殉马坑。樽（zūn）：古代一种盛酒的器皿。

②霞头：村名。在绍兴城西郭门外二里处。沈金事：或即沈炼

（1507—1557），字纯甫，号青霞，会稽（今浙江绍兴）人。嘉靖
十七年（1538）进士。历任溧阳、茌平、清丰县令，后任职锦衣卫。
著有《青霞集》。佥事，官名。负责判断官事。佥置按察司佥事。
元时诸卫、诸亲军及廉访、安抚诸司，皆置佥事。明因之，都督、都
指挥按察、宣尉、宣抚等，皆有佥事。

③豆：古代用来盛肉或其他食品的器皿，形状像高脚盘。

④乾阳刘太公：刘毅（1559—1618），字健甫，号乾阳。作者妻子刘
氏的祖父。万历十七年（1589）进士，历任刑部主事、广西布政使。

⑤一介：一个。

⑥外母：岳母。即作者的岳母王氏。

【译文】

绍兴霞头的沈佥事在外做官的时候，有人盗掘齐景公墓，经过追查，
缴获三副铜豆、两个大花樽。铜豆器型质朴，没什么奇特之处。花樽则
高三尺，束腰部分拱起，瓶口方正宽敞，四面有戟棱，刻着兽面花纹，粗细
适宜，是夏、商、周时期的古物。花樽后归乾阳刘太公所有，我见到很是
心仪，但太公不轻易索取赠予，不敢提要求。等到刘太公去粤西做官，岳
母就把它送到我书斋里。我轻轻擦拭，它发出奇异的光芒。把梅花插在
里面，倒些水，花樽汗如雨下，过了一会儿才停，花谢之后结子，大如雀卵。

余藏之两年，太公归自粤西，稽覆之，余恐伤外母意，亟
归之。后为驵侩所啖，竟以百金售去，可惜。今闻在歙县某
氏家庙。

【译文】

我收藏了两年，太公从粤西回来，查问花樽下落，我怕伤了岳母的好
意，急忙归还。后来太公受商人的利诱，竟然以一百两的价格卖了，实在
可惜。如今听说花樽藏在歙县某氏的家庙里。

卷七

【题解】

这一卷的内容同前几卷一样，也是比较丰富，涉及美食、演剧、园林等各个方面，其中给人印象最深刻的，还是笔者笔下那种物是人非引发的沧桑感。

开篇《西湖香市》一文，作者用生动灵巧的笔浓墨重彩，细细描绘，写尽西湖香市的盛况。最后笔锋一转，寥寥几句，交代了香市的废止，以繁华衬托败落，前后对比极为鲜明，形成巨大的张力。将该篇与《西湖七月半》放在一起对读，感受会更深。作者笔下的西湖乃至杭州有多繁华，多富饶，多值得留恋，战乱带来的伤害也就会有多大。盛衰今昔之比，贯穿全书，无论是写扬州、苏州还是杭州，皆是如此。

值得注意的还有《冰山记》一文，虽然只是作者的一段创作经历，但它涉及明末的政治问题，提到人心的背向，放在国破家亡的背景下来看这段回忆，作者当有寄托在。这一方面作者在书中提及不多，值得留意。

以下对本卷各文进行简要评述：

《西湖香市》：极写西湖香市的繁华喧闹，反衬出日后衰落萧条的凄凉，鲜明的反差透出一种沧桑之感。一个城市的衰落显然不能归结为一场火灾或饥荒，作者最后有关刘太守的描写颇有深意，天灾固然可怕，人祸则更为致命。

　　《鹿苑寺方柿》：避兵期间，仍未能忘情于口腹之欲，算是向昔日的生活告别吧。作者《和贫士（诗七首）》小序曾写到其避兵西白山的情况："丙戌九月九日，避兵西白山中，风雨凄然，午炊不继，乃和靖节《贫士》诗七首，寄剡中诸弟子。"与本文对读，可见作者当时生活的另一面。

　　《西湖七月半》：《湖心亭看雪》写的是西湖的雪景，此时渺无人迹，看的是景。本文写的则是西湖的夏景，作者不看西湖，而是专看看西湖之人，可谓眼光独具。西湖四时，皆有可观之景，作者在《西湖梦寻》一书中更是大写特写，可以参看。

　　《及时雨》：梁山众好汉竟然还有求雨的能耐，令人眼界大开，莫非与梁山首领宋江的绰号"及时雨"有关？施耐庵当初创作这部小说时，恐怕也没想到这一层。读者对小说的开发利用令人惊叹，不过这也并非仅见，据记载，清代山西的民众就抬着孙悟空的塑像求雨。何以甩开降雨专业户龙王爷而去求孙悟空？大概是看到《西游记》里龙王怕孙悟空的缘故吧。

　　《山艇子》：一处不大的地方，作者将石、樟、竹之间的关系说得绘声绘色，仿佛都动了起来。美丽的风景需要敏锐的眼睛去寻找，去发现。奇石怪竹，天然生成，透出一种孤傲的精神和气质。在这样的环境中读书，作者自然会受到启迪和熏陶。

　　《悬杪亭》：亭子虽然不见了，但儿时的美好回忆将长留心底。作者怀念的不仅是一处风景，更是一段美好的记忆，一段儿时和父亲在一起的美好时光。

　　《雷殿》：钱武肃王的蓬莱阁竟然成为夏天乘凉的好去处，昔日的恢宏变成今日的清幽，时光使一切不可能成为可能。古今多少事，都可以在笑谈声中化解吗？在乘凉的台子下，可是沉睡着一个朝代。

　　《龙山雪》：作者好雅兴，他对山水风物的观赏不限于某个时节，某个地点，而是随时随地发现身边的景致。这种生活是一种高度艺术化的生活，也可以说是把艺术生活化了。张岱的生活很有代表性，生活与艺术已经融为一体，难以区分了。

《庞公池》：这一篇追忆少年时的往事。"不晓世间何物谓之忧愁"，这也算是一种境界，至少没有为赋新词强说愁。人生在世，不如意者十常八九，快乐也许只能留在记忆中，假如时光倒流，让作者回到少年时代，他未必觉得快乐，这就是人生的悖论。

《品山堂鱼宕》：该文依然在怀旧，从二十年前讲起。一方水土养一方人，在作者的笔下，越中的一切都是那样富有诗情画意，都是那样富足繁华，言语之间，可见作者故土情深。

《松化石》：一件物品的价值主要取决于人的需要和态度。这块松花石在别人看来，不过就是一块普通的石头，但在作者祖父的眼中，就是一件稀世珍宝，并且视作知己。可见人与物之间，也是需要缘分的。

《闰中秋》：所谓闰中秋，不过是找个理由欢聚而已。七百多人一起聚饮、唱曲、赏月，仿虎丘中秋夜而自有特色。当时越中一代民众的生活经作者生花妙笔写出，令人神往。

《愚公谷》：这位愚公先生和作者颇为相似，家境富有，懂得艺术，也懂得生活，见多识广，交游广泛。他能成为丹青妙手，并非偶然，观其庭园可知。像这样的江南文人，明代还有不少。

《定海水操》：有关阅兵操练，作者还写有《兖州阅武》一文。如果说兖州阅武已经沦为文艺表演的话，这篇所写水操，则很正规，无论是规模还是声势，定海水操都颇为壮观。既然有如此强大的水军，大明王朝何以会灭亡得如此之快？

《阿育王寺舍利》：文中所写舍利之事，虽然看起来很灵验，但似乎有些残酷，看到的人固然感到庆幸，看不到的人未免受到打击太大，比如那位秦一生，可以想象到他当时绝望沮丧的神情，这未必符合佛教慈悲为怀的救世精神。还不如将舍利密封起来，让大家虔诚礼拜就是，何必弄成简单的算命仪式，给人带来额外的痛苦。

《过剑门》：作者喜爱并精通戏曲，能写剧本，更精于品鉴，从本书多有这类记载可以看出。其精深的造诣并非偶然,这一方面来自家庭的熏陶,父祖喜爱,养有戏班,另一方面则是他本人对此很是用心,据《绍兴府志·张岱传》记载:"岱累世通显,服食豪侈,畜梨园数部,日聚诸名士度曲征歌。"

《冰山记》:冰冻三尺非一日之寒,大明王朝的灭亡也并非偶然。从《冰山记》深受观众欢迎的程度可以想见当时的民怨有多大,这种内斗耗尽了大明王朝的气数。作者在本书中极写江南的繁荣,也写到日后的萧条,但对其中的转变并没有多讲,这篇文章为我们揭开了冰山一角。

作者在《古今义烈传自序》一文中亦描绘了《冰山记》上演时的情景:"夏间,余偶令小傒愤魏珰剧,聚观者数万人。鸩杀裕妃,杖杀万燝,人人愤恨,怒目相视。至颜佩韦击杀缇骑,人声喧拥,汹汹崩屋,有跳且舞者,大井旅店,勾摄珰魂,抚掌颠狂,槛柱几折。"可与本文对读。

西湖香市①

西湖香市,起于花朝②,尽于端午。山东进香普陀者日至,嘉、湖进香天竺者日至③,至则与湖之人市焉,故曰香市。然进香之人市于三天竺,市于岳王坟,市于湖心亭,市于陆宣公祠④,无不市,而独凑集于昭庆寺⑤。昭庆两廊故无日不市者,三代八朝之骨董⑥,蛮夷闽貊之珍异⑦,皆集焉。

【注释】

①香市:又叫"庙市""庙会",一种民间习俗。寺庙在进香季节设立买卖香物、杂物等集市,故名。

②花朝:花朝节,又称"花神节"。民间传统节日,其中中原、西南地区以农历二月初二为花朝日,江南、东北地区则以二月十五为花朝日。

③嘉、湖：嘉兴、湖州。

④陆宣公祠：在西湖孤山山麓。作者在《西湖梦寻》卷三"陆宣公祠"一则亦有介绍："孤山何以祠陆宣公也？盖自陆少保炳为世宗乳母之子，揽权怙宠，自谓系出宣公，创祠祀之。规制宏厂，吞吐湖山。台榭之盛，概湖无比。"陆宣公，即陆贽（754—805），字敬舆，浙江嘉兴人。大历八年（773）进士，历任翰林学士、兵部侍郎、中书侍郎、同门下平章事。著有《翰苑集》及《陆氏集验方》传世。因其谥号为"宣"，故后世称其为"陆宣公"。

⑤昭庆寺：在西湖宝石山东。对其情况，作者在《西湖梦寻》卷一"昭庆寺"一则有详细介绍："昭庆寺，自狮子峰、屯霞石发脉，堪舆家谓之'火龙'。石晋元年始创，毁于钱氏乾德五年。宋太平兴国元年重建，立戒坛。天禧初，改名'昭庆'。是岁又火。迨明洪武至成化，凡修而火者再。四年奉敕再建，廉访杨继宗监修，有湖州富民应募，挚万金来。殿宇室庐，颇极壮丽。嘉靖三十四年以倭乱，恐贼据为巢，遽火之。事平再造，遂用堪舆家说，辟除民舍，使寺门见水，以厌火灾。隆庆三年复毁。万历十七年，司礼监太监孙隆以织造助建，悬幢列鼎，绝盛一时。而两庑栉比，皆市廛精肆，奇货可居。春时有香市，与南海、天竺、山东香客及乡村妇女儿童，往来交易，人声嘈杂，舌敝耳聋，抵夏方止。崇祯十三年又火，烟焰障天，湖水为赤。及至清初，踵事增华，戒坛整肃，较之前代，尤更庄严。一说建寺时，为钱武肃王八十大寿，寺僧圆净订缁流古朴、天香、胜莲、胜林、慈受、慈云等，结莲社，诵经放生，为王祝寿。每月朔，登坛设戒，居民行香礼佛，以昭王之功德，因名'昭庆'。今以古德诸号，即为房名。"

⑥三代八朝：三代，为夏、商、周三个朝代的合称。八朝，则说法不一，或指南北朝八朝。另朱熹编有《八朝名臣言行录》，古代小说亦有《八朝穷怪录》。此处泛指明之前各朝代。

⑦蛮夷闽貊(mò)：泛指古代各少数民族。

【译文】

西湖香市，从花朝节开始，到端午节结束。山东到普陀进香的人每天都来，嘉兴、湖州到天竺寺进香的人每天都来，他们到了之后就会和西湖本地人做生意，所以称其为"香市"。然而进香的人可以在三天竺做生意，可以在岳王坟做生意，可以在湖心亭做生意，可以在陆宣公祠做生意，没有地方不可以做生意，但大家却偏偏聚集在昭庆寺。昭庆寺两边的走廊没有哪天不做生意的，历代历朝的古董，来自蛮夷异域的奇珍异宝，都集中在这里。

至香市，则殿中边甬道上下、池左右、山门内外①，有屋则摊，无屋则厂，厂外又棚，棚外又摊，节节寸寸。凡粯胠簪珥、牙尺剪刀②，以至经典木鱼、孖儿嬉具之类③，无不集。

【注释】

①甬道：指建筑物之间有棚顶的通道。

②粯胠(yān zhī)：同"胭脂"，一种红色的化妆品。珥(ěr)：耳饰。

牙尺：用象牙做的尺子。

③孖(yá)儿：吴语中对小孩子的称呼。

【译文】

到了香市，大殿中间和两边的甬道上下、水池左右、山门内外，有房屋的地方就摆摊，没房屋的地方就搭个小屋，小屋外再搭棚子，棚子外再摆摊，密密麻麻，大凡胭脂、簪子、耳环、象牙尺、剪刀，以及经典、木鱼、儿童玩具之类的东西，这里无所不有。

此时春暖，桃柳明媚，鼓吹清和，岸无留船，寓无留客，肆无留酿。袁石公所谓"山色如娥，花光如颊，波纹如绫，温风如酒"，已画出西湖三月。而此以香客杂来，光景又别。士女闲都①，不胜其村妆野妇之乔画②；芳兰芗泽③，不胜其合香芫荽之薰蒸④；丝竹管弦，不胜其摇鼓欱笙之聒帐⑤；鼎彝光怪⑥，不胜其泥人竹马之行情；宋元名画，不胜其湖景佛图之纸贵⑦。如逃如逐，如奔如追，撩扑不开，牵挽不住。数百十万男男女女、老老少少，日簇拥于寺之前后左右者，凡四阅月方罢。恐大江以东，断无此二地矣。

【注释】

①闲都：娴雅秀美。

②乔画：浓妆艳抹，精心打扮。

③芗（xiāng）泽：香泽，香气。芗，通"香"。

④合香：当即苏合香，一种乔木，原产小亚细亚。其树脂称可提制苏合香油，用作香精中的定香剂。芫荽（yán suī）：通称"香菜"，一种草本植物。茎、叶有特殊香气，其果实圆形，可用做香料，也可入药。

⑤欱（hē）笙：吹笙。聒（guō）帐：语出宋敏求《春明退朝录》卷下："终日沉饮，听郑卫之声，与胡乐合奏，自昏彻旦，谓之'聒帐'。"指通宵宴饮、管弦齐奏的热闹景象。

⑥鼎彝：旧时祭祀的青铜礼器。

⑦佛图：即"浮图""浮屠"，佛寺或佛塔。

【译文】

此时正值暖春，桃红柳绿，明艳秀美，乐声清和，岸边没有游船停靠，客舍没有旅人宅居，酒肆没有佳酿存留。袁石公所说的"山色如娥，花光如颊，波纹如绫，温风如酒"，已经活画出西湖三月的景致。此时因各地香客络绎而来，景致又和平日不同。文人仕女的娴雅秀美，比不上乡村妇女的浓妆艳抹，兰花的高贵芳香，比不上苏合香、芜荽的香气浓郁；丝竹管弦，比不上擂鼓吹笙的喧天齐鸣；鼎彝光怪，比不上泥人竹马的市场行情；宋元名画，比不上西湖图景浮图圣境的纸贵。人们好像在奔跑，好像在追逐，拨也拨不开，拉也拉不住。成千成万的男男女女、老老少少，每天簇拥在昭庆寺的前后左右，要整整四个月才结束。恐怕大江以东，再也找不到第二个像昭庆寺这样的地方。

　　崇祯庚辰三月①，昭庆寺火。是岁及辛巳、壬午洊饥②，民强半饿死。壬午，虏鲠山东③，香客断绝，无有至者，市遂废。

【注释】

①崇祯庚辰：即崇祯十三年（1640）。

②辛巳、壬午：即崇祯十四年（1641）、十五年（1642）。洊（jiàn）饥：连年饥荒。

③虏：指清兵。鲠：堵塞，隔绝。

【译文】

崇祯庚辰年三月，昭庆寺发生火灾。那一年，和随后的两年连年饥荒，百姓大半都饿死了。崇祯壬午年，清兵侵扰山东，香客断绝，没有来西湖的，西湖香市也就废止了。

　　辛巳夏，余在西湖，但见城中饿殍异出①，扛挽相属。时杭州刘太守梦谦②，汴梁人，乡里抽丰者多寓西湖③，日以民词馈送。有轻薄子改古诗诮之曰④："山不青山楼不楼，西湖歌舞一时休。暖风吹得死人臭，还把杭州送汴州⑤。"可作西湖实录。

【注释】

①饿殍（piǎo）：饿死的人。舁（yú）：抬。

②刘太守梦谦：刘梦谦，河南罗山人。崇祯七年（1634）进士，自崇祯十一年（1638）任杭州知府。

③抽丰：又称"打秋风"，指利用各种关系和借口向别人索取财物。

④轻薄子：言行轻浮不庄重的人。诮（qiào）：讥讽，嘲讽。

⑤"山不青山"四句：原诗为南宋林升《题临安邸》："山外青山楼外楼，西湖歌舞几时休。暖风熏得游人醉，直把杭州作汴州。"

【译文】

崇祯辛巳年夏天，我在西湖，只见城里饿死的人被抬出来，扛着拉着接连不断。当时的杭州太守是刘梦谦，开封人，从他老家过来打秋风的多住在西湖，这些人每天把从百姓诉讼那里得到的好处费送给他。有位轻浮之人改编古诗嘲讽他道："山不青山楼不楼，西湖歌舞一时休。暖风吹得死人臭，还把杭州送汴州。"这可作为当时西湖的真实记录。

鹿苑寺方柿①

萧山方柿，皮绿者不佳，皮红而肉糜烂者不佳②，必树头红而坚脆如藕者，方称绝品。然间遇之③，不多得。余向言西瓜生于六月，享尽天福；秋白梨生于秋④，方柿、绿柿生于冬⑤，未免失候。

【注释】

①鹿苑寺：有二，一为上鹿苑寺，一为下鹿苑寺。皆建于南朝宋元嘉年间，本文所写为下鹿苑寺。方柿：一种柿子品种。形状呈方形，果型较大。

②糜烂：腐烂，腐朽。这里指果实松散软烂。

③间（jiàn）：偶尔，偶然。

④秋白梨：又名"白樟梨"，浙江嵊州、诸暨一带多有种植，品质较佳。

⑤绿柿：又名"裨柿"，是一种果实比较小的柿子品种。

【译文】

萧山的方柿，皮绿的不好，皮红但果肉熟烂的也不好，必须是树梢上皮红且坚脆得像莲藕一样的，才能称为绝品。但也只是偶然遇到，不可多得。我以前曾说，西瓜生长在六月，享尽天福；秋白梨生长在秋天，方柿、绿柿生长在冬天，不免都错过了最好的时节。

丙戌①，余避兵西白山②，鹿苑寺前后有夏方柿十数株。六月歊暑③，柿大如瓜，生脆如咀冰嚼雪，目为之明。但无法制之，则涩勒不可入口。土人以桑叶煎汤，候冷，加盐少许，入瓮内，浸柿没其颈，隔二宿取食，鲜磊异常。余食萧山柿多涩，请赠以此法。

【注释】

①丙戌：顺治三年（1646）。

②西白山：在今浙江嵊州西。

③歊（xiāo）暑：酷暑，炎热。

【译文】

顺治丙戌年，我躲避兵乱到西白山，鹿苑寺前后有十多棵夏方柿。六月酷暑时节，柿子已经大得像甜瓜一样，咬起来脆生生的，像咀嚼冰雪一样爽口，吃了之后感觉眼睛都亮了。但没有恰当的办法加工，就会生涩而不能入口。当地人用桑叶熬水，待冷却后，加少许的盐，倒入瓮里，浸泡柿子没过其颈，隔两夜拿出来吃，鲜美异常。我以前吃的萧山方柿大多发涩，就把此法赠给读者诸君吧。

西湖七月半

　　西湖七月半，一无可看，止可看看七月半之人。看七月半之人，以五类看之。其一，楼船箫鼓，峨冠盛筵，灯火优傒①，声光相乱，名为看月而实不见月者，看之。其一，亦船亦楼，名娃闺秀②，携及童娈③，笑啼杂之，环坐露台④，左右盼望，身在月下而实不看月者，看之。其一，亦船亦声歌，名妓闲僧，浅斟低唱，弱管轻丝，竹肉相发⑤，亦在月下，亦看月，而欲人看其看月者，看之。其一，不舟不车，不衫不帻⑥，酒醉饭饱，呼群三五，跻入人丛，昭庆、断桥⑦，嘄呼嘈杂⑧，装假醉，唱无腔曲，月亦看，看月者亦看，不看月者亦看，而实无一看者，看之。其一，小船轻幌，净几暖炉，茶铛旋煮⑨，素瓷静递，好友佳人，邀月同坐，或匿影树下，或逃嚣里湖，看月而人不见其看月之态，亦不作意看月者，看之。

【注释】

①优傒（xī）：歌妓、奴仆。

②名娃：原指越王勾践献给吴王夫差的美女西施，这里泛指美女。

③童娈：容貌姣好的少年。

④露台：楼船上供赏景或休息用的平台。

⑤竹肉相发：箫笛声伴着歌唱声。

⑥不衫不帻（zé）：不穿长衫，不戴头巾。指穿戴很随意的样子。

⑦断桥：西湖名胜，是浙江杭州孤山边的一座桥。本名"宝祐桥"，因
　孤山的路至此而断，故名。

⑧嘄（jiào）呼：大呼小叫，乱喊乱叫。嘄，同"叫"。

⑨茶铛（chēng）：一种煮茶用的小锅。

【译文】

西湖七月半，没有什么可看之处，也只有看看七月半的人。看七月半的人，可分五类来看。其一，楼船上箫鼓齐鸣，穿着盛装参加盛宴，灯火下歌姬奴仆忙忙碌碌，声光交错，名为看月而实际上看不见月的人，可以看看。其二，也有船也有楼，名媛闺秀们，带着美男娈童，笑声混杂着哭声，在露台上围坐一圈，左顾右盼，身在月下而实际上并不看月的人，可以看看。其三，也有船也有歌声，名妓闲僧，浅斟低唱，丝管轻轻吹着，伴着歌唱声，也在月下也看月，而希望有人看到他们在看月的人，可以看看。其四，不坐船不乘车，不穿长衫也不戴头巾，酒醉饭饱，三五好友呼唤成群，挤进人群里，到昭庆寺、断桥那里，大呼小叫吵吵嚷嚷，假装喝醉的样子，唱着不成调的曲子，月也看，看月的人也看，不看月的人也看，而实际上什么都没看到的人，可以看看。其五，小船轻摇，上有明净的茶几、温暖的炉火，茶水很快煮开，用素雅的杯子盛着，轻轻递给好友佳人，邀请月亮同坐，又或者把身形藏在树影里，或逃离喧嚣到里湖去，看月但别人看不见他看月的姿态，也不刻意做出看月的样子的人，可以看看。

　　杭人游湖，巳出酉归^①，避月如仇，是夕好名，逐队争出，多犒门军酒钱^②，轿夫擎燎^③，列俟岸上。一入舟，速舟子急放断桥，赶入胜会。以故二鼓以前，人声鼓吹，如沸如撼，如魇如呓^④，如聋如哑，大船小船，一齐凑岸，一无所见，止见篙击篙，舟触舟，肩摩肩，面看面而已。少刻兴尽，官府席散，皂隶喝道去^⑤，轿夫叫船上人，怖以关门，灯笼火把如列星，一一簇拥而去。岸上人亦逐队赶门，渐稀渐薄，顷刻散尽矣。

【注释】

①巳：巳时，上午九点至十一点。酉：酉时，下午五点至七点。

②犒（kào）：用酒食或财物犒赏、慰劳。门军：把守城门的军士。

③擎燎：高举火把。

④魇（yǎn）：梦中惊叫。呓：说梦话。

⑤皂隶：指差役。

【译文】

杭州人游西湖，一般上午十点前后去，下午六点左右回，躲着月亮像在躲仇人，但当天夜里却冲着七月半的名声，一群群争着出城，多犒劳门军一些酒钱，而轿夫们则拿着火把，在岸上排队等候。一进入小舟，请船夫立即直奔断桥，赶去参加胜会。因此在二更以前，人声嘈杂，乐声不绝，如沸如撼，如魇如呓，如聋如哑，大船小船，一齐往岸边停靠，此时一无所见，只能看到篙碰着篙，舟挨着舟，肩摩着肩，脸看着脸而已。不多时兴致已尽，官府宴席散场，皂隶喝道开路而去，轿夫喊着船上的人，用城门快关的话催促着，灯笼火把就像天上的繁星，一个个簇拥而去。岸上的人也一群接着一群赶往城门，人影渐渐稀少，片刻就已散尽。

　　吾辈始舣舟近岸①，断桥石磴始凉②，席其上，呼客纵饮。此时，月如镜新磨，山复整妆，湖复颒面③。向之浅斟低唱者出，匿影树下者亦出，吾辈往通声气，拉与同坐。韵友来④，名妓至，杯箸安，竹肉发。月色苍凉，东方将白，客方散去。吾辈纵舟，酣睡于十里荷花之中，香气拍人，清梦甚惬。

【注释】

①舣（yǐ）舟：停船靠岸。

②石磴（dèng）：石头台阶。

③颒（huì）：洗脸。这里指湖面清澈明净。

④韵友：志趣相投的朋友。

【译文】

我们这些人这才把船停靠岸边，断桥上的石阶开始凉下来，就在上面摆开酒席，招呼客人开怀畅饮。此时的月亮好似新磨的镜面，群山也像重新整妆的少妇，湖面也似重新洗颜的少女。之前那些浅斟低唱的人出来了，将身影藏匿树下的人也出来了，我们过去同他们打个招呼，拉他们一起坐下来。唱曲的朋友来了，名妓来了，将酒杯竹筷安放好，就开始吹奏演唱。直到月色苍凉，东方将白，客人才散去。我们这些人就放舟湖中，酣睡在十里荷花之中，香气袭人，很惬意地做着自己的清梦。

及时雨^①

壬申七月^②，村村祷雨，日日扮潮神海鬼，争唾之。余里中扮《水浒》，且曰：画《水浒》者，龙眠、松雪近章侯^③，总不如施耐庵^④，但如其面勿黛，如其髭勿鬣^⑤，如其兜鍪勿纸^⑥，如其刀杖勿树，如其传勿杜撰，勿弋阳腔^⑦，则十得八九矣。于是分头四出，寻黑矮汉，寻梢长大汉^⑧，寻头陀^⑨，寻胖大和尚，寻苦壮妇人，寻姣长妇人，寻青面，寻歪头，寻赤须，寻美髯，寻黑大汉，寻赤脸长须，大索城中。无则之郭、之村、之山僻、之邻府州县，用重价聘之，得三十六人。梁山泊好汉，个个呵活^⑩，臻臻至至^⑪，人马称娖而行^⑫，观者兜截遮拦，直欲看杀卫玠^⑬。

【注释】

① 及时雨：小说《水浒传》中梁山头领宋江的绰号。

② 壬申：崇祯五年（1632）。

③ 龙眠：李公麟（1049—1106），字伯时，号龙眠居士，庐州舒城（今

安徽舒城)人。熙宁三年(1070)进士,历任中书门下省删定官、御史检法、朝奉郎等。以绘画名于世。松雪:赵孟頫(1254—1322),字子昂,号松雪道人、水晶道人,吴兴(今浙江湖州吴兴区)人。官至翰林院学士承旨。多才多艺,以书法、绘画名于世。卒谥文敏。

④施耐庵:《水浒传》的作者,元末明初时人。

⑤髭(zī):胡须。鬣(liè):马、狮子的鬃毛。

⑥兜鍪(móu):头盔。

⑦弋阳腔:一种戏曲声腔,与海盐腔、昆山腔、余姚腔并称"四大声腔"。起源于江西弋阳一带,后在北京、南京、湖南等地流行。

⑧梢长:身材高大。

⑨头陀:云游化缘的僧人。

⑩呵活:活灵活现。

⑪臻臻(zhēn)至至:人数很多的样子。

⑫称娖(chuò):队列整齐一致。

⑬卫玠(285—312):字叔宝,西晋时人。相貌出众,据说他外出时,人们纷纷夹道观看。

【译文】

崇祯壬申年七月,村村都在求雨,天天都在装扮潮神海鬼,争着向它们吐口水。我们乡里扮演《水浒》,并且说:画《水浒》的人,李公麟、赵孟頫接近陈洪绶,总是不如施耐庵刻画得好,只要像他们的面容不必施粉黛,像他们的须发不必黏胡子,像他们的头盔不必用纸做,像他们的刀杖不必用木头做,像他们的样子不必加油添醋,不用弋阳腔,就能十得八九了。于是四下里分头寻找,寻找又黑又矮的男人,寻找身材高大的汉子,寻找云游化缘的头陀,寻找肥头大耳的和尚,寻找身体健壮的妇人,寻找面容姣好的女子,寻找青面的,寻找歪头的,寻找红胡子的,寻找美胡须的,寻找黑大汉,寻找红脸长须的,在城中大肆搜寻。城里找不到就到城外，到村里，到山乡僻壤，到邻近的府、州、县去找，用高价聘请，一共找到三十六人。这些梁山泊好汉，一个个活灵活现，很是齐备，他们人马排成一队向前行进，观者拦截围堵，就像当年看卫玠似的。

五雪叔归自广陵①，多购法锦宫缎，从以台阁者八：雷部六，大士一，龙宫一，华重美都，见者目夺气亦夺。盖自有台阁，有其华无其重，有其美无其都，有其华重美都，无其思致，无其文理。轻薄子有言："不替他谦了也，事事精办。"

【注释】

①五雪：张炯芳，作者季祖张汝懋之子。

【译文】

五雪叔从广陵回来，买了很多法锦宫缎，拿它们装饰了八次台阁活动：六次雷部，一次大士，一次龙宫，华艳高贵，漂亮完美，观者眼睛不转地看着，大气都不敢出。自从有迎台阁以来，有这样华艳的但没这样高贵的，有这样漂亮的但没这样完美的，有这样华艳高贵漂亮完美的，但又没有这样的情致，没有这样的纹理。轻浮之人说："就不用替他谦虚了吧，每件事都做得极精致。"

季祖南华老人喃喃怪问余曰："《水浒》与祷雨有何义味近？余山盗起，迎盗何为耶？"余频首思之①，果诞而无谓，徐应之曰②："有之。天罡尽，以宿太尉殿焉③。用大牌六，书'奉旨招安'者二，书'风调雨顺'者一，'盗息民安'者一，更大书'及时雨'者二，前导之。"观者欢喜赞叹，老人亦匿笑而去。

【注释】

①颊（fǔ）首：低头。颊，同"俯"。

②徐：缓慢。

③宿太尉：宿元景，小说《水浒传》中人物，曾奉旨到梁山招安众好汉。

【译文】

叔祖南华老人感到奇怪，喃喃地问我："《水浒》和求雨有什么相近的意味吗？我们余山这地方盗贼不断，还要开门迎盗是为什么？"我低头想了想，觉得这样确实荒诞而没有什么意义，就慢慢地答道："有的。天罡星的故事结束，用宿太尉收场。用了六块大牌子，两个上面写着'奉旨招安'，一个写着'风调雨顺'，一个写着'盗息民安'，还有两个更大的写着'及时雨'，在前面引路。"人们听了都高兴地称赞，南华老人也偷偷笑着离开了。

山艇子①

龙山自巘花阁而西皆骨立②，得其一节，亦尽名家。山艇子石，意尤孤子，壁立霞剥，义不受土。大樟徙其上，石不容也，然不恨石屈而下，与石相亲疏。石方广三丈，右坳而凹，非竹则尽矣，何以浅深乎石！然竹怪甚，能孤行，实不藉石③。竹节促而虬，叶毵毵④，如猬毛、如松狗尾，离离蟲蟲⑤，捎掭攒挤⑥，若有所惊者。竹不可一世，不敢以竹二之。

【注释】

①山艇子：浙江绍兴龙山西南一处地名。作者年轻时曾在此处的书院里读书。艇，小船。

②巘（yǎn）花阁：详见本书卷八《巘花阁》。巘，山峰。骨立：比喻山

石嶙峋。

③藉（jiè）：凭借。

④毨毨（xiǎn）：叶子整齐的样子。

⑤离离矗矗：浓密挺拔的样子。

⑥捎揤（liè）攒挤：指竹叶相互扭结，簇聚拥挤。揤，扭转，转动。

【译文】

龙山从蠛花阁往西都是嶙峋山石，得到其中的一段，也就可以成名了。山艇子石，品性尤其孤傲，耸立在那里像切断的彩霞，不沾一点儿尘土。一棵高大的樟树长到它上面，为石头所不容，然而樟树并不埋怨，屈身而下，和石头亲近。石头有三丈见方，右边稍低向下凹着，没有竹子就无从品评，拿什么说石头的深浅！然而竹子长得也怪，孤零零地长着，也不依靠石头。竹节短而弯，叶子茂盛，像刺猬的毛、松狗的尾巴，浓密而挺拔，紧紧攒簇在一起，像受了什么惊吓。竹子显出不可一世的姿态，让人不敢以第二位视之。

或曰：古今错刀也①。或曰：竹生石上，土肤浅，蚀其根，故轮囷盘郁②，如黄山上松。山艇子樟，始之石，中之竹，终之楼，意长楼不得竟其长，故艇之。然伤于贪，特特向石，石意反不之属，使去丈而楼，壁出樟出，竹亦尽出。竹石间意，在以淡远取之。

【注释】

①错刀：汉王莽所造的钱币名称，后为钱币的代称。

②轮囷（qūn）：弯曲、回旋的样子。

【译文】

有人说：竹叶像古往今来的错刀钱币。有人说：竹子生长在石头上，土质浅，其根受到侵蚀，因而弯曲盘旋，像黄山上的松树。山艇子的樟树，从石头上长出来，长到竹子那儿，最后长到楼那样高，感觉长到楼高也不能长到极致，所以就像小船一样横向伸展。然而又有些贪，心思都在石头上，石头反倒不在意，假使超出一丈像楼那样高，峭壁突出，樟树也显露出来，竹子也就都显现出来了。竹石间的意境，在于以淡远来取舍。

悬杪亭

余六岁随先君子读书于悬杪亭①，记在一峭壁之下，木石撑距，不藉尺土，飞阁虚堂，延骈如栉②。缘崖而上，皆灌木高柯③，与檐甃相错④。取杜审言"树杪玉堂悬"句⑤，名之"悬杪"，度索寻樟⑥，大有奇致。

【注释】

①先君子：去世的父亲。

②延骈（pián）如栉（zhì）：形容排列得比较密集。延骈，并列延伸。栉，比喻像梳齿那样密集排列着。

③柯：树枝。

④檐甃（zhòu）：指屋檐。

⑤杜审言"树杪（miǎo）玉堂悬"句：杜审言（645—708），字必简，巩县（今河南巩义）人。进士及第，历任隰城尉、著作佐郎、膳部员外郎、国子监主簿、修文馆直学士。唐代诗人杜甫的祖父。著有《杜审言集》。"树杪玉堂悬"句，语出杜审言《蓬莱三殿侍宴奉敕咏终南山》诗："北斗挂城边，南山倚殿前。云标金阙回，树杪玉堂悬。半岭通佳气，中峰绕瑞烟。小臣持献寿，长此戴尧天。"杪，树梢。

⑥寻橦：当为"寻橦（chuáng）"，古代百戏之一。橦，竿。据现存汉画，系一人手持或头顶长竿，另有数人缘竿而上，进行表演。作者在《夜航船》中亦有解释："度索寻橦：度索，以绳索相引而度也。寻橦者，植两木于两岸，以绳贯其中，上有一木筒，所谓'橦'也。人缚橦上，以手缘索而进，以达彼岸，有人解之，所谓'寻橦'也。"

【译文】

我六岁时跟着父亲在悬杪亭读书，记得亭子在一个峭壁下面，用木头、石头支撑，不借助一点儿土，堂阁凌空而建，并列排着。沿着山崖上去，都是灌木和高高的树枝，与屋檐砖瓦交错。就取唐代诗人杜审言"树杪玉堂悬"之句，称之为"悬杪"，牵一根绳索在上面举竿行走，很是新奇有趣。

后仲叔庐其崖下，信堪舆家言①，谓碍其龙脉②，百计购之，一夜徙去，鞠为茂草③。儿时怡寄④，常梦寐寻往。

【注释】

①堪舆家：风水先生，靠相地、看风水为生的人。
②龙脉：风水术语。指那些出过帝王、贵人，或能够安葬帝王、贵人，护佑王室、贵人后裔的地方。
③鞠（jū）：穷尽。
④怡寄：欢愉之情的寄托。

【译文】

后来二叔在悬崖下建了房子，他相信风水先生的话，说是亭子阻碍了龙脉，就想尽办法买到手，一夜之间将其迁走，那里就彻底沦为杂草丛生之地。作为儿时欢乐的寄托，我时常在梦里前往。

雷殿①

　　雷殿在龙山磨盘冈下,钱武肃王于此建蓬莱阁②,有断碣在焉③。殿前石台高爽④,乔木潇疏。

【注释】

　　①雷殿:雷公殿,在浙江绍兴龙山磨盘冈下。
　　②钱武肃王:钱镠(852—932),字具美,一作"巨美",钱塘临安(今浙江杭州临安区)人。唐末节度使。后建立吴越国。卒谥武肃。
　　　蓬莱阁:明祁彪佳《越中园亭记》载:"钱王镠建。因元稹有'谪居犹得住蓬莱'句。"
　　③碣(jié):碑石。
　　④高爽:高大宽敞。

【译文】

　　雷公殿在龙山磨盘冈下,钱武肃王曾在这里兴建蓬莱阁,至今还有断碑残留。殿前石台高大宽敞,乔木萧索凄凉。

　　六月,月从南来,树不蔽月。余每浴后拉秦一生、石田上人、平子辈坐台上①,乘凉风,携肴核②,饮香雪酒,剥鸡豆,啜乌龙井水,水凉冽激齿。下午着人投西瓜浸之,夜剖食,寒栗逼人,可雠三伏③。林中多鹊④,闻人声辄惊起,磔磔云霄间⑤,半日不得下。

【注释】

　　①上人:对僧人的尊称。
　　②肴(yáo)核:指肉类、蔬果之类的食品。

③雠（chóu）：应对，对付。

④鹄（hú）：鸟名。

⑤磔磔（zhé）：鸟叫的声音。

【译文】

六月的时候，月亮从南边升上来，光线从树上洒下。我每次沐浴后都会拉着秦一生、石田上人、平子等人坐在石台上，吹着凉风，带着肉类、果类等食品，喝着香雪酒，剥着鸡头米，喝着乌龙井水，井水冰凉刺激牙齿。下午让人把西瓜放在井里浸泡，到晚上切开来吃，寒气逼人，可以对付难熬的三伏天。林中多有鹄鸟，听到人的声音就吓得飞起来，在空中发出磔磔的声音，半天都不敢下来。

龙山雪

天启六年十二月①，大雪深三尺许。晚霁②，余登龙山，坐上城隍庙山门③，李岕生、高眉生、王畹生、马小卿、潘小妃侍。万山载雪，明月薄之，月不能光，雪皆呆白。坐久清冽，苍头送酒至，余勉强举大觥敌寒，酒气冉冉，积雪欱之，竟不得醉。马小卿唱曲，李岕生吹洞箫和之，声为寒威所慑，咽涩不得出。

【注释】

①天启六年：即 1626 年。

②霁（jì）：雨雪停止，天放晴。

③城隍庙：在今浙江绍兴龙山山顶，为纪念唐越州总管庞玉而建。

【译文】

天启六年十二月，大雪下了三尺多深。晚上天晴，我登上龙山，坐在城隍庙山门上，李岕生、高眉生、王畹生、马小卿、潘小妃陪着。群山被白雪覆盖，明月的光辉因此显得稀薄，月发不出光来，雪都白得有些单调。坐久了感到寒冷，老仆就送酒过来，我勉强举起大杯喝酒御寒，酒里的热气冉冉浮起，被积雪吸去了，竟没有喝醉。马小卿唱曲，李岕生吹洞箫伴奏，他们的声音被严寒威慑，呜咽哽塞发不出来。

三鼓归寝。马小卿、潘小妃相抱从百步街旋滚而下，直至山趾①，浴雪而立。余坐一小羊头车②，拖冰凌而归。

【注释】

①山趾：山脚。

②羊头车：一种独轮小车。

【译文】

半夜回去就寝。马小卿、潘小妃互相抱着从百步街翻滚着下去，直滚到山脚下，浑身都是雪站在那里。我坐着一辆小羊头车，一路拖着冰凌回去了。

庞公池①

庞公池岁不得船，况夜船，况看月而船。自余读书山艇子，辄留小舟于池中。月夜，夜夜出，缘城至北海坂，往返可五里，盘旋其中。山后人家，闭门高卧，不见灯火，悄悄冥冥，意颇凄恻。余设凉簟②，卧舟中看月，小傒船头唱曲，醉梦相杂，声声渐远，月亦渐淡，嗒然睡去③。歌终忽寤④，嗢咿赞之，寻复鼾齁⑤。小傒亦呵欠歪斜，互相枕藉⑥。舟子回船到岸，篙啄丁丁⑦，促起就寝。

【注释】

①庞公池：又名"王公池""西园"，位于龙山西麓，在今浙江绍兴城内。

②凉簟（diàn）：凉席。

③嗒（tà）然：形容身心俱遣、物我两忘的神态。

④寤（wù）：醒。

⑤鼾齁（hān hōu）：熟睡时打呼噜。

⑥枕藉（jiè）：纵横交错地躺在一起。

⑦啄：鸟用嘴取食或叩击东西。这里是敲击的意思。

【译文】

庞公池里一年都不见有船只，何况是夜里行船，更何况是为看月而行船。自从我在山艇子读书，就留了一只小船在池中。月明之夜，每夜都出去，沿城到北海坂，往返大约五里，盘旋在其中。山后面的人家，都闭门睡觉，看不见灯火，静悄悄的，一个人颇有些凄凉伤感。我铺上凉席，躺在舟中赏月，小奴在船头唱曲，亦醉亦梦，声音渐远，月光也渐渐暗淡下来，不知不觉间就睡着了。歌唱完的时候我突然醒来，含糊地称赞了几句，又打起了呼噜。小奴也打着哈欠，歪歪斜斜地，互相枕着睡了。船夫把船驶回岸边，用竹篙敲着船，催我们起来回去睡觉。

此时胸中浩浩落落，并无芥蒂①，一枕黑甜②，高舂始起③，不晓世间何物谓之忧愁。

【注释】

①芥蒂：微小的梗塞，比喻郁积在内心不愉快的嫌隙。

②黑甜：意谓酣睡。

③高舂（chōng）：日影西斜近黄昏时。舂，传说中的山名，太阳下落之处。

【译文】

此时胸中空空荡荡，并没有任何不快，一躺下就睡熟了，直到日影西斜才起床,不晓得世间什么是忧愁。

品山堂鱼宕①

二十年前强半住众香国②,日进城市,夜必出之。品山堂孤松箕踞③,岸帻入水④。池广三亩,莲花起岸,莲房以百以千,鲜磊可喜。新雨过,收叶上荷珠煮茶,香扑烈。

【注释】

①鱼宕:鱼荡,用以养鱼的池塘或浅水湖。

②众香国:为作者父亲张耀芳所建园林。明祁彪佳《越中园亭记》有载:"张长公大涤君开园中堰,以'品山'名其堂,盖千岩万壑至此俱披襟相对,恣我月旦耳。季真半曲,方干一岛,映带左右,鉴湖最胜处也。"

③箕踞:指坐时两脚伸直岔开,形似簸箕。

④岸帻(zé):推起头巾,露出前额,洒脱、随意的样子。这里指松树的形态。

【译文】

二十年前我大部分时间住在众香国,白天进城,夜里必定出城。品山堂有棵孤松盘踞,枝条随意伸到水中。池塘占地三亩,莲花高出岸边,莲房成百上千,籽实累累,很是喜人。新雨下过,把荷叶上的水珠收集起来煮茶,香气浓郁扑鼻。

门外鱼宕,横亘三百余亩,多种菱芡。小菱如姜芽,辄采食之,嫩如莲实,香似建兰,无味可匹。深秋,橘奴饱霜①,非个个红绽,不轻下剪。季冬观鱼,鱼艚千余艘②,鳞次栉比,罱者夹之③,罛者扣之④,籪者罾之⑤,翼者撒之⑥,罩者抑之,罳者举之⑦,水皆泥泛,浊如土浆。鱼入网者围围⑧,漏网者唋唋⑨,寸鲵纤鳞⑩,无不毕出。集舟分鱼,鱼税三百余斤,赤瞔白肚⑪,满载而归。约吾昆弟⑫,烹鲜剧饮,竟日方散。

【注释】

①橘奴:指柑橘、橘子。

②鱼艓(dié):渔舟。

③罱(lǎn):一种用来夹鱼的工具。

④罛(gū):大渔网。

⑤籍(cè):用叉刺鱼。毚(yǎn):撒网捕鱼。

⑥翼(xuǎn):渔网。

⑦罣(guà):同"挂"。

⑧围围(yǔ):不舒展,不自在。

⑨唋唋(yǎn):鱼在水面张口呼吸的样子。

⑩鲵(ní):这里泛指鱼。

⑪瞔(yú):鱼眼睛。

⑫昆弟:兄弟。

【译文】

门外的鱼塘,横跨三百多亩,里面多种菱角、芡实。小菱角像姜芽似的,就直接采来吃,鲜嫩如莲子,香味像建兰,没有什么味道能和它相比。深秋时节,柑橘饱经风霜,不是个个红润饱满,不会轻易剪下。深冬看捕鱼,各类渔船上千艘,一个挨着一个地排列着,有的用鱼夹去夹,有的用大网去扣,有的用鱼叉去刺,有的用网去撒,有的用罩子去压,有的用罣去堵,水中都是泛起的污泥,浑浊得像泥浆一样。入网之鱼困在网里舒展不开,漏网之鱼在外面活蹦乱跳,即便是小鱼,也都出来了。大家把船聚在一起分鱼,光鱼税就得交三百多斤,个个红眼白肚,大家满载而归。

然后约上我的兄弟们，一起烹煮鲜鱼，开怀畅饮，整整一天才各自散去。

松化石①

松化石，大父舁自潇江署中②。石在江口神祠，土人割牲飨神③，以毛血洒石上为恭敬，血渍毛毵④，几不见石。大父舁入署，亲自祓濯⑤，呼为"石丈"，有《松化石纪》。今弃阶下，载花缸，不称使。余嫌其轮囷臃肿⑥，失松理，不若董文简家崑错二松橛，节理槎枒⑦，皮断犹附，视此更胜。

【注释】

①松化石：作者在《夜航船》一书中有介绍："松化石：松树至五百年，一夜风雷，化为石质，其树皮松节，毫忽不爽。唐道士马自然指延真观松，当化为石，一夕果化。"

②潇江署：永州的官署。潇江，潇水，为湘江支流，源自湖南宁远南九嶷山，至零陵西北入湘水。零陵为永州府治。

③土人：当地人，本地人。飨（xiǎng）：祭祀。

④毵（sān）：毛发散乱的样子。

⑤祓濯（fú zhuó）：清除污垢。

⑥轮囷（qūn）：硕大。

⑦槎（chá）枒：错杂、参差不齐的样子。

【译文】

松化石是祖父从潇江官署中运回来的。石头本来摆在江口神祠，当地人宰杀牲畜祭神，将毛发鲜血洒在石头上表示恭敬，因此上面血迹斑斑，毛发散乱，几乎看不到石头本来的样子。祖父把它运回衙门，亲自洗刷，称它为"石丈"，还写了一篇《松化石纪》。现在闲置在台阶下，用来垫花缸，并不适合。我嫌它硕大臃肿，失去松树的纹理，不如董文简家崑壮盘曲的两个松树橛,它们纹理参差错杂,树皮断了仍附在树干上,跟这个松化石比更胜一筹。

大父石上磨崖,铭之曰:"尔昔鬣而鼓兮,松也;尔今脱而骨兮,石也;尔形可使代兮,贞勿易也。尔视余笑兮,莫余逆也。"其见宝如此。

【译文】

祖父在这块石头上镌刻铭文,上面写道:"你曾经枝叶茂盛树干粗壮,是棵松树;如今枝叶尽脱只剩骨干,是块石头;你的外形可以更替,但品质不会改变。你和我相视一笑,我们是莫逆之交。"可见他是多么珍视这块石头。

闰中秋

崇祯七年闰中秋①,仿虎丘故事②,会各友于蕺山亭③。每友携斗酒、五簋、十蔬果、红毡一床④,席地鳞次坐。缘山七十余床,衰童塌妓⑤,无席无之。在席七百余人,能歌者百余人,同声唱"澄湖万顷"⑥,声如潮涌,山为雷动。诸酒徒轰饮,酒行如泉。夜深客饥,借戒珠寺斋僧大锅⑦,煮饭饭客,长年以大桶担饭不继⑧。

【注释】

①崇祯七年:1634年。
②虎丘故事:指苏州人中秋夜在虎丘赏月的习俗。
③蕺(jí)山亭:为旧时绍兴山阴、会稽两县的状元亭,凡考中状元

者,将名字刻于亭柱。蕺山,在浙江绍兴城内。传说越王勾践败
于吴国后,曾在此采蕺草而食,故名。

④簋(guǐ):古代盛食物器具,圆口,双耳。

⑤衰童塌妓:年长色衰的娈童歌伎。这里有调侃的意味。

⑥澄湖万顷:语出明梁辰鱼《浣纱记》第三十出《采莲》之《念奴娇
序》:"澄湖万顷,见花攒锦绣,平铺十里红妆。夹岸风来宛转处,
微度衣袂生凉。摇飏,百队兰舟,千群画桨,中流争放采莲舫。(合)
惟愿取双双缱绻,长学鸳鸯。"

⑦戒珠寺:在今浙江绍兴西街。原为王羲之旧宅,原名"安昌寺",唐
大中年间改称"戒珠寺",现存墨池、山门、大殿和东厢房。

⑧长年:长工。

【译文】

崇祯七年闰中秋,效仿虎丘旧俗,与各位朋友相会于蕺山亭。每人
带着一斗酒、五簋食物、十种蔬菜瓜果、一床红毡,大家席地挨次坐下。
沿着山摆放了七十多张席,那些娈童歌伎,没有哪个上面是没有他们的。
在场有七百多人,能演唱的有一百多,大家一齐唱着"澄湖万顷",声音如
潮水般涌动,山峰为之震动。酒徒们狂喝滥饮,酒像泉水一样流动。夜
深了,客人饿了,就借戒珠寺斋僧的大锅,煮饭给客人吃,长工用大桶担
饭,都供不过来。

命小傒岕竹、楚烟于山亭演剧十余出,妙入情理,拥观
者千人,无蚊虻声①,四鼓方散②。月光泼地如水,人在月中,
濯濯如新出浴③。夜半,白云冉冉起脚下,前山俱失,香炉、
鹅鼻、天柱诸峰④,仅露髻尖而已⑤,米家山雪景仿佛见之⑥。

【注释】

①蚊虻:这里泛指蚊虫。

②四鼓：四更。

③濯濯（zhuó）：清新、明净的样子。

④鹅鼻：鹅鼻山，又名"蛾眉山""刻石山"，在浙江绍兴南。作者在
《夜航船》一书中亦有介绍："蛾眉山，在轩亭北首民居之内，今指
土谷寺神桌下小石为蛾眉山者，非是。"天柱：天柱山，又名"宛委
山""石匮山""玉笥山"，在浙江绍兴东南。作者在《夜航船》中亦
有介绍："宛委山：在会稽禹穴之前。上有石匮，大禹发之，得赤珪如
日，碧珪如月，长一尺二寸。又传禹治水毕，藏金简玉字之书于此。"

⑤髻（jì）尖：山头。髻，梳在头顶的发结。

⑥米家山：宋代米芾、米友仁父子善画山水，自成一格，后人遂称其
父子所作山水画为"米家山"或"米家山水"。

【译文】

　　我让小奴芥竹、楚烟在山亭演了十几出戏，妙入情理，虽然围在一起观赏的有上千人，但静得连蚊虫的声音都没有，直到四更时分才散。月光像流水洒在地面上，人在月光中，明净的样子就像刚刚出浴。夜半时分，白云冉冉从脚下升起，眼前的山峰都消失了，只有香炉、鹅鼻、天柱峰，仅露出一点儿峰尖而已，仿佛看见了米芾父子笔下的雪景图。

愚公谷①

　　无锡去县北五里为铭山②。进桥，店在左岸，店精雅，卖泉酒、水坛、花缸、宜兴礶、风炉、盆盎、泥人等货。愚公谷在惠山右，屋半倾圮，惟存木石。惠水涓涓③，鬻井之涧，鬻涧之溪，鬻溪之池、之厨、之湢④，以涤、以濯、以灌园、以沐浴、以净溺器，无不惠山泉者，故居园者福德与罪孽正等。

【注释】

①愚公谷：在今江苏无锡锡惠公园内。原为惠山寺僧人居所，名"听泉山房"。至明代邹迪光在此建造园林，取柳宗元《愚溪诗序》一文中愚溪、愚丘之意，称其为"愚公谷"。详见邹迪光《愚公谷乘》一文。

②铭山：又名"锡山"，在今江苏无锡市西，与惠山相连。

③惠水：惠山泉水。

④湢（bì）：浴室。

【译文】

无锡县城往北五里是铭山。走上桥，店铺在左手岸边。店铺精雅，出售泉酒、水坛、花缸、宜兴罐、风炉、盆盏、泥人等商品。愚公谷在惠山的右边，房屋大半倒塌，只剩下一些木石。惠山泉水涓涓流过，从水井流到小沟，从小沟流到小溪，再从小溪流到水塘、流到厨房、流到浴室，用来洗涤、用来清洗、用来浇灌园子、用来沐浴，乃至用来清洁便器，没有不是用惠山泉水的，因此住在这个园子里的人福德与罪孽正相等。

愚公先生交游遍天下，名公巨卿多就之，歌儿舞女、绮席华筵、诗文字画，无不虚往实归。名士清客至则留，留则款①，款则钱②，钱则赈③。以故愚公之用钱如水，天下人至今称之不少衰。愚公文人，其园亭实有思致文理者为之，礌石为垣，编柴为户，堂不层不庑④，树不配不行⑤。堂之南，高槐古朴，树皆合抱，茂叶繁柯，阴森满院。藕花一塘，隔岸数石，乱而卧。土墙生苔，如山脚到涧边，不记在人间。园东逼墙一台，外瞰寺，老柳卧墙角而不让台，台遂不尽瞰，与他园花树故故为亭台、意特特为园者不同。

【注释】

①款：热情款待。

②饯：饯行，设酒食送别。

③赆（jìn）：赠给别人的路费或礼物。

④庑：堂下周围的走廊、廊屋。

⑤行（háng）：行列。

【译文】

　　愚公先生交游遍天下，名流权贵多愿意接近他，无论是歌儿舞女、绮席华筵，还是诗文字画，没有不是虚往实归的。名士清客到了就留下，留下之后就款待，款待之后就设酒食送别，设酒食送别就送路费。因此愚公花钱如流水，天下人至今仍赞扬不绝。愚公是文人，他的园亭是真有思致文理的人设计的，垒石为墙，编柴成门，厅堂没有分层也没走廊，树木不对称也不成行。厅堂南边，槐树高大古朴，都有合抱那么粗，叶茂枝繁，满院幽静阴凉。池中有莲藕荷花，隔岸有一些石头，散乱地躺在那里。土墙上生出青苔，从山脚走到涧边，记不得自己是在人间了。园子东边临墙有个台子，往外能看到寺院，有棵老柳树卧在墙角，不让这个台子，站在台子上就不能看到全部风景，这就与其他园子花树特意为亭台留地方、可以造园的做法不同。

定海水操①

　　定海演武场在招宝山海岸②。水操用大战船、唬船、蒙冲、斗舰数千余艘③，杂以鱼艓轻艟④，来往如织。舳舻相隔⑤，呼吸难通，以表语目，以鼓语耳，截击要遮，尺寸不爽⑥。健儿瞭望，猿蹲桅斗，哨见敌船，从斗上掷身腾空溺水，破浪冲涛，顷刻到岸，走报中军，又趵跃入水⑦，轻如鱼凫⑧。

【注释】

①定海:即今浙江定海。

②招宝山:又名"侯涛山""鳌柱山",在今浙江镇海东北。南临港口,形势险要,素有"浙东门户"之称。

③唬船:又叫"叭唬船",明代闽、浙一带水军使用的小型战船。蒙冲:一种古代战船。用生牛皮蒙船覆背,两边开掣棹孔,左右设有弩窗、矛穴。斗舰:一种大型战船。

④鱼艓(dié)轻舻(lǐ):指轻便小船。

⑤舳舻(zhú lú):船头、船尾的合称。指代船。

⑥爽:差错。

⑦趵(bào)跃:跳跃。

⑧鱼凫(fú):一种捕鱼的水鸟。

【译文】

定海演武场在招宝山那里的海岸。水操用了几千艘大战船、叭唬船、蒙冲、斗舰,还夹杂一些轻舟小船,往来如织。舟船相隔,说话听不见,就用眼睛来看表情,用耳朵来听鼓声,但拦截攻击,丝毫不差。负责瞭望的健儿,像猿猴一样蹲在桅斗上,望见敌船,就从桅斗上纵身腾空入水,破浪冲涛,顷刻间游到岸边,跑去报告中军,随后再跳入水中,轻盈得像只水鸟。

水操尤奇在夜战,旌旗干橹皆挂一小镫①,青布幕之,画角一声②,万蜡齐举,水光映射,影又倍之。

【注释】

①干橹:小盾、大盾。泛指武器。镫(dēng):灯。

②画角:古代的一种乐器。用竹木或皮革等制成,因表面有彩绘,故称"画角"。其声音哀厉高亢,古时军中多用以警昏晓、振士气、肃

军容。

【译文】

水操更为奇特的是夜战，旌旗武器上都挂着一盏小灯，用青色的布蒙着，画角声一响，所有灯烛同时举起，水光映射，光影成倍增加。

招宝山凭槛俯视，如烹斗煮星，釜汤正沸。火炮轰裂，如风雨晦冥中电光翕焱①，使人不敢正视。又如雷斧断崖石，下坠不测之渊，观者褫魄②。

【注释】

①翕焱（yàn）：火光闪烁，光芒四射。

②褫（chǐ）魄：失魂落魄、惊慌失措的样子。

【译文】

从招宝山凭栏俯视，就像一口大锅在烹煮北斗群星，锅里的水正沸腾翻滚。火炮轰炸的声音，就像风雨昏暗中的电光闪烁，让人不敢正视。又像用雷斧砍断崖边的石头，坠下无底深渊，观看的人吓得丢了魂魄。

阿育王寺舍利①

阿育王寺，梵宇深静②，阶前老松八九颗，森罗有古色③。殿隔山门远，烟光树樾，摄入山门，望空视明，冰凉晶沁。右旋至方丈门外，有娑罗二株④，高插霄汉。便殿供栴檀佛⑤，中储一铜塔，铜色甚古，万历间慈圣皇太后所赐⑥，藏舍利子塔也⑦。舍利子常放光，琉璃五彩，百道迸裂，出塔缝中，岁三四见。凡人瞻礼舍利，随人因缘现诸色相。如墨墨无所见者⑧，是人必死。昔湛和尚至寺，亦不见舍利，而是年死。

屡有验。

【注释】

①阿育王寺:在今浙江宁波鄞州区阿育王山上。东晋义熙元年（405），为保护舍利始建。梁武帝普通三年（522），兴建殿堂楼阁，并赐寺名为"阿育王寺"。寺内保存着许多碑碣、石刻以及经藏古籍等珍贵文物。阿育王，古印度摩揭陀国孔雀王朝的国王，前268至前232年在位。后皈依佛教，在印度广建寺塔，派僧人四处传教。舍利:舍利子。释迦牟尼遗体火焚时形成的珠状物。后亦指高僧火化后剩下的骨烬。

②梵宇:佛寺，寺院。

③森罗:谓树木繁茂罗列。

④娑罗:梵语音译。植物名。一种常绿大乔木。佛教传说释迦牟尼在娑罗树下涅槃。

⑤栴（zhān）檀:同"旃檀"，檀香木。

⑥慈圣皇太后:明神宗的生母李氏，原为宫女。

⑦舍利子塔:作者在《夜航船》一书中有介绍:"舍利塔:《谈苑》:阿育王所造释迦真身舍利塔，见于明州鄞县。太宗命取舍利，度开宝寺地，造浮屠十一级以藏之。"

⑧墨墨:昏暗、看不清的样子。

【译文】

阿育王寺,寺院幽静,台阶前有老松八九棵,枝叶繁密,有古雅之意。大殿离山门较远,道路两旁的烟光树荫,都在山门的视线内,向空中望去,一片明净,幽光透出凉意。向右转到方丈门外,有娑罗树两棵,高高耸立直冲云霄间。便殿供奉旃檀佛,中间放着一座铜塔,铜的颜色很旧,为万历年间慈圣皇太后所赐,是存放舍利子的佛塔。舍利子常常放着光芒,像琉璃一样五彩斑斓,上百道光芒从塔缝中迸发,一年可以见到三四次。人们来瞻仰舍利,会随人的因缘显现各种色相。如果黑乎乎的什么都看不见,此人必死。以前湛和尚到寺院,也没看到舍利,结果当年就死了。此事屡有应验。

次蚤,日光初曙,僧导余礼佛。开铜塔,一紫檀佛龛供一小塔,如笔筒,六角,非木非楮①,非皮非漆,上下皲定②,四围镂刻花楞梵字③。舍利子悬塔顶,下垂摇摇不定,人透眼光入楞内,复眠眼上视舍利,辨其形状。

【注释】

①楮(chǔ):纸的代称。

②皲(mán):裂开,脱离。

③梵字:古代印度所通行的文字。

【译文】

次日早晨,太阳刚升起,寺僧就带我去拜佛。然后打开铜塔,一个紫檀做的佛龛里供着一尊小塔,像个笔筒,有六个角,非木非楮,非皮非漆,表面上下都开裂了,四周镂刻着花边梵文。舍利子就悬在塔顶,往下垂着,摇摇不定,人透过小缝往里看,眼睛再往上看舍利,能辨认出舍利的形状。

余初见三珠连络如牟尼串①,煜煜有光②。余复下顶礼,求见形相,再视之,见一白衣观音小像,眉目分明,鬒鬘皆见③。

【注释】

①牟尼串:即牟尼珠,数珠,佛教徒念佛、持咒、诵经时用以计数的成串珠子。

②煜煜(yù):明亮的样子。

③鬒鬘(jiǎn mán):鬓毛,额发。

【译文】

我起初看到三个珠子连在一起像牟尼珠,明亮有光泽。我又下去礼拜一次,请求看到真正的形状,再去看时,看到的则是一尊白衣观音小像,眉目分明,鬓发都能看得清清楚楚。

秦一生反复视之,讫无所见,一生遑遽①,面发赤,出涕而去。一生果以是年八月死,奇验若此。

【注释】

①遑遽(jù):惶恐不安。

【译文】

秦一生反复盯着看,但什么也没看到,他感到惊恐不安,脸上发红,流着泪离开了。其后一生果然在这一年八月去世,舍利竟然如此灵验。

过剑门①

南曲中②,妓以串戏为韵事③,性命以之④。杨元、杨能、顾眉生、李十、董白以戏名,属姚简叔期余观剧。侯僮下午唱《西楼》⑤,夜则自串。侯僮为兴化大班,余旧伶马小卿、陆子云在焉,加意唱七出戏。

【注释】

①剑门:剑门关,在四川剑阁大剑山口。大剑山中断处,两崖相对如门,故名"剑门"。这里以"过剑门"来形容作者精于赏鉴,演员很难得到其认可。

②南曲中:指南京地区的青楼、妓院。

③串戏:演戏。

④性命以之：用自己的性命去演戏，意思是演得十分认真、投入。

⑤《西楼》：即《西楼记》。作者为张岱好友袁于令，写书生于鹃与妓女穆素徽之间的爱情故事。

【译文】

在青楼妓院里，妓女们以演戏为风雅之事，往往用自己的生命去演。杨元、杨能、顾眉生、李十、董白都因演戏而闻名，她们托姚简叔约我去看戏。戏子们下午唱《西楼记》，夜间则亲自串戏。这些戏子来自兴化的大戏班，我以前的伶人马小卿、陆子云也在，他们特意唱了七出戏。

　　至更定，曲中大咤异。杨元走鬼房问小卿曰①："今日戏，气色大异，何也？"小卿曰："坐上坐者余主人。主人精赏鉴，延师课戏，童手指千②，僮僮到其家谓'过剑门'，焉敢草草！"杨元始来物色余。《西楼》不及完，串《教子》，顾眉生：周羽；杨元：周娘子；杨能：周瑞隆③。杨元胆怯肤栗，不能出声，眼眼相觑④，渠欲讨好不能⑤，余欲献媚不得，持久之，伺便喝采一二，杨元始放胆，戏亦遂发。

【注释】

①鬼房：演员化妆使用的房间。

②童手指千：语出《汉书·货殖传》："童手指千，筋角丹沙千斤。"指人数多。

③"串《教子》"四句：以上出目及人物皆出《寻亲记》，作者王锃，写秀才周羽悲欢离合事。《教子》为该剧第二十五出。周羽、周娘子、周瑞隆，皆剧中人物。

④觑（qù）：看，偷看，窥探。

⑤渠：其，他。

【译文】

戏演到初更时分，大家感到很奇怪。杨元走到后台问小卿道："今天演戏，你气色大不一样，这是怎么回事？"小卿说："坐上座的是我以前的主人。主人精于鉴赏，专门请老师教戏，经过众多高手指点，戏子到他家演戏叫'过剑门'，哪敢草草了事！"杨元这才用眼打量我。《西楼记》还没唱完，又演《教子》，顾眉生扮周羽，杨元扮周娘子，杨能扮周瑞隆。杨元胆怯发抖，发不出声音，大家相互看着，她想讨好我却不能，我想捧场也不能，相持久了，我等到合适的机会喝了一两声采，杨元才开始放开胆子，戏也跟着才唱起来。

　　嗣后曲中戏，必以余为导师，余不至，虽夜分不开台也。以余而长声价，以余长声价之人而后长余声价者，多有之。

【译文】

以后青楼里演戏，必定请我做导师，我不到场，就是到了半夜也不开演。因我而长身价，因我而长身价之后又使我长身价的人，有不少。

冰山记

　　魏珰败①，好事作传奇十数本，多失实，余为删改之，仍名《冰山》②。城隍庙扬台，观者数万人，台趾鳞比，挤至大门外。一人上，白曰："某杨涟③。"口口谇谇曰④："杨涟！杨涟！"声达外，如潮涌，人人皆如之。杖范元白⑤，逼死裕妃⑥，怒气忿涌，噤断嗢喑⑦。至颜佩韦击杀缇骑⑧，噪呼跳蹴⑨，汹汹崩屋。沈青霞缚藁人射相嵩⑩，以为笑乐，不是过也。

【注释】

①魏珰：指宦官魏忠贤。珰，原为汉代武职宦官帽子上的装饰品，后借指宦官。

②《冰山》：《冰山记》，陈开泰撰。明祁彪佳《远山堂曲品》称其"传时事而不牵蔓，正是炼局之法。但对口白极忌太文，便不脱学究气"，作者据以删改的当为此剧。原剧及作者删改本皆已失传。

③杨涟（1571—1625）：字文孺，号大洪，湖广应山（今湖北广水应山区）人。万历三十五年（1607）进士，历任常熟知县、给事中、兵科都给事中、左副都御史等。因弹劾魏忠贤被诬陷，惨死狱中。谥忠烈。著有《杨忠烈公文集》。

④诔谍（suì chá）：小声传话。

⑤范元白：作者在《古今义烈传自序》中作"杖杀万燝"。万燝，字闇夫，一字元白，江西南昌人。万历四十四年（1616）进士，历任刑部、工部主事。据《明史·万燝传》记载，万燝上书弹劾魏忠贤，"忠贤大怒，矫旨廷杖一百，斥为民"，"乃命群奄至燝邸，捽而殴之，比至阙下，气息才属。杖已，绝而复苏。群奄更肆蹴踏，越四日即卒"。

⑥裕妃：天启皇帝的妃子张氏，天启三年（1623）被册封为裕妃，因受宠幸怀孕，遭到客氏、魏忠贤忌恨，被陷害至死。

⑦噤龂（jìn yín）：闭口不说话。龂，牙龈。嚄唶（huò zé）：叫嚷，呼喊。

⑧颜佩韦：苏州市民。魏忠贤屡兴大狱，打击东林党人，逮捕周顺昌时，苏州市民进行反抗，打死一名旗尉。后朝廷追究，颜佩韦等五人挺身投案，英勇就义。缇（tí）骑：锦衣卫校尉。

⑨噭（jiào）：同"叫"。跳蹴（cù）：跳踏。

⑩沈青霞缚藁（gǎo）人射相嵩：据《明史·沈炼传》记载，沈炼因得罪严嵩而被贬，他"缚草为人，象李林甫、秦桧及嵩，醉则聚子弟攒射之"。沈青霞，沈炼，号青霞。嵩，权臣严嵩。

【译文】

宦官魏忠贤事败，好事者写了十几本传奇，但大多都与事实不符，我把它删改了一番,仍然叫《冰山记》。在城隍庙扬台演出,观看者有几万人,在台下密密麻麻,一直挤到大门外。一个演员上台,念白道:"我是杨涟。"人们就小声传道:"杨涟!杨涟!"声音传到外面,像潮水翻涌一般,每个人都在这样说着。演到杖打范元白,逼死裕妃的时候,观众怒气涌上心头,切齿痛恨,怒而不言。等演到颜佩韦击杀锦衣卫校尉时,大家喊着跳着,声音大到要把屋子震塌。看到沈青霞绑假人当作严嵩来射时,大家都笑了起来,觉得不过如此。

　　是秋,携之至兖,为大人寿①。一日,宴守道刘半舫②,半舫曰:"此剧已十得八九,惜不及内操菊宴、及逼灵犀与囊收数事耳。"余闻之,是夜席散,余填词,督小侯强记之。次日,至道署搬演,已增入七出,如半舫言。半舫大骇异,知余所构,遂诣大人,与余定交。

【注释】

　　①大人:即家大人,指作者的父亲张耀芳。

　　②刘半舫:刘荣嗣(1570—1638),字敬仲,号简斋,别号半舫,河北曲周人。万历四十四年(1616)进士,历任户部主事、吏部主事、顺天府尹、工部尚书等。为人正直,不依附阉党。著有《半舫集》《简斋集》等。

【译文】

　　那年秋天,我带着剧本到兖州府去给父亲祝寿。一天,宴请守道刘半舫,半舫说:"这部剧里的事件十有八九都写到了,只可惜没提到内操菊宴、逼灵犀及囊收这几件事。"我听到后,当天夜里一散席,就去填词,督促伶人赶紧记熟。第二天,到道台衙门搬演,已经增加七出戏,把半舫说的那些事都写进去了。半舫感到很惊讶,后来知道是我写的,就到父亲那里,与我结交。

卷八

【题解】

全书到了最后一卷，始于繁华，终于凄凉，这既是阅读该卷产生的深刻印象，实际上也是《陶庵梦忆》这部书留给读者的总体感受。特别是卷末的最后一篇《琅嬛福地》，题目就很刺眼，国已不存，家已破败，福地何在？只能将世间所有繁华声色归之于梦幻，尽管写得很生动，很有画面感，但读后令人唏嘘，徒增悲戚。

这让人想到了不久后出现的《红楼梦》。在这部小说中，当初贾府的日子也是鲜花着锦，烈火烹油，秦可卿的丧礼竟然办得轰轰烈烈，更像是整个家族的庆典，但天下没有不散的筵席，转眼之间，落了片白茫茫大地真干净，作者也是将其归之一梦，看其书名可知。

有人将这种感伤和幻灭视之为消极乃至落后，这实在是大煞风景。设身处地想一想，在经历过这种从盛极到衰落的巨大变迁之后，还能忍心去歌颂、去赞美吗？有些人不能理解《陶庵梦忆》，不能理解《红楼梦》，就是因为其人生道路与张岱、与曹雪芹正好相反，他们无法体会到这些逆行者内心深处的悲凉。因此读张岱和他的《陶庵梦忆》，是需要阅历的，这是一部心灵经历岁月冲刷之后才能真正读懂的文学经典。

以下对本卷各文进行简要评述：

《龙山放灯》：继《世美堂灯》《绍兴灯景》之后，作者再次写到越中的放灯。其父叔们实际上做了一项颇得人心的公益性事业，从喧闹非凡的景象中他们得到了更多的快乐，正所谓独乐乐，不如与人乐乐。

《王月生》：在作者的交往中，有身份较高的文人士大夫，也有身份卑微的能工巧匠，更有青楼娼女，比如前面写到的朱楚生。对这些人，作者注重写出他们脱俗传奇的一面，实际上也是为他们立传。作者还写有《曲中妓王月生》一诗，以茶喻人，颇有特色，兹引如下：

> 金陵佳丽何时起，余见两事非常理。
> 乃欲取之相比伦，俗人闻之笑见齿。
> 今来茗战得异人，桃叶渡口闵老子。
> 钻研水火七十年，嚼碎虚空辨渣滓。
> 白瓯沸雪发兰香，色似梨花透窗纸。
> 舌闻幽沁味同谁，甘酸都尽橄榄髓。
> 及余一晤王月生，恍见此茶能语矣。
> 蹴三致一步客移，狷洁幽闲意如冰。
> 依稀葤粉解新篁，一茎秋兰初放蕊。
> 縠雾犹嫌弱不胜，尖弓适与湘裙委。
> 一往神情可奈何，解人不得多流视。
> 余惟对之敬畏生，君谟嗅茶得其旨。
> 但以佳茗比佳人，自古何人见及此。
> 犹言书法在江声，闻者喷饭满其几。

《张东谷好酒》：在作者看来，好端端一个文人佳话被弄成恶俗。他批评的对象是曹臣的《舌华录》，这里将该书相关部分的原文摘引在此："会稽张状元诸孙四五辈，皆不饮酒，善肴物。每至席所，箸下如林，必一尽乃止。沈曼长曰：'张氏兄弟，赋性奇哉！遇肴不论美恶，只是吃；遇酒不论美恶，只是不吃。'"读者诸君不妨将其与本文对读，看是不是"点金成铁"。

《楼船》：本书中有不少文章涉及作者父祖兄弟间的逸闻趣事，由此可以勾勒出其家世情况。张氏家族是当地的望族,当年富足奢华的程度从这篇文章中所写的楼船可见一斑,好在张家是开明士绅,并不是闭门娱乐,乡邻们还可以分享一下。

《阮圆海戏》:无德之人未必无才,有才之人未必有德。这正如一句俗语所说的:林子大了,什么鸟都有。阮大铖应该就是一个典型的例子,说到他在戏曲方面的成就,学界是有定评的,无论是明代戏曲史还是中国戏曲史,都会提到他。但这个人的人品德行确实是卑下,这个也是有定评的,时至今日也没有人为他平反,事实上他劣迹斑斑,也没办法帮他说好话。作者就事论事,把两者分得很清楚。

《嵻花阁》:作者出身世家,但他的家族成员并不是都像他这样精通艺术,比如他的这位五雪叔,实际上就是瞎折腾,反正家里有钱,也折腾得起。作者对他显然是有微词的。明祁彪佳《越中园亭记》对嵻花阁亦有介绍:"在张五泄君宅后,即龙山之南麓也。石壁棱峭,下汇为小池,飞栈曲桥,逶迤穿渡,为亭为台,如簇花叠锦,想金谷当年,不过尔尔。"可与本文对读。

《范与兰》:这位范与兰学琴很有意思,已经学了多年,按说也有些水平了。但见了另外一个不错,便决意改弦更张,刻意放弃旧学,结果好的没学会,原来的也忘了,到最后,什么也不会了,也就只能用手指拨弄几下琴弦,算是对学艺生涯的纪念吧。这是狗熊掰棒子的现实版。

《蟹会》:明代人喜欢结社,除了诗社,还有五花八门的社,本书就写了丝社、噱社等。吃个螃蟹,竟然还组织一个蟹社!吃蟹能吃到这种境界,也只能用"天厨仙供"一词来形容了,难怪要结社,一般人也真没资格。

《露兄》:茶馆的名字起得好,既有典可据,又很新颖别致。文章的重点在这篇《斗茶檄》,可以看作是作者为露兄茶馆撰写的广告词,雅致而无烟火气。作者很善于写这类文字,本书中就收录不少。

《闰元宵》:平日没有节庆都要找理由欢聚,遇到闰正月,一年两度元宵,确实是百年难得的奇遇,那更是要庆祝一下,于是有了重张五夜灯的雅事。作者不仅为放灯忙乎,还要写致语。事奇,文更奇。

《合采牌》:作者这篇合采牌的序写得很好玩,算是借题发挥,从斗牌说到历史。它将复杂的历史现象归纳为一个简单的道理,那就是大家忙来忙去,争来斗去,都是为了一个"钱"字,都是为了饭吃。上至天子,下到百姓,只不过处在不同的阶层,得到的方式不同而已。正所谓人为财死,鸟为食亡。

《瑞草溪亭》:作者的这位族弟燕客是个典型的败家子,大概像《红楼梦》里的那位薛蟠,他比作者的五雪叔还能折腾,不把家里挥霍干净,是不会罢休的。只是不知道国破家亡之际,这些败家子的下场如何? 本文所记燕客修建瑞草溪亭及挥霍事,亦见于作者《五异人传》一文。在该文中,作者曾这样评价这位堂弟:"我弟自读书做官,以至山水园亭,骨董伎艺,无不欲速一念,乃受卤莽灭裂之报。其间趣味削然,实实不堪咀嚼也。譬犹米石宣炉,入手即坏,不期速成,只速朽耳。孰意吾弟之智,乃出秦桧下哉?"

《琅嬛福地》:全书以钟山起篇,以梦境结篇,从王朝的宏大叙事一直说到个人的梦幻破灭,作者实有深意在,字里行间,透出一份凄凉与感慨。人生仿佛一场梦,一个王朝延续了二百七十多年,转眼间灰飞烟灭,这不也是一场梦吗? 琅嬛福地到底在哪里? 莫非作者还有一份执念在?

龙山放灯①

万历辛丑年②,父叔辈张灯龙山,斫木为架者百③,涂以丹艧④,帨以文锦⑤,一灯三之。灯不专在架,亦不专在磴道⑥,沿山袭谷,枝头树杪⑦,无不灯者,自城隍庙门至蓬莱冈上下,亦无不灯者。山下望如星河倒注,浴浴熊熊⑧,又如隋炀帝夜游⑨,倾数斛萤火于山谷间,团结方开⑩,倚草附木,迷

迷不去者⑪。好事者卖酒,缘山席地坐。山无不灯,灯无不
席,席无不人,人无不歌唱鼓吹。男女看灯者,一入庙门,头
不得顾,踵不得旋,只可随势,潮上潮下,不知去落何所,有
听之而已。庙门悬禁条:禁车马,禁烟火,禁喧哗,禁豪家奴
不得行辟人⑫。父叔辈台于大松树下,亦席,亦声歌,每夜鼓
吹笙簧与谯歌弦管,沉沉昧旦⑬。

【注释】

①放灯:民间农历正月元宵节燃点花灯的一种风俗。作者在《夜航
　船》一书中亦有介绍:"元夕放灯:以正月十五天官生日放天灯,七
　月十五水官生日放河灯,十月十五地官生日放街灯。宋太宗淳化
　元年六月丙午诏,罢中元、下元两夜灯。"

②万历辛丑年:即万历二十九年(1601)。

③刬(yǎn):削。

④丹腰(wò):红色涂料。

⑤帨(shuì):佩巾。这里用作动词,以布缠裹的意思。

⑥磴(dèng):石头台阶。

⑦树杪(miǎo):树梢。

⑧浴浴熊熊:形容水势很大的样子。

⑨隋炀帝夜游:典出《隋书·炀帝纪》:"壬午,上于景华宫征求萤火,
　得数斛,夜出游山,放之,光遍岩谷。"隋炀帝,杨广(569—618),
　小字阿㜷,隋文帝杨坚次子。在位十四年,期间大兴土木,修建宫
　殿,生活荒淫奢侈。

⑩团结:聚拢成团。

⑪迷迷:环绕,依附。

⑫行辟(bì):让人回避。辟,躲避,回避。

⑬沉沉昧旦:不知不觉天已将亮。昧旦,天将明未明之时。

【译文】

万历辛丑年,父叔辈在龙山放花灯,他们让人削木头搭了上百个架子,涂上红色的颜料,再用彩色织锦裹住,每挂一盏灯都重复这三个步骤。灯不只挂在架子上,也不只挂在石阶上,而是沿着山谷,树梢头上,到处张挂着,从城隍庙大门一直到蓬莱冈附近,也都挂着灯。从山下望上去,就好像天上的星河向人间倾泻,波涛汹涌,又好像是隋炀帝当年夜游时,将很多萤火虫倾倒在山谷间,聚拢成团的萤火虫刚散开,环绕依附于草丛树枝间,不肯离开。有喜欢热闹的在这里卖酒,大家顺着山坡席地而坐。山上到处都是灯,灯下到处都是酒席,席上到处都是人,大家都是又吹又唱,庆祝节日。看灯的男男女女,一进庙门,头都没法转动,脚也不能随便动,只能随着人潮,或上或下,不知道会停在哪里,也只能听之任之了。庙门口挂着禁条:禁止车马入内,禁止燃放烟火,禁止高声喧哗,禁止富豪家的奴仆驱逐行人。父叔辈们在大松树下安放案台,也是席地而坐,也在放声歌唱,每晚都是鼓瑟吹笙,丝竹管弦齐奏,不知不觉间天色已亮。

　　十六夜,张分守宴织造太监于山巅星宿阁①,傍晚至山下,见禁条,太监忙出舆笑曰:"遵他,遵他,自咱们遵他起!"却随役,用二丱角扶掖上山②。夜半,星宿阁火罢,谶亦遂罢。灯凡四夜,山上下糟丘肉林③,日扫果核蔗滓及鱼肉骨蠡蜕④,堆砌成高阜⑤,拾妇女鞋挂树上,如秋叶。

【注释】

①织造太监:明时朝廷于南京、杭州、苏州三地设专局,掌管织造各项丝织品,供皇室之用,并各置提督织造太监一人。

②丱（guàn）角：旧时儿童的一种发式，将头发束成两角的样子。这里指年幼的仆从。扶掖：搀扶，扶助。

③糟丘肉林：形容酒肉非常之多。

④蠡（lí）蚬：贝类的壳。

⑤阜：土山。

【译文】

正月十六那天夜里，张分守在山顶的星宿阁里宴请织造太监，织造太监傍晚到了山下，看见庙门的禁条，连忙走出轿子笑着说："照办，照办，就从咱们开始照办！"于是不用随从，只让两个童仆搀扶着上山。到了半夜，星宿阁灭灯，宴会也就结束了。总共放了四夜灯，山上山下遍地都是酒肉食物，每天打扫出来的果核残渣及鱼骨贝壳之类，堆得像高高的山丘，将拾到的妇女的鞋子挂在树上，看起来像秋叶一样多。

相传十五夜，灯残人静，当垆者正收盘核①，有美妇六七人买酒。酒尽，有未开瓮者，买大罍一②，可四斗许，出袖中蓏果，顷刻罄罍而去。疑是女人星，或曰酒星。又一事，有无赖子于城隍庙左借空楼数楹③，以姣童实之，为帘子衚衕④。是夜，有美少年来狎某童，剪烛殢酒⑤，媟亵非理⑥，解襦，乃女子也，未曙即去，不知其地、其人，或是妖狐所化。

【注释】

①当垆：卖酒。

②罍（léi）：一种盛酒的容器。小口，广肩，深腹，圈足，有盖，多用青铜或陶制成。

③无赖子：刁顽耍奸、为非作歹的人。

④衚衕（hú tóng）：同"胡同"。

⑤嚏(tì)酒：困酒，病酒。

⑥媟(xiè)亵：轻薄，猥亵。

【译文】

相传正月十五夜，灯残人静的时候，卖酒人正在收拾盘中的残物，有六七个美貌的妇人来买酒。酒喝完了，看到还有没开封的酒瓮，就买了一大坛，大概有四斗多，她们从衣袖里拿出瓜果来，顷刻间喝光而去。人们怀疑她们是女人星，也有人说是酒星。还有一件怪事，有一个无赖子弟借了几间城隍庙左边的空楼，放了一些美貌的娈童在里面，作为帘子胡同。那天夜里，有个美少年来淫狎某个男童，等到烛残酒醉，轻薄失态的时候，解开衣服，原来是个女的，天没亮就离开了，不知来自何处，是何人，也许是妖狐幻化而来。

王月生①

南京朱市妓②，曲中羞与为伍，王月生出朱市，曲中上下三十年决无其比也。面色如建兰初开，楚楚文弱，纤趾一牙③，如出水红菱，矜贵寡言笑④，女兄弟闲客，多方狡狯⑤，嘲弄哈侮⑥，不能勾其一粲⑦。善楷书，画兰竹水仙。亦解吴歌⑧，不易出口。南中勋戚大老力致之⑨，亦不能竟一席。富商权胥得其主席半晌，先一日送书帕⑩，非十金则五金，不敢亵订。与合卺，非下聘一二月前，则终岁不得也。

【注释】

①王月生：其生平事迹，清初余怀《板桥杂记》记之甚详，兹引如下："王月，字微波。母胞生三女：长即月，次节，次满，并有殊色，月尤慧妍，善自修饰，颀身玉立，皓齿明眸，异常妖冶，名动公卿。桐城

孙武公昵之,拥致栖霞山下雪洞中,经月不出。己卯岁牛女渡河之夕,大集诸姬于方密之侨居水阁。四方贤豪,车骑盈闾巷,梨园子弟,三班骈演,水阁外环列舟航如堵墙。品藻花案,设立层台,以坐状元。二十余人中,考微波第一,登台奏乐,进金屈卮。南曲诸姬皆色沮,渐逸去。天明始罢酒。次日,各赋诗纪其事。余诗所云'月中仙子花中王,第一姮娥第一香'者是也。微波绣之于悦巾不去手。武公益眷念,欲置为侧室。会有贵阳蔡香君,名如薰,强有力,以三千金啖其父,夺以归。武公悢悢,遂娶葛嫩也。香君后为安庐兵备道,携月赴任,宠专房。崇祯十五年五月,大盗张献忠破庐州府,知府郑履祥死节,香君被擒。搜其家,得月,留营中,宠压一寨。偶以事忤献忠,断其头,函置于盘,以享群贼。嗟乎,等死也,月不及嫩矣,悲夫。"

②朱市:南京秦淮河一代的低等妓院。清初余怀《板桥杂记》:"南市者,卑屑妓所居;珠市间有殊色;若旧院,则南曲名姬、上厅行首皆在焉。"

③纤趾一牙:指王月生的脚很小。

④矜(jīn)贵:矜持、高贵。

⑤狯狯(kuài):玩笑,逗笑。

⑥咍(hāi)侮:戏弄。

⑦一粲(càn):一笑。粲,露齿而笑。

⑧吴歌:江南一带的民歌小调。

⑨勋戚大老:皇亲贵族。

⑩书帕:书信与礼金。

【译文】

南京朱市的妓女,青楼中的人都羞于和她们为伍,王月生是从朱市里出来的,但青楼上下三十年间没有一个能与她相比的。她的面容如刚刚开放的建兰花,楚楚动人,文雅柔弱,一双纤细的小脚,像出水的红菱。

她矜持高贵而不苟言笑,那些女兄弟、闲客开各种玩笑,调笑戏弄,都不能让她一笑。她善写楷书,喜画兰花、竹子、水仙等。也懂吴歌,但不轻易开口。南方那些达官贵族想尽办法去见她,也无法一起参加完一场宴席。富商权贵们想要做个半天的主席,都得提前一天送去书信礼金,没有十金也得五金,不敢怠慢。与她同床共枕的话,如果不在一两个月前下聘,一整年都会见不到。

好茶,善闵老子,虽大风雨、大宴会,必至老子家啜茶数壶始去。所交有当意者,亦期与老子家会。一日,老子邻居有大贾,集曲中妓十数人,群谇嬉笑①,环坐纵饮。月生立露台上,倚徙栏楯②,眠娗羞涩③,群婢见之皆气夺,徙他室避之。月生寒淡如孤梅冷月,含冰傲霜,不喜与俗子交接,或时对面同坐,起若无睹者。

【注释】

①谇(suì):本义为责骂,这里指嬉笑打闹。

②楯(shǔn):栏杆上的横木。

③眠娗(shì tǐng):腼腆,羞涩。

【译文】

王月生喜欢品茶,与闵老子关系很好,即便遇到大风雨、大宴会,也必定到闵老子家饮几壶茶再走。在交往的人里有中意的,也约在闵老子家相会。一天,闵老子有个邻居是富商,他聚集了青楼里的十几个妓女,相互打闹嬉笑,围坐在一起喝酒。这时月生站在露台上,倚着栏杆,美貌中带着羞涩,这群妓女见到她,都没了神气,躲到其他屋子里去了。月生性情寒淡,如孤梅冷月,含冰傲霜,不喜欢与世俗之人接触,有时一起面对面同坐同起,她好像没有看见一样。

　　有公子狎之,同寝食者半月,不得其一言。一日口嗫嚅动,闲客惊喜,走报公子曰:"月生开言矣!"哄然以为祥瑞,急走伺之,面赪①,寻又止②,公子力请再三,嚰涩出二字曰③:"家去。"

【注释】

①赪(chēng):变成红色。

②寻:很快,不久。

③嚰(jiǎn)涩:说话不顺畅,晦涩难懂。

【译文】

　　有位公子包养她,与她在一起同吃同住半个月,没听见她说一个字。一天,王月生嘴唇微动,似乎要开口,那些闲人又惊又喜,赶忙跑去跟公子说:"月生开口说话了!"大家吵吵嚷嚷,认为是好事,急忙跑去等着,只见她脸颊发红,很快又停住不说了,公子再三请她说话,这才含含糊糊地吐出两个字:"家去。"

张东谷好酒

　　余家自太仆公称豪饮①,后竟失传,余父、余叔不能饮一蠡壳②,食糟茄③,面即发赪,家常谦会,但留心烹饪,庖厨之精④,遂甲江左。一簋进⑤,兄弟争啖之立尽,饱即自去,终席未尝举杯。有客在,不待客辞,亦即自去。

【注释】

①豪饮:纵饮,能喝酒。

②蠡(lí)壳:贝类的壳。这里指很小的酒杯。

③糟茄：一种具有药用价值的食品。做法为将紫茄子洗净切块，与酒
　　糟、精盐放在瓷罐中，搅拌均匀，封口，放置一个月左右食用。

④庖（páo）厨：厨房。这里指精通美食。

⑤簋（guǐ）：古代盛食物的器具。圆口，双耳。

【译文】

　　我家从太仆公起就号称能喝酒，后来竟然失传了，我的父亲、叔叔都是连一小盅酒都喝不了，就是吃糟茄，脸都会发红，居家吃饭，参加宴会，都是只对烹饪留心，他们对美食品鉴之精通，在江左一带无人能比。一盘食物端进来，兄弟俩争着吃，很快吃完，吃饱就自行离开，直到宴席结束都没举过一次酒杯。就是有客人在，不等客人告辞，也是先自行离开。

　　山人张东谷①，酒徒也，每悒悒不自得②。一日起谓家君曰："尔兄弟奇矣！肉只是吃，不管好吃不好吃；酒只是不吃，不知会吃不会吃。"二语颇韵，有晋人风味。而近有伧父载之《舌华录》③，曰："张氏兄弟，赋性奇哉！肉不论美恶，只是吃；酒不论美恶，只是不吃。"字字板实，一去千里，世上真不少点金成铁手也④。

【注释】

①山人：隐士。

②悒悒（yì）：忧愁郁闷的样子。

③伧（cāng）父：鄙贱之人。《舌华录》：明代笔记，作者曹臣。

④点金成铁：比喻把好事办坏。典出《景德传灯录·真觉大师灵照》："问：'还丹一粒，点铁成金；至理一言，点凡成圣。请师一点。'师曰：'还知齐云点金成铁吗？'曰：'点金成铁，未之前闻。至理一言，敢希垂示。'"

【译文】

山人张东谷是个酒徒，经常郁郁不开心。有一天，他从座位上起身对我父亲说："你们兄弟俩真是奇怪！肉只是吃，也不管好吃不好吃；酒只是不喝，也不知道会喝不会喝。"这两句话颇有韵味，有晋人的风韵。近来又有鄙贱之人把这事写到《舌华录》里去，说是："张氏兄弟，赋性奇特！肉不论美恶，只是吃；酒不论美恶，只是不喝。"字字死板过实，意思却是去之千里，世上真是有不少这种点金成铁的高手。

东谷善滑稽，贫无立锥，与恶少讼，指东谷为万金豪富。东谷忙忙走诉大父曰："绍兴人可恶，对半说谎①，便说我是万金豪富。"大父常举以为笑。

【注释】

①对半：当面。一说一半。

【译文】

张东谷生性幽默滑稽，穷到无立足之地，曾和一位恶少打官司，那人说张东谷是家有万金的富豪。张东谷急忙跑去告诉我祖父说："绍兴人真是可恶，当面说谎，说我是万金富豪。"祖父常拿这件事说笑。

楼船

家大人造楼，船之①；造船，楼之。故里中人谓船楼，谓楼船，颠倒之不置。是日落成，为七月十五，自大父以下，男女老稚靡不集焉②。以木排数重搭台演戏，城中村落来观者，大小千余艘。午后飓风起，巨浪磅礴，大雨如注，楼船孤危，风逼之几覆，以木排为戤③，索缆数千条，网网如织，风不能撼。少顷风定，完剧而散。

【注释】

①船之:建成船的形状。

②靡(mǐ):无。

③贼(dòng):木船上用来系缆绳的木桩。

【译文】

　　父亲建楼,弄成船的形状;造船,又弄成楼的样子。因此乡里人叫船楼,叫楼船,颠来倒去地说。楼船建成那天,是七月十五,从祖父往下,全家男女老幼都聚在一起。就用好几层木排搭成台子演戏,城里、乡下过来看戏的,坐着大大小小的船,有上千艘。午后突然刮起了大风,巨浪磅礴,大雨如注,楼船陷入困境,险些被大风吹翻,后来用木排做桩子,紧紧地系上数千条缆绳,像织网那样,大风这才吹不动了。一会儿风停了,把戏演完后大家才散去。

　　越中舟如蠡壳,局蹐篷底看山①,如矮人观场,仅见鞋靸而已②。升高视明,颇为山水吐气。

【注释】

①局蹐(jí):狭窄,局促。

②靸(sǎ):拖鞋。

【译文】

　　绍兴的船小得像个贝壳,局促在船篷底下,看外面的山就跟矮人观场一样,只能看到人家的鞋子罢了。在楼船上站得高看得也清楚,真是为山水扬了眉吐了气。

阮圆海戏①

　　阮圆海家优讲关目②,讲情理,讲筋节③,与他班孟浪不同④。然其所打院本⑤，又皆主人自制，笔笔勾勒，苦心尽出，与他班卤莽者又不同。故所搬演，本本出色，脚脚出色，出出出色，句句出色，字字出色。

【注释】

① 阮圆海：阮大铖（1586—1646），字集之，号圆海，又号石巢、百子山樵，安徽安庆人。万历四十四年（1616）进士，曾任给事中。因依据阉党魏忠贤，崇祯初免职。后在南明王朝任兵部尚书。南京被清兵攻破后，降清。著有《燕子笺》《春灯谜》《牟尼合》《双金榜》等多部传奇。作者与其曾有往来。

② 关目：剧情。

③ 筋节：剧情关键之处。

④ 孟浪：轻率，鲁莽。

⑤ 院本：这里指剧本。

【译文】

阮圆海家的优伶演剧讲究剧情，讲究情理，讲究筋节，与其他戏班的那种轻率作风不同。他们所搬演的剧本，又都是主人自创的，一笔一笔细加勾勒，费尽心思，与其他戏班的鲁莽做法又不同。所以他们的演出，每一本戏、每个角色、每一出戏、每句戏词、每一个字，都很精彩。

余在其家看《十错认》《摩尼珠》《燕子笺》三剧，其串架斗笋、插科打诨、意色眼目①，主人细细与之讲明。知其义味②，知其指归③，故咬嚼吞吐④，寻味不尽⑤。至于《十错认》之龙灯、之紫姑，《摩尼珠》之走解、之猴戏，《燕子笺》之飞燕、之舞象、之波斯进宝，纸札装束，无不尽情刻画，故其出色也愈甚。

【注释】

①串架斗笋：指戏曲的情节结构。插科打诨：指戏曲演出时插入一些滑稽的动作或诙谐的语言，以引人发笑。意色眼目：意色，意态神色；眼目，面目，脸面。这里指戏曲表演中的表情眼神。

②义味：作品的意味和情趣。

③指归：主旨，意向。

④咬嚼吞吐：反复揣摩体会。

⑤寻味：回味，玩味。

【译文】

　　我在他家看过《十错认》《摩尼珠》《燕子笺》这三部戏，对其中的情节结构、插科打诨、眼神仪态，主人都细细地给演员们讲解明白。知道了其中的意味，明白了其中的主旨，因而反复揣摩，回味无穷。至于《十错认》中的龙灯、紫姑，《摩尼珠》中的走解、猴戏，《燕子笺》的飞燕、舞象、波斯进宝以及纸扎装束等，无不淋漓尽致地刻画，因而也就更加出色。

　　阮圆海大有才华，恨居心勿静①，其所编诸剧，骂世十七②，解嘲十三，多诋毁东林③，辩宥魏党④，为士君子所唾弃，故其传奇不之著焉。如就戏论，则亦镞镞能新⑤，不落窠臼者也⑥。

【注释】

①恨：遗憾，可惜。

②十七：十分之七。

③东林：东林党，明代后期，顾宪成与高攀龙、钱一本等人在无锡东林书院讲学，议论朝政，得到一些士大夫的支持，逐渐形成一个政治团体，被称为"东林党"。

④辩宥（yòu）：辩护，帮着说好话。魏党：以宦官魏忠贤为首的政治

　　集团。

　　⑤镞镞（zú）能新：语出《世说新语·赏誉》："文学镞镞，无能不新。"
　　　镞镞，挺拔、突出的样子。

　　⑥不落窠（kē）白：比喻有独创风格，不落俗套。

【译文】

　　阮圆海非常有才华，遗憾的是其心性不够安静，所编写的这些剧目，十部里面有七部是愤世嫉俗的，有三部是自我解嘲的，大多诋毁东林党人，帮魏忠贤之流辩白，受到士大夫君子的唾弃，因而他的这些传奇出不了名。如果仅就戏这方面来说，也算上是创新出奇，不落俗套了。

巘花阁

　　巘花阁在筠芝亭松峡下①，层崖古木，高出林皋②，秋有红叶。坡下支壑回涡③，石跗棱棱④，与水相距。阁不槛、不牖⑤，地不楼、不台，意政不尽也。

【注释】

　　①筠芝亭：详见本书卷一"筠芝亭"。

　　②林皋（gāo）：山林。皋，水边的高地。

　　③支壑回涡：山谷中水流回旋。

　　④石跗（mǔ）：指崖壁下突出的石头。跗，脚的大拇指。

　　⑤牖（yǒu）：窗户。

【译文】

　　巘花阁在筠芝亭松峡的下面，层叠的石崖上长着古树，高出山林之上，秋天有红叶可观。坡下面的山谷中水流回旋，崖壁下突起的石头棱角分明，与水流相抗。巘花阁没有门槛，没有窗户，地面上也没有建楼，没有造台，正是如此才意味无穷。

　　五雪叔归自广陵，一肚皮园亭，于此小试。台之、亭之、廊之、栈道之，照面楼之侧①，又堂之、阁之、梅花缠折旋之，未免伤板、伤实、伤排挤，意反局蹐，若石窟书砚。隔水看山、看阁、看石麓、看松峡上松，庐山面目反于山外得之②。

【注释】

①照面：正面，对面。

②庐山面目：语出宋苏轼《题西林壁》诗："不识庐山真面目，只缘身在此山中。"比喻事物的真实面目。

【译文】

　　五雪叔从广陵回来，装了一肚子建造园亭的想法，正好在这里小试身手。他修建了台阁、亭子、回廊、栈道，正面建楼，旁侧建造厅堂、台阁，又种了一些梅花缠绕盘旋，这未免失之于呆板、过实、拥挤，意境反倒变得局促，就像在石窟里摆放书砚一样。隔着水看山、看阁、看石麓、看松峡上的松树，庐山的真面目反倒可以从山外见到。

　　五雪叔属余作对，余曰："身在襄阳袖石里①，家来辋口扇图中②。"言其小处。

【注释】

①身在襄阳袖石里：米芾袖石典故，作者在《夜航船》一书中亦有记载："灵璧石：米元章守涟水，地接灵璧，蓄石甚富，一一品目，入玩则终日不出。杨次公为廉访，规之曰：'朝廷以千里郡付公，那得终日弄石。'米径前，于左袖中取一石，嵌空玲珑，峰峦洞穴皆具，色极青润，宛转翻落，以云杨曰：'此石何如？'杨殊不顾。乃纳之袖，又出一石，叠峰层峦，奇巧又胜。又纳之袖，最后出一石，尽天

画视镂之巧，顾杨曰：'如此那得不爱？'杨忽曰：'非独公爱，我亦爱也。'即就米手攫得之，径登车去。"

② 辋（wǎng）口：在今陕西蓝田辋川，唐诗人王维蓝田别业所在地。作者在《夜航船》一书中有介绍："辋川别业：在蓝田，宋之问所建，后为王维所得。辋川通流竹洲花坞，日与裴秀才迪浮舟赋诗，斋中惟茶铛、酒白、经案、竹床而已。"

【译文】

五雪叔吩咐我做个对联，我写道："身在襄阳袖石里，家来辋口扇图中。"说的是其小巧之处。

范与兰

范与兰七十有三，好琴，喜种兰及盆池小景。建兰三十余缸，大如簸箕。蚤舁而入[①]，夜舁而出者，夏也；蚤舁而出，夜舁而入者，冬也；长年辛苦，不减农事。花时，香出里外，客至坐一时，香袭衣裾[②]，三五日不散。

【注释】

① 舁（yú）：抬，搬。

② 袭：熏染，触及。

【译文】

范与兰七十三岁，喜欢弹琴，喜欢种植兰花、制作盆景。他种了三十多缸建兰，大得像簸箕。早晨抬进屋，晚上搬出去，这是在夏天；早上抬出去，晚上搬进来，这是在冬天；长年辛苦劳作，不亚于干农活。花开时节，香气飘散很远，客人到这里坐一会儿，香气熏染衣襟，三五天都散不了。

余至花期至其家，坐卧不去，香气酷烈，逆鼻不敢嗅[①]，第开口吞欱之②,如沆瀣焉③。花谢,粪之满箕④,余不忍弃,与与兰谋曰:"有面可煎,有蜜可浸,有火可焙,奈何不食之也?"与兰首肯余言⑤。

【注释】

①逆鼻:吸气。

②欱(hē):吸,吞。

③沆瀣(hàng xiè):水气。作者在《夜航船》一书中亦有解释:"沆瀣:夜半清气从北方起者,谓之'沆瀣'。"

④粪之满箕:满簸箕的落花像粪土一样抛弃。

⑤首肯:点头许可。

【译文】

我在花期到他家,或坐或躺,不愿离开,香气浓烈,都不敢用鼻子吸着来嗅,只能张开嘴巴呼吸,就像吸着水气。花谢后,满簸箕都是落花,我不忍心丢掉,就和与兰商议道:"可以用面煎,可以用蜂蜜浸泡,可以用火焙烤,为什么不食用呢?"与兰听了我的话表示赞同。

与兰少年学琴于王明泉,能弹《汉宫秋》《山居吟》《水龙吟》三曲。后见王本吾琴,大称善,尽弃所学而学焉,半年学《石上流泉》一曲,生涩犹棘手①。王本吾去,旋亦忘之②,旧所学又锐意去之,不复能记忆,究竟终无一字,终日抚琴,但和弦而已③。

【注释】

①棘手:荆棘多刺,拔时易伤手。此处比喻弹琴指法不够娴熟。

②旋:不久。

③和弦：调音，调弦。

【译文】

与兰年少时跟王明泉学琴，能弹《汉宫秋》《山居吟》《水龙吟》三首曲子。后来见到王本吾弹琴，大为称赞，将以前所学全部放弃，就去跟王本吾学，半年才学会一首《石上流泉》，弹起来生涩吃力。后来王本吾走了，他转眼把学的东西又忘了，以前学的被刻意放弃，也记不起来了，最终什么也没学成，整天抚琴，也只是调音弄弦而已。

所畜小景①，有豆板黄杨②，枝干苍古奇妙，盆石称之。朱樵峰以二十金售之，不肯易，与兰珍爱，"小妾"呼之。余强借斋头三月，枯其垂一干，余懊惜，急舁归与兰。与兰惊惶无措，煮参汁浇灌，日夜摩之不置，一月后枯干复活。

【注释】

①畜：培植，培养。小景：指小型盆景。

②豆板黄杨：即黄杨木，一种常绿灌木。生长于山地或多石之处，有观赏价值。

【译文】

他培植的小型盆景，有一种豆板黄杨，枝干苍劲古朴，很是奇妙，所用的盆石也都相称。朱樵峰想用二十金买走，但与兰不肯，他对这个盆景很珍爱，称其为"小妾"。我硬借走，摆在书斋三个月，有一根枝干枯萎垂了下来，我懊恼惋惜，急忙舁回去还给与兰。与兰惊惶失措，去煮人参汤浇灌，昼夜不停地抚摩，一个月之后，枯了的枝干又复活了。

蟹会

食品不加盐醋而五味全者，为蚶、为河蟹①。河蟹至十月与稻粱俱肥,壳如盘大,坟起^②,而紫螯巨如拳,小脚肉出,油油如蝘蜒^③。掀其壳,膏腻堆积,如玉脂珀屑,团结不散,甘腴虽八珍不及^④。

【注释】

①蚶(hān):软体动物。介壳厚而坚实,生活在浅海泥沙中。肉可食,味鲜美。

②坟起:突出。

③蝘蜒(yǐn yǎn):一种形似蜈蚣的昆虫。一说是蚯蚓。

④八珍:八种珍贵的食品,包括龙肝、凤髓、豹胎、鲤尾、鸮炙、猩唇、熊掌、酥酪蝉。后泛指珍馐美味。

【译文】

食品中不加盐醋而能五味俱全的,是蚶子,是河蟹。河蟹到了十月份,和稻粱一起成熟,外壳像盘子那么大,鼓鼓的,紫色的蟹螯像拳头一般大,小脚里的肉肥,就像蝘蜒一般油油的。掀开它的壳,蟹膏堆积,像白玉似琥珀,凝结不散,味道甘美就是连八珍也比不上。

　　一到十月,余与友人兄弟辈立蟹会,期于午后至^①,煮蟹食之,人六只,恐冷腥,迭番煮之^②。从以肥腊鸭、牛乳酪。醉蚶如琥珀,以鸭汁煮白菜如玉版^③。果蓏以谢橘、以风栗、以风菱。饮以玉壶冰^④,蔬以兵坑笋^⑤,饭以新余杭白^⑥,漱以兰雪茶。繇今思之,真如天厨仙供,酒醉饭饱,惭愧惭愧。

【注释】

①期:约定。

②迭番:轮番,交替。

③玉版：笋的别名。作者在《夜航船》一书中有介绍："玉版：苏东坡
　　邀刘器之参玉版禅师。至寺，烧笋，觉味胜，坡曰：'名玉版也。'
　　作偈云：'不怕石头路，来参玉版师。聊凭锦珠子，与问蓲龙儿。'"

④玉壶冰：一种美酒。宋叶梦得《浣溪沙·送卢倅》词有"荷叶荷花
　　水底天，玉壶冰酒酿新泉"之句。这里泛指美酒。

⑤兵坑笋：兵坑所产的笋。

⑥余杭白：余杭所产的精米。

【译文】

　　一到十月，我就和兄弟朋友们举行蟹会，大家约定午后到，然后开始
煮螃蟹吃，每人六只，怕凉了有腥味，就轮番来煮。以肥腊鸭、牛乳酪为
辅食。醉蚶看起来像琥珀，用鸭汤煮白菜像笋一样鲜美。瓜果就吃谢橘、
风栗和风菱。喝的酒是玉壶冰，吃的蔬菜是兵坑产的笋，饭是余杭新产
的精米，漱口用兰雪茶。现在想来，真像享用天界厨师供奉神仙的美味
一样，酒醉饭饱，惭愧惭愧。

露兄

　　崇祯癸酉①，有好事者开茶馆，泉实玉带，茶实兰雪，汤
以旋煮，无老汤，器以时涤，无秽器，其火候、汤候，亦时有天
合之者。余喜之，名其馆曰"露兄"，取米颠"茶甘露有兄"
句也②。为之作《斗茶檄》，曰：

　　　　水淫茶癖③，爱有古风；瑞草雪芽，素称越绝。特以
烹煮非法，向来葛灶生尘④；更兼赏鉴无人，致使羽《经》
积蠹⑤。迩者择有胜地，复举汤盟⑥，水符递自玉泉，茗战
争来兰雪⑦。瓜子炒豆，何须瑞草桥边⑧；橘柚查梨，出
自仲山圃内⑨。八功德水，无过甘滑香洁清凉⑩；七家常

事⑪，不管柴米油盐酱醋。一日何可少此，子猷竹庶可齐名⑫；七碗吃不得了，卢仝茶不算知味⑬。一壶挥麈⑭，用畅清谈；半榻焚香，共期白醉⑮。

【注释】

①崇祯癸酉：即崇祯六年（1633）。

②米颠：北宋书画家米芾，因举止癫狂，被人称为"米颠"。茶甘露有兄：语出北宋庄绰《鸡肋编》卷上："其作文亦狂怪，尝作诗云：'饭白云留子，茶甘露有兄。'人不省露兄故实，扣之，乃曰：'只是甘露哥哥耳。'"

③水淫：典出《南史·何佟之传》："（何佟之）性好洁，一日之中洗涤者十余过，犹恨不足，时人称为水淫。"另据《宣和书谱》："（米芾）性好洁，世号水淫。"茶癖：陆羽爱茶成癖。唐贯休《和毛学士舍人早春》诗亦有"茶癖金铛快，松香玉露含"之语。

④葛灶：东晋人葛洪的炼丹炉灶。

⑤羽《经》：陆羽《茶经》。蠹（dù）：蛀蚀器物的虫子。

⑥汤盟：汤社。作者在《夜航船》一书中有介绍："汤社：和凝在朝，率同列递日以茶相饮，味劣者有罚，号为'汤社'。"

⑦茗战：斗茶。作者在《夜航船》一书中有介绍："茗战：建人以斗茶为茗战。"

⑧瓜子炒豆，何须瑞草桥边：典出宋苏轼《与王元直》："但犹有少望，或圣恩许归田里，得欸段一仆，与子众丈、杨宗文之流，往来瑞草桥，夜还河村，与君对坐庄门，吃瓜子炒豆，不知当复有此日否？"

⑨橘柚查梨，出自仲山圃内：宋苏轼《胜相院经藏记》有"自蜜及甘蔗，查梨与橘柚，说甜而得酸，以及咸辛苦"之语，或为此典出处。一说典出《世说新语·轻诋》："桓南郡每见人不快，辄嗔云：'君得哀家梨，当复蒸食不？'秣陵有哀仲家梨，甚美，大如升，入口

消释。"

⑩八功德水,无过甘滑香洁清凉:佛教认为阿弥陀佛极乐净土池中的水有八种功德。作者在《夜航船》一书中亦有介绍:"八功德水:一清、二冷、三香、四柔、五甘、六净、七不噎、八除病。北京西山、南京灵谷,皆取此义。"

⑪七家常事:日常生活中的七种必需品。宋吴自牧《梦粱录》卷十六:"盖人家每日不可阙者,柴、米、油、盐、酱、醋、茶。"

⑫一日何可少此,子猷竹庶可齐名:典出《世说新语·任诞》:"王子猷尝暂寄人空宅住,便令种竹。或问:'暂住,何烦尔?'王啸咏良久,直指竹曰:'何可一日无此君?'"子猷,王徽之(338?—386),字子猷。王羲之的第五个儿子。历任参军、南中郎将、黄门侍郎等。

⑬七碗吃不得了,卢仝茶不算知味:语出唐卢仝《走笔谢孟谏议寄新茶》诗。作者在《夜航船》一书中亦有介绍:"卢仝七碗:卢仝歌:一碗喉吻润,二碗破孤闷;三碗搜枯肠,惟有文字五千卷;四碗发轻汗,平生不平事,尽向毛孔散;五碗肌骨清,六碗通仙灵;七碗吃不得也,惟觉两腋习习清风生。"卢仝(795—835),号玉川子,河南济源人。爱茶成癖,后人称之为"茶仙"。

⑭挥麈(zhǔ):指清谈、闲聊。作者在《夜航船》一书中有介绍:"麈:出终南诸山。鹿之大者曰'麈',群鹿随之,视麈尾为响道,故古之谈者挥焉。"

⑮白醉:酒醉。

【译文】

　　崇祯癸酉年,有好事者开了家茶馆,水是玉带泉的水,茶是兰雪茶,水都是即喝即煮,没有煮过多次的,茶具也按时清洗,没有不干净的,其火候、汤候有时如天作之合般相配。我很喜欢,给这家茶馆起名为"露兄",取自米芾"茶甘露有兄"之语。还为它作了一篇《斗茶檄》,写道:

　　　　水淫茶癖，向有古风；瑞草雪芽，素来称绝。但因烹煮方法不当，炉灶一直蒙着灰尘；再加无人赏鉴，致使陆羽《茶经》积生蠹虫。近来找到一处胜地，再次发起汤社，煮茶的水取自玉带泉，茶叶采用兰雪。瓜子炒豆，何须来自瑞草桥边；橘柚查梨，必定采自仲山园里。八种功德之水，不过是甘滑香洁清凉；七种家常用品，哪管柴米油盐酱醋。一天都不可缺少这些，子猷与竹子因而齐名；七碗都喝不下，卢仝不能算是深知茶味。喝壶茶闲聊，可以让清谈更畅快；榻边焚着香，期待像喝酒那样一醉方休。

闰元宵

　　崇祯庚辰闰正月[①]，与越中父老约重张五夜灯，余作张灯致语曰[②]：

　　　　两逢元正[③]，岁成闰于摄提之辰[④]；再值孟陬[⑤]，天假人以闲暇之月。《春秋传》详记二百四十二年事[⑥]，春王正月，孔子未得重书；开封府更放十七、十八两夜灯，乾德五年，宋祖犹烦钦赐[⑦]。兹闰正月者，三生奇遇，何幸今日而当场；百岁难逢，须效古人而秉烛[⑧]。况吾大越，蓬莱福地，宛委洞天。大江以东，民皆安堵[⑨]；遵海而北[⑩]，水不扬波。含哺嬉兮[⑪]，共乐太平之世界；重译至者，皆言中国有圣人。千百国来朝，白雉之陈无算[⑫]；十三年于兹，黄耈之说有征[⑬]。乐圣衔杯[⑭]，宜纵饮屠苏之酒[⑮]；较书分火，应暂辍太乙之藜[⑯]。前此元宵，竟因雪妒，天亦知点缀丰年；后来灯夕，欲与月期，人不可蹉跎胜事。六鳌山立[⑰]，只说飞来东武[⑱]，使鸡犬不惊;百兽室悬⑲,毋曰下守海澨⑳,唯鱼鳖是见。笙箫聒地㉑,竹椽出自柯亭㉒;花草盈街,禊帖携来兰渚㉓。士女潮涌,撼动蠡城;车马雷殷,唤醒龙屿㉔。况时逢丰穰㉕,呼庚呼癸㉖,一岁自兆重登;且科际辰年㉗,为龙为光㉘,两榜必征双首。莫轻此五夜之乐,眼望何时?试问那百年之人,躬逢几次?敢祈同志,勿负良宵。敬藉赫蹄㉙,喧传口号。

【注释】

①崇祯庚辰:崇祯十三年(1640)。

②致语:指颂辞。

③元正:元旦。

④摄提:摄提格,古代曾用太岁在天官的运转方向来纪年,太岁指向寅宫之年被称为"摄提格"。

⑤孟陬(zōu):农历正月。

⑥《春秋传》:或指《春秋》及《春秋》三传(《左传》《公羊传》《穀梁传》)。《春秋》为先秦时期的一部编年体史书,相传为孔子所作,主要记载鲁隐公元年到鲁哀公十四年二百四十二年间的历史。

⑦"开封府"三句:典出宋王栐《燕翼诒谋录》卷三:"国朝故事,三元张灯。太祖乾德五年正月甲辰诏曰:'上元张灯,旧止三夜,今朝廷无事,区宇乂安,方当年谷之丰登,宜纵士民之行乐,其令开封府更放十七、十八两夜灯。'后遂为例。"乾德五年,"乾德"是宋太祖赵匡胤年号,"乾德五年"即967年。

⑧秉烛:秉烛夜游,及时行乐的意思。

⑨安堵:安居。

⑩遵海:沿着海岸。

⑪含哺嬉兮：语出《庄子·马蹄》："含哺而熙，鼓腹而游，民能以此矣。"含哺，口中含着食物。指人民生活安乐。

⑫白雉：白色的野鸡，较为少见，象征吉祥。

⑬十三年于兹，黄耇（gǒu）之说有征：典出《史记·留侯世家》："良尝闲从容步游下邳圯上，有一老父，衣褐，至良所，直堕其履圯下，顾谓良曰：'孺子，下取履！'良愕然，欲殴之，为其老，强忍，下取履。父曰：'履我！'良业为取履，因长跪履之。父以足受，笑而去。良殊大惊，随目之。父去里所，复还，曰：'孺子可教矣。后五日平明，与我会此。'良因怪之，跪曰：'诺。'五日平明，良往。父已先在，怒曰：'与老人期，后，何也？'去，曰：'后五日早会。'五日鸡鸣，良往。父又先在，复怒曰：'后，何也？'去，曰：'后五日复早来。'五日，良夜未半往。有顷，父亦来，喜曰：'当如是。'出一编书，曰：'读此则为王者师矣。后十年，兴。十三年，孺子见我，济北谷城山下黄石即我矣。'遂去，无他言，不复见。旦日，视其书，乃《太公兵法》也。良因异之，常习诵读之。"黄耇，年老长寿。

⑭乐圣衔杯：典出唐李适之《罢相作》："避贤初罢相，乐圣且衔杯，为问门前客，今朝几个来？"唐杜甫《饮中八仙歌》亦有"左相日兴费万钱，饮如长鲸吸百川，衔杯乐圣称避贤"之语。乐圣，嗜酒。衔杯，饮酒。

⑮屠苏之酒：屠苏酒，酒名。古代习俗，每年的农历正月初一，全家人在一起饮屠苏酒。

⑯较书分火，应暂辍太乙之藜：典出晋王嘉《拾遗记》卷六："刘向于成帝之末，校书天禄阁，专精覃思。夜有老人，着黄衣，植青藜杖，登阁而进，见向暗中独坐诵书，老人乃吹杖端，烟然。因以见向，说开辟已前。向因受五行洪范之文，恐辞说繁广忘之，乃裂裳及绅，以记其言，至曙而去。向请问姓名，云：'我是太乙之精。天帝闻卯金之子有博学者，下而观焉。'乃出怀中竹牒，有天文地图之

书，曰：'余略授子焉。'至向子歆，从向授其术，向亦不悟此人焉。"作者在《夜航船》一书中亦有介绍："青藜照读：元夕人皆游赏，独刘向在天禄阁校书。太乙真人以青藜杖燃火照之。"

⑰六鳌（áo）：传说中负载五座仙山的六只大龟。

⑱东武：东武山，又称"龟山""怪山""塔山"。据《吴越春秋》记载："城既成，而怪山自至。怪山者，琅琊东武海中山也，一夕自来，百姓怪之，故名怪山；形似龟体，故谓龟山。"作者《越山五佚记》一文有详细介绍，可参看。

⑲百兽：各种彩灯。

⑳海澨（shì）：海边。

㉑聒（guō）：声音吵闹，使人厌烦。这里形容管弦齐奏的热闹场景。

㉒竹椽出自柯亭：此典作者在《夜航船》一书中有介绍："柯亭竹椽：蔡中郎避难江南，宿柯亭，听庭中第十六条竹椽迎风有好音，中郎曰：'此良竹也。'取以为笛，声音独绝，历代相传，后折于孙绰妓之手。"

㉓禊（xì）帖：指《兰亭序》。因文中记载有兰亭修禊之事，故名。兰渚：作者在《夜航船》一书中有介绍："兰渚：在绍兴府城南二十五里。晋永和九年上巳日，王右军与谢安、孙绰、许询辈四十一人会此修禊事。今传有流觞曲水、兰亭故址。"

㉔龙屿：龙山，卧龙山。

㉕穰（ráng）：庄稼丰熟。

㉖呼庚呼癸：呼庚癸。典出《左传》。作者在《夜航船》一书中亦有介绍："呼庚癸：吴申叔仪乞粮于晋，公孙有山氏对曰：'梁则无矣，粗则有之。若登首山，以呼曰"庚癸"乎，则诺。'庚，西方，主谷。癸，北方，主水。教以隐语也。"作者借用典以表粮食充足之意。

㉗科际辰年：辰年为科考之年。

㉘为龙为光：语出《诗经·小雅·蓼萧》："既见君子，为龙为光。"指

　　皇帝给予的恩宠,荣光。

㉙赫蹏:古代用以写字的小幅绢帛。后亦以代指纸。

【译文】

　　崇祯庚辰年闰正月,和越中的父老乡亲约定再放五夜花灯,我为张灯之事作了颂辞,说道:

　　两次遇到元旦,太岁指向寅宫之年;再过一次正月,老天给人闲暇机会。《春秋传》详细记载二百四十二年间之事,春王正月,孔子也没得到再次书写的机会;开封府增放正月十七、十八两夜花灯,乾德五年,那是宋太祖亲自恩赐。闰正月这种事,可谓三生奇遇,幸运的是今天能亲身体会;百年难得的奇遇,必定要效仿古人秉烛夜游。况且我大越之乡,如同蓬莱福地,犹如宛委仙境。长江以东,百姓安居乐业;沿海而北,水面风平浪静。人民生活安逸,共享太平盛世;异域之人到来,都说中国有圣人。千百个国家来朝见,白雉之类的贡品数不胜数;长期在此地生活,所说都是有理有据。喜爱喝酒,可以纵饮屠苏之酒;勤奋读书,应当暂时熄灭灯盏。前面的元宵,因下雪而停办,老天也知道用此点缀丰年;后来的灯节,想跟月亮约定,人生不能再错过这样的盛事。传说六只大龟负载五座仙山,一夜之间飞到东武山,使鸡犬不惊,人间安宁;绘着各种动物的彩灯悬挂家中,不用说守在海边,就能见到些鱼鳖。笙箫萦绕大地,竹椽出于柯亭;花草布满街道,禊帖来自兰渚。男男女女如潮水涌动,撼动了整座城市;车水马龙声如雷鸣,唤醒了卧龙山。正赶上丰年,希望粮食富足,来年还是丰收;刚遇科考年,期待朝廷恩宠,两榜必定夺魁。不要轻看这五夜的欢乐,还要等到什么时候?试问那些百岁老人,一生又经历过几次?请求志趣相投的朋友,不要辜负这美好的夜晚。谨借这篇小文,为其呐喊宣传。

合采牌

余作文武牌①，以纸易骨，便于角斗。而燕客复刻一牌，集天下之斗虎、斗鹰、斗豹者，而多其色目②，多其采③，曰"合采牌"。余为之作叙曰：

太史公曰"凡编户之民，富相什则卑下之，伯则畏惮之，千则役，万则仆，物之理也"④。古人以钱之名不雅驯，缙绅先生难道之，故易其名曰赋、曰禄、曰饷，天子千里外曰采。采者，采其美物以为贡，犹赋也。诸侯在天子之县内曰采，有地以处其子孙亦曰采，名不一，其实皆谷也，饭食之谓也。周封建多则采胜⑤，秦无采则亡。采在下无以合之，则齐桓、晋文起矣⑥。列国有采而分析之，则主父偃之谋也⑦。繇是而亮采、服采⑧，好官不过多得采耳。充类至义之尽⑨，窃亦采也，盗亦采也，鹰虎豹繇此其选也⑩。然则奚为而不禁？曰：小役大，弱役强，斯二者，天也⑪。《皋陶谟》曰"载采采"⑫，微哉、之哉、庶哉！

【注释】

①文武牌：一种绘有文臣武将的纸牌，供娱乐、赌博之用。

②色目：种类名目。

③采：同"彩"，即彩头，赌注。

④"太史公曰"句：语出《史记·货殖列传》。司马迁，字子长，夏阳（今陕西韩城）人。历任郎中、太史令。因替李陵辩护，触怒汉武帝，受腐刑。后获赦出狱，为中书令，发愤著书，撰成《史记》。什，同

"十"，十倍。经济条件相差十倍，就低人一等。伯，同"佰"，百倍。

⑤周封建：西周实行分封制度，将爵位、土地赐给诸侯，让他们在所封的地区里建立邦国。

⑥齐桓、晋文：指春秋时期的齐桓公、晋文公两位霸主。

⑦主父偃(? —前126)：山东临淄人。历任郎中、谒者、中郎、中大夫等。他曾向汉武帝提出旨在削弱诸侯王势力的"推恩法"。作者在《夜航船》一书中亦有介绍："分封大国：汉患诸侯强，主父偃谋令诸侯以私恩，自裂地封其子弟，而汉为定其封号。汉有厚恩，而诸侯自分析弱小云。"

⑧亮采、服采：亮采，辅佐政事。服采，朝祭的近臣。一说为做事之臣。

⑨充类至义之尽：语出《孟子·万章下》："夫谓非其有而取之者，盗也，充类至义之尽也。"意谓以此类推。

⑩繇此其选也：语出《礼记·礼运》："禹、汤、文、武、成王、周公，由此其选也。"意谓夏禹、商汤、周文王、周武王、周成王、周公，他们就是依照这种礼义标准选拔出来的。

⑪小役大，弱役强，斯二者，天也：语出《孟子·离娄下》："天下有道，小德役大德，小贤役大贤；天下无道，小役大，弱役强。斯二者，天也。"

⑫《皋陶谟(mó)》曰"载采采"：语出《尚书·皋陶谟》："都，亦行有九德，亦言其人有德，乃言曰'载采采'。"《皋陶谟》出自《尚书·虞书》，内容为舜、禹、皋陶等人在一起商议事情，系后人据传闻整理而成。皋陶，咎繇，舜的谋臣，掌管刑法狱讼。谟，商议。

【译文】

我做文武牌，用纸替代骨，便于斗牌。燕客又刻了一副牌，汇集天下斗虎、斗鹰、斗豹之类的牌，名目很多，彩头也多，叫做"合采牌"。我为此作了序文：

　　太史公说"大凡平民百姓，对财富是自己十倍的就会态度卑下，百倍的就感到畏惧，千倍的就为他们服务，万倍的就给他们做奴仆，这是世间万物的规律"。古人认为"钱"这个名字不雅驯，缙绅先生更是难于说出口，故此将其名字改为赋、禄、饷等，天子千里外叫"采"。所谓采，就是选最好的物品作为贡品，就像赋税那样。诸侯在天子管辖之内叫"采"，有地方安置子孙也叫"采"，名称不一，其实都是谷物，也就是所说的食物。周朝封侯建邦多，采也多，秦没有采就灭亡了。采在下不能聚合，就会有像齐桓公、晋文公那样的人崛起。列国有采而分散开，这是主父偃的计谋。因此辅佐政事，掌管朝祭等，好官也不过是多得一些采而已。这样一直类推下去，窃也是采，盗也是采，鹰虎豹也是这样被选出来的。那么又为什么不禁止呢？孟子说过：小的被大的奴役，弱者被强者奴役，这两者，天道如此。《皋陶谟》说"用所做之事来验证所说的话"，这真是微妙啊，就是这样啊，也太多了！

瑞草溪亭

瑞草溪亭为龙山支麓，高与屋等。燕客相其下有奇石，身执虆臿①，为匠石先，发掘之。见土葊土②，见石甃石③，去三丈许，始与基平，乃就其上建屋。

【注释】

①虆臿（léi chā）：盛土、挖土的工具。

②葊（jú）：古代一种运土的器具。这里活用为运土的意思。

③甃（zhòu）：用石头砌物。

【译文】

瑞草溪亭建在龙山的支脉上，和屋子一般高。燕客观察到它下面有块奇石，于是就亲自拿着挖土盛土的工具，带领工匠们，进行发掘。挖到土就把土运走,挖到石头就把石头砌边上,一直挖了三丈多深,才和地基齐平,于是就在上面建造了房屋。

　　屋今日成,明日拆,后日又成,再后日又拆,凡十七变而溪亭始出。盖此地无溪也而溪之,溪之不足,又潴之、壑之①,一日鸠工数千指②,索性池之,索性阔一亩,索性深八尺。无水,挑水贮之,中留一石如案,回潴浮峦③,颇亦有致。燕客以山石新开,意不苍古,乃用马粪涂之,使长苔藓,苔藓不得即出,又呼画工以石青、石绿皴之④。一日左右视,谓此石案,焉可无天目松数颗盘郁其上⑤,遂以重价购天目松五六颗,凿石种之。石不受锸⑥,石崩裂,不石不树,亦不复案。

【注释】

①潴(zhū):蓄积,聚集。壑:开凿沟渠。

②鸠工:召集工匠。数千指:很多人。

③回潴浮峦:水在山石间迂回流动。

④石青:一种蓝色矿物质颜料。石绿:一种用孔雀石制成的绿色颜料。皴(cūn):中国画的一种技法。涂出物体纹理或阴阳向背。

⑤天目松:一种常绿乔木。在浙皖交界处的天目山分布较广,故名。树形优美,很有观赏价值。

⑥锸(chā):铁锹。

【译文】

　　屋子今天建成,明天拆掉,后天建好了,大后天又拆掉了,如此来回折腾了十七次,溪亭才大致成形。这里没有小溪,就挖了一条,一条小溪还不够,又去挖陂塘、挖沟壑来蓄水引水,一天之内召集众多工匠,索性挖成池塘,索性拓宽成一亩,索性挖到八尺深。里面没水,就挑水倒进去,中间留一块桌案一样的石头，水在周围迂回流动，也颇有情致。燕客觉得山石是新开凿的，缺少苍古的意味，就把马粪涂在上面，想让它生出苔藓，然而苔藓不能马上长出来，就又喊画工用石青、石绿进行皴染。有一天，他左瞧右看，说这个石案怎么能没有几棵郁郁葱葱的天目松盘旋在上面呢，于是就花重金购买了五六棵天目松，凿开石头，种在上面。没想到石头经不起凿挖，一下崩裂了，结果石头没了，树也没了，也不像先前桌案的样子了。

　　燕客怒，连夜凿成砚山形①，缺一角，又辇一礐石补之②。燕客性卞急③，种树不得大，移大树种之，移种而死，又寻大树补之。种不死不已，死亦种不已，以故树不得不死，然亦不得即死。

【注释】

①砚山：砚台的一种。利用山形之石，中凿为砚，砚附于山，故名。

②礐（hú）石：石名。

③卞（biàn）急：急躁。

【译文】

　　燕客很是生气，就连夜把它凿成砚山的形状，缺了一个角，又运来一块礐石补上。燕客性子很急，种树长不大，就把大树移栽过来，移栽死了，就再找大树补上。种不死不罢休，死了再种也不消停，因此这些树是不得不死，然而又不能马上就死。

　　溪亭比旧址低四丈，运土至东，多成高山，一亩之室，沧桑忽变。见其一室成，必多坐看之，至隔宿或即无有矣。故溪亭虽渺小，所费至巨万焉。

【译文】

溪亭比之前的旧址低四丈,把土运到东面,多得堆成了高山,一亩大的一间房子,经历了如此沧桑巨变。看到一间小屋建成,我必定去多坐一会儿看看,因为过了一夜或许就没有了。因此溪亭虽然很小,但所耗费的金钱可是巨大的。

燕客看小说:"姚崇梦游地狱①,至一大厂,炉鞴千副②,恶鬼数千,铸泻甚急,问之。曰:'为燕国公铸横财③。'后至一处,炉灶冷落,疲鬼一二人鼓橐④,奄奄无力⑤,崇问之。曰:'此相公财库也。'崇寤而叹曰:'燕公豪奢,殆天纵也。'"燕客喜其事,遂号"燕客"。

【注释】

①姚崇(650—721):初名元崇,又名元之,陕州(今河南三门峡陕州区)人。历任濮州司仓参军、兵部尚书、中书令等职。

②炉鞴(bèi):风箱。

③燕国公:张说(667—730),字道济,一字说之。曾被封燕国公。

④橐(tuó):风箱。

⑤奄奄无力:有气无力的样子。

【译文】

燕客读小说,看到这么一段:"姚崇梦游地狱,到了一座大厂房,里面有上千副风箱,几千个恶鬼在急急忙忙地铸造,就问他们在干什么。回答说:'给燕国公铸造横财。'后来又到了一个地方,炉灶冷落,只有一两个疲鬼在那里鼓风箱,一副有气无力的样子,姚崇问他们在做什么。答道:'这是相公您的财库。'姚崇醒来后感叹道:'燕公的豪奢,原来是上天纵容的。'"燕客很喜欢这个故事,于是自号"燕客"。

二叔业四五万，燕客缘手立尽。甲申^①，二叔客死淮安^②，燕客奔丧，所积薪俸及玩好币帛之类又二万许，燕客携归，甫三月又辄尽^③，时人比之"鱼宏四尽"焉^④。

【注释】

①甲申：顺治元年（1644）。

②二叔：即张联芳。

③甫：刚刚。

④鱼宏四尽：鱼宏，当为"鱼弘"。典出《梁书·鱼弘传》："（鱼弘）常语人曰：'我为郡，所谓四尽：水中鱼鳖尽，山中麋鹿尽，田中米谷尽，村里民庶尽。丈夫生世，如轻尘栖弱草，白驹之过隙。人生欢乐富贵几何时！'"

【译文】

我二叔有四五万的家产，燕客一挥手就没了。甲申年，二叔客死淮安，燕客去奔丧，二叔平日积攒的薪俸及玩物、钱币、锦帛之类的东西又有两万左右，燕客带回去，刚过三个月又都花光了，当时人们将他比作"鱼宏四尽"。

溪亭住宅，一头造，一头改，一头卖，翻山倒水无虚日。有夏耳金者^①，制灯剪彩为花，亦无虚日。人称耳金为"败落隋炀帝"，称燕客为"穷极秦始皇"，可发一粲。

【注释】

①夏耳金：本书卷四《世美堂灯》一文对其有介绍，说他"剪采为花，巧夺天工，罩以冰纱，有烟笼芳药之致"，可参看。

【译文】

溪亭的住宅，一边建着，一边改着，一边又卖着，翻山倒水，没有一天消停过。又有个叫夏耳金的,制作灯笼,剪彩为花,也是整天不消停。人们称夏耳金为"败落隋炀帝",称燕客为"穷极秦始皇",可为之一笑。

琅嬛福地①

陶庵梦有宿因②,常梦至一石厂,岿宕岩窦③,前有急湍洄溪,水落如雪,松石奇古,杂以名花。梦坐其中,童子进茗果④,积书满架,开卷视之,多蝌蚪鸟迹、辟历篆文⑤,梦中读之,似能通其棘涩⑥。

【注释】

①琅嬛(láng huán)福地:语出元伊世珍《琅嬛记》卷上:"其人笑曰:'君痴矣,此岂可赁地耶?'即命小童送出。华问地名。曰:'琅嬛福地也。'"指传说中神仙所居住的洞府。作者《琅嬛福地记》一文亦述其事,可参看。

②宿因:佛教语。宿世因缘,指前世的因缘。

③岿宕岩窦(kǎn yǎo yán fù):山石险峻,洞穴幽深。

④茗果:茶水、果品。

⑤蝌蚪鸟迹、辟历篆文:古文字。作者在《夜航船》一书中亦有介绍:"字祖:蝌蚪书乃字之祖。庖牺氏有龙瑞,作龙书。神农有嘉穗,作穗书。黄帝因卿云作云书。尧因灵龟作龟书。夏后氏作钟鼎,有钟鼎书。朱宣氏有凤瑞,作凤书。周文王因赤雁衔书,武王因丹鸟入室作鸟书,因白鱼入舟作鱼书。周宣王史籀始为大篆,名'籀篆'。李斯始为小篆,名'玉箸篆'。"辟历,即霹雳。

⑥棘涩:艰涩。

【译文】

我做梦有前世因缘,时常梦见自己会到一座石庵,那里山石险峻,洞穴幽深，前有湍急回旋的小溪，水花溅落如雪飘洒，溪边松石高奇简古，夹杂着各类名花。我梦见自己坐在石庵里，童子端来茶水果品，架上满满地摆着书，打开来看时，都是些蝌蚪文、鸟书、霹雳篆文之类的古奥文字，梦中阅读，好像能读懂其中艰涩的含义。

　　闲居无事，夜辄梦之，醒后伫思，欲得一胜地仿佛为之。郊外有一小山，石骨棱砺，上多筼筜①，偃伏园内。余欲造厂，堂东西向，前后轩之，后礧一石坪②，植黄山松数颗，奇石峡之。堂前树娑罗二③，资其清樾。左附虚室④，坐对山麓，磴磴齿齿⑤，划裂如试剑，扁曰"一丘"。右踞厂阁三间，前临大沼，秋水明瑟⑥，深柳读书，扁曰"一壑"。

【注释】

①筼筜（yún huáng）：丛生的竹子、竹林。

②礧（lěi）：同"垒"，堆砌。

③娑罗：娑罗树，一种常绿大乔木。佛教传说释迦牟尼在娑罗树下涅槃。

④虚室：空房间，没有装饰的房间。

⑤磴磴（dèng）齿齿：排列整齐的样子。

⑥明瑟：莹净。

【译文】

闲居无事，夜里就会做梦，醒来凝思，想找一处好地方，照着梦境那样布置。郊外有一座小山，石头坚硬凌厉，上面长着大片的竹子，隐藏在一座园子里。我想在这里建一间房，厅堂东西向，前后造轩，后面垒一座石坪，种上几棵黄山松，再用奇石做成山峡的样子。大堂前种两株娑罗树，增其清爽之意。左边带一个空房间，坐在里面可以看到对面的山麓，山势挺拔整齐,中间像被宝剑劈开一样,匾额上题着"一丘"。右边建三间宽敞的阁楼,前面对着一个大水池,秋日池水晶透莹净,可以在柳荫深处读书,匾额题着"一壑"。

　　缘山以北,精舍小房,绌屈蜿蜒^①,有古木,有层崖,有小涧,有幽篁,节节有致^②。山尽有佳穴^③,造生圹^④,俟陶庵蜕焉^⑤,碑曰"呜呼陶庵张长公之圹"。圹左有空地亩许,架一草庵,供佛,供陶庵像,迎僧住之奉香火。大沼阔十亩许,沼外小河三四折,可纳舟入沼。河两崖皆高阜,可植果木,以橘、以梅、以梨、以枣,枸菊围之。山顶可亭。山之西鄙^⑥,有腴田二十亩,可秫可粳^⑦。门临大河,小楼翼之,可看炉峰、敬亭诸山。楼下门之,扁曰"琅嬛福地"。缘河北走,有石桥,极古朴,上有灌木,可坐、可风、可月^⑧。

【注释】

①绌(chù)屈:屈曲,弯曲。

②节节有致:每一处都井然有致。

③佳穴:风水好,适合安葬的地方。

④圹(kuàng):坟墓,墓穴。

⑤蜕:死的讳称。

⑥西鄙:西边。

⑦秫(shú):高粱。粳(jīng):水稻。此处皆活用为动词。

⑧可风、可月:可以纳凉,可以赏月。

【译文】

　　顺着山势往北,再建几间精致的小房子,蜿蜒曲折,周围有古树,有层叠的山崖,有不大的山涧,有幽静的竹林,每一处都安排得井然有致。

山的尽头有一处佳穴，就在那里建造生坟，等我死后使用，碑上写着"呜呼陶庵张长公之墓"。坟左边有块亩把大的空地，在上面搭建一座草庵，供着佛像，也供着我的遗像，迎请僧人在这里供奉香火。大水池有十亩左右宽，外面小河拐个三四道弯，可以容纳小船驶入水池。河两岸都是高地，可以种植果树，用橘树、梅树、梨树、枣树、枸菊等围起来。山顶上可以造亭。山的西边，有二十亩良田，可以种上高粱、水稻。园门对着大河，在上面建座小楼，从那里可以观赏炉峰、敬亭诸山。楼下开个门，牌匾上写着"琅嬛福地"。顺着河往北走，有座石桥，极为古朴，上面有灌木遮阴，可以闲坐，可以纳凉，也可以赏月。

附录一

补遗四篇

鲁王

福王南渡①,鲁王播迁至越②,以先父相鲁先王③,幸旧臣第④。岱接驾,无所考仪注⑤,以意为之。踏脚四扇⑥,氍毹藉之⑦,高厅事尺⑧,设御座,席七重⑨,备山海之供⑩。

【注释】

① 福王:朱由崧(1607—1646),明神宗朱翊钧之孙,福恭王朱常洵庶长子。崇祯皇帝自杀后,在南京即位,建立南明王朝,年号弘光。后兵败逃亡芜湖,被俘后押往北京处死。

② 鲁王:朱以海(1618—1662),字巨川,号恒山,别号常石子。曾任南明王朝监国。播迁:迁徙,流离。

③ 鲁先王:即鲁宪王朱寿铉,万历二十九年(1601)被封鲁王,谥号宪王。

④ 幸:旧时指帝王到达某地。

⑤ 仪注:礼节,制度。

⑥ 踏脚:踏板,一种安置于床前、车沿前便于上下的设备。

⑦氍毹(qú shū)：毛织的地毯。

⑧厅事：本为衙署大堂，也指私家房屋。

⑨席七重：七层坐席。重席，层叠的坐席。古人席地而坐，以坐席层叠的多少表示身份的高低。

⑩山海：山珍海味。

【译文】

福王南渡，鲁王流亡到绍兴，因父亲曾辅佐过鲁先王，故幸临旧臣的宅第。我负责接驾，没有办法考究礼节，就自己揣摩着来办理。屋里放了四副踏脚，铺上毛织的地毯，将厅堂加高一尺左右，设置御座，坐席有七重，预备山珍海味以供奉。

鲁王至，冠翼善①，玄色蟒袍②，玉带，朱玉绶③，观者杂沓④，前后左右用梯，用台，用凳，环立看之，几不能步，剩御前数武而已⑤。传旨："勿辟人。"

【注释】

①翼善：即翼善冠，明代皇帝、藩王、亲王、郡王等所戴的一种冠。有的用纯金细线织成，明定陵曾出土翼善冠三顶。

②玄色：黑里带微赤的颜色。

③绶(shòu)：丝带，用以系佩玉、官印等。

④杂沓：纷杂，杂乱。

⑤武：步。泛指脚步。

【译文】

鲁王到的时候，头戴翼善冠，身穿玄色蟒袍，腰佩玉带、朱玉绶，来看热闹的人很多，前后左右用梯子，用台子，用凳子，围成一圈来看鲁王，几乎迈不开步子，人群离鲁王只有几步远。鲁王传旨："不要赶人。"

岱进，行君臣礼，献茶毕，安席，再行礼。不送杯箸，示不敢为主也。趋侍坐，书堂官三人[1]，执银壶二，一斟酒，一折酒[2]，一举杯，跪进上。膳一肉簋，一汤盏，盏上用银盖盖之，一面食，用三黄绢笼罩，三臧获捧盘加额[3]，跪献之。书堂官捧进御前，汤点七进，队舞七回[4]，鼓吹七次，存七奏意[5]。

【注释】

①书堂官：宦官。

②折酒：分酒。一说温酒。

③臧获：奴仆。加额：双手放在额前。旧为祷祝仪式之一，亦用以表示敬意。

④队舞：宋代的宫廷舞。这里泛指舞蹈。

⑤七奏：明代宫廷的一种礼乐仪式。

【译文】

我进去拜见，行君臣之礼，献完茶，入席就座，再行一次礼。我没让人送杯子筷子，表示不敢做主人。赶忙侍奉鲁王坐好，三位太监拿着两把银壶，一位斟酒，一位分酒，一位举杯，跪着献上。饭食是一簋肉，一盏汤，盏上面用银盖盖着，还有一盘面食，用三层黄绢罩着，三位仆人把盘子高高捧到额头上，跪着献上。宦官们再捧到鲁王面前，茶水、点心进献七次，舞队表演七次，乐队也是演奏七次，以此保留七奏之意。

是日，演《卖油郎》传奇[1]，内有泥马渡康王故事[2]，与时事巧合，睿颜大喜[3]。二鼓转席[4]，临不二斋、梅花书屋，坐木犹龙，卧岱书榻，剧谈移时[5]。出登席，设二席于御坐傍，命岱与陈洪绶侍饮，谐谑欢笑如平交[6]。睿量宏，已进酒半斗矣，大犀觥一气尽[7]，陈洪绶不胜饮，呕哕御座傍[8]。寻设一小几，命洪绶书箑⑨，醉捉笔不起，止之。

【注释】

①《卖油郎》传奇：作者李玉，根据《醒世恒言》卷三《卖油郎独占花
　魁》的故事改编而来。

②泥马渡康王：据民间传说，康王赵构在金兵押解途中逃脱，一路狂
　奔，跑到长江边。金兵追来，赵构得神灵呵护，骑着土地神坐骑变
　化的骏马渡江，得以逃生。

③睿：旧时颂扬帝王的用语。

④转席：换地方继续开宴，以示隆重。

⑤剧谈：畅谈。移时：过了一段时间。

⑥平交：日常、平时的交谈。

⑦犀觥：用犀牛角做的盛酒器。

⑧呕哕（yuě）：呕吐。

⑨箑（shà）：扇子。

【译文】

当天演出《卖油郎》传奇，里面有泥马渡康王的故事，正和时事巧合，
鲁王很是开心。二更时分，宴会转席，鲁王驾临不二斋、梅花书屋，坐在
木犹龙上，躺在我书房的床榻上，我们畅谈了一会儿。随后，鲁王出来再
次入席，在御座旁设了两个位子，命我和陈洪绶陪酒，大家说说笑笑像平
日朋友聊天一样。鲁王的酒量很大，已经喝了半斗了，用大犀觥还能一
气喝完，陈洪绶不胜酒力，竟然在御座旁吐了。不久又摆了一个小几案，
命陈洪绶在扇子上题字，但陈洪绶醉得连笔都拿不起来，只好作罢。

剧完，饶戏十余出①，起驾转席。后又进酒半斗，睿颜微
酡②，进辇③，两书堂官掖之，不能步。岱送至闉外④，命书堂
官再传旨曰："爷今日大喜，爷今日喜极！"君臣欢洽，脱略

至此⑤,真属异数⑥。

【注释】

①饶戏：戏曲术语。在戏曲演出中,正戏外添演的节目,叫做"饶戏"。
　江浙一带俗称"饶头戏"。

②酡（tuó）：饮酒后脸色变红。

③辇（niǎn）：旧时帝王坐的车子。

④闾：大门。后指人聚居处。

⑤脱略：放任,不拘束。

⑥异数：特殊,例外。

【译文】

　　戏演完后,又加演了十几出,随后鲁王再次起身转席。后来又喝了半斗酒,鲁王脸上微微泛红,上车的时候,两个宦官搀扶着,都走不动了。我将他送到里巷外,鲁王命宦官再次传旨道："王爷今天很开心,王爷今天高兴极了！"君臣相处如此欢乐融洽,无拘无束到这种程度,这真是很少见的事情。

苏州白兔

　　崇祯戊寅至苏州①,见白兔,异之。及抵武林,金知县汝砺宦福建②,携白兔二十余只归。己卯、庚辰③,杭州遍城市皆白兔,越中生育至百至千,此兽妖也。

【注释】

①崇祯戊寅：即崇祯十一年（1638）。

②金知县汝砺：金汝砺,字启心,浙江平湖人。万历二十六年（1598）
　进士,历任福建福安知县、南京工部主事、直隶真定知府。著有《荒

　　政录》《启心文集》等。

　　③己卯、庚辰：崇祯十二年（1639）、十三年（1640）。

【译文】

　　崇祯戊寅年我到苏州，见到白兔，觉得新奇。后来到杭州，金汝砺知县在福建做官，带回二十多只白兔。到己卯、庚辰年，杭州已满城都是白兔，绍兴这边也繁殖到成百上千，这是兽妖。

　　余少时不识烟草为何物，十年之内，老壮童稚妇人女子无不吃烟，大街小巷，尽摆烟桌，此草妖也。

【译文】

　　我年少时不知道烟草是什么东西，结果十年之间，老少男女没有不吃烟的，大街小巷都摆着烟桌，这是草妖。

　　妇人不知何故，一年之内都着对襟衫，戴昭君套①，此服妖也。

【注释】

　　①昭君套：旧时妇人头上饰物。用条状貂皮围于髻下额上，如帽套。相传为昭君出塞时所戴，故称。

【译文】

　　妇女们不知为什么，一年之内都穿着对襟衫，戴着昭君套，这是服妖。

　　庚辰冬底，燕客家琴砖十余块①，结冰花如牡丹、芍药，花瓣枝叶如绣如绘，间有人物、鸟兽，奇形怪状，十余砖，底面皆满。燕客迎余看，至三日不消，此冰妖也。燕客误认为祥瑞,作《冰花赋》,檄友人作诗咏之②。

【注释】

①琴砖:又名"郭公砖",一种空心的砖头。

②檄(xí):泛指信函,这里指写信。

【译文】

庚辰年冬末,燕客家有十多块琴砖结出像牡丹、芍药那样的冰花,花瓣枝叶就像是绣上去或画上去的,夹杂着人物、鸟兽等,奇形怪状的,十多块砖的底面和正面都结满了。燕客邀请我去看,过了三天都没融化,这是冰妖。燕客误以为是祥瑞,还作了一篇《冰花赋》,并写信邀请朋友一起作诗吟咏。

草妖

河北观察使袁茂林楷所记草妖尤异①:崇祯七年七月初一②,孟县民孙光显祖墓有野葡萄③,草蔓延长丈许。今夏,枝桠间忽抽新条,有似美人者,似达官者,有似龙、似凤、似麟、似龟、似雀、似鱼、似蝉、似蛇、似孔雀,有似鼠伏于枝者,有似鹦鹉栖于架者,架上有盏④,盏中有粒,凤则苞羽具五彩⑤,美人上下衣裳,裳白衣黄,面上依稀似粉黛,人间物象,种种具备。七月初八日,地方人始报闻,急使人取之,已为好事者撷尽,止得美人一、鹦鹉一、凤一,故述此三物尤悉⑥。

【注释】

①观察使:唐代职官名。为各道最高长官,负责察访州县官吏功过及民间疾苦。明清时期多称道员为观察使。袁茂林楷:即袁楷

（1594—1662），字孝则，号茂林。天启五年（1625）进士，历任开
　封知府、河南参政。明亡归隐。著有《易揆》《尚书补注》等。袁
　楷未在河南做官，这里的"河北"当作"河南"。

②崇祯七年：即 1634 年。

③孟县：今河南孟州。

④盏：小杯子，小盆子。

⑤苞羽：丰满的羽毛。

⑥悉：详细，详尽。

【译文】

　　河南观察使袁楷袁茂林所记载的草妖尤其怪异：崇祯七年七月初一
那天，孟县人孙光显的祖坟上长了一株野葡萄，藤条蔓延一丈多长。今
年夏天，枝条间忽然又抽出新枝条，长得有像美人的，有像达官的，有像
龙、凤凰、麒麟、乌龟、鸟雀、鱼、蝉、蛇、孔雀的，有像老鼠趴在枝条上的，
有像鹦鹉栖息在架子上的，架上还有小杯子，杯子里有谷粒，像凤凰丰满
的羽毛五彩缤纷，像美人穿着的上下衣裳，黄色上衣，白色裙裾，脸上依
稀施了粉黛，人世间的物象，都一一具备。直到七月初八那天，当地才有
人将此事报知官府，官府急忙派人去取，但已被好事者采光了，只拿到了
美人、鹦鹉、凤凰各一个，因此对这三样东西讲述得特别详细。

　　余谓此草木之妖。适晤史云岫①，言汉灵帝中平元年②，
东郡有草如鸠雀、蛇龙、鸟兽之状。若然，则余所臆度者更
可杞忧③。此异宜上闻，县令以菱草不耐④，恐取观不便，遂
寝其事⑤。特为记之如左。

【注释】

①史云岫（xiù）：生平不详。清初曾任潼关道，其兄史念冲为怀州知
　府。兄弟二人皆与王铎有往来，其《王铎诗稿》收有《示杨荆岫史

云岫伯仲》。

②汉灵帝中平元年:184年。据《后汉书·孝灵帝纪》记载,这一年"郡国生异草,备龙蛇鸟兽之形"。

③臆度:猜测。杞忧:即"杞人忧天"的略语,指不必要的忧虑。

④不耐:不能持久。

⑤寝:平息,停止。

【译文】

　　我认为这是草木之妖。正好遇见史云岫,他说汉灵帝中平元年,东郡也有草长得像鸠、雀、蛇、龙、各种鸟兽的形状。若果真如此,我的猜测就更要担忧了。这种异象应该上报,但县令因枯草不能持久,担心取观不方便,压下了这件事。我特地把它记在这里。

祁世培①

　　乙酉秋九月②,余见时事日非③,辞鲁国王,隐居剡中④。方磐石遣礼币⑤,聘余出山,商确军务⑥,檄县官上门敦促。余不得已,于丙戌正月十一日⑦,道北山,逾唐园岭,宿平水韩店。

【注释】

①祁世培:即祁彪佳(1602—1645),字弘吉,号世培,山阴(今浙江绍兴)人。天启二年(1622)进士,历任右佥都御史、河南道御史。明亡后,自沉殉国。著有《远山堂曲品》《远山堂剧品》。

②乙酉:即顺治二年(1645)。

③日非:一天比一天坏。

④剡(shàn)中:剡县一带,即今浙江嵊州。

⑤方磐(pán)石:即方国安。当时鲁王监国绍兴,封其为镇东侯,负

责抗清。礼币：礼物。

⑥商确：商量，商讨。

⑦丙戌：即顺治三年（1646）。

【译文】

乙酉年秋九月，我看到形势一天不如一天，就辞别鲁王，到剡中隐居。方国安派人送来礼物，请我出山，商讨军务，并发檄文给县官让他上门催促。我不得已，只好在丙戌正月十一日启程，取道北山，翻过唐园岭，住在平水镇韩店。

余适疽发于背①，痛楚呻吟，倚枕假寐②，见青衣持一刺示余③，曰："祁彪佳拜。"余惊起，见世培排闼入④，白衣冠，余肃入，坐定。余梦中知其已死，曰："世培尽忠报国，为吾辈生色。"世培微笑，遽言曰⑤："宗老此时不埋名屏迹，出山何为耶？"余曰："余欲辅鲁监国耳。"因言其如此如此，已有成算。世培笑曰："尔要做，谁许尔做，且强尔出无他意，十日内有人勒尔助饷⑥。"余曰："方磐石诚心邀余共事，应不我欺。"世培曰："尔自知之矣，天下事此已不可为矣。尔试观天象。"

【注释】

①疽（jū）：一种毒疮。

②假寐：打盹。

③刺：名帖，名片。

④排闼（tà）：推门。

⑤遽（jù）：遂，于是。

⑥勒：强迫，逼迫。饷：军饷。

【译文】

　　我当时背上长了毒疮，因疼痛而呻吟不已，就靠着枕头打盹，这时看见一个身穿青衣的人拿着名刺递给我，上面写着："祁彪佳拜。"我吃惊地站起来，看到祁彪佳推门而入，穿着白色的衣帽，我把他请进来，各自坐下。我在梦中知道他已经死了，就说："世培兄尽忠报国，这是为我们争光。"祁彪佳微微一笑，说道："宗老这个时候还不隐姓埋名，出山是为了什么？"我答道："我想辅佐鲁监国。"于是告诉他如此如此，说自己已经有成熟的打算。祁彪佳笑道："是你自己要做，哪有谁让你做，况且他们强迫你出山没别的意思，十天之内就会有人逼你资助军饷。"我说："方国安诚心实意邀请我共事，应该不会欺骗我。"祁彪佳说："这你自己明白，天下事至此已经无法挽回。你可以去看看天象。"

　　拉余起，下阶，西南望，见大小星堕落如雨，崩裂有声[1]。世培曰："天数如此，奈何！奈何！宗老，尔速还山，随尔高手，到后来只好下我这着。"起，出门，附耳曰："完《石匮书》[2]。"洒然竟去[3]。

【注释】

　　①崩裂：物体突然分裂成若干部分。

　　②《石匮书》：作者编纂的一部历史著作，共二百二十卷。

　　③洒然：洒脱的样子。

【译文】

　　说着拉我起来，走下台阶，向西南望去，只见大大小小的星星像雨点一样坠落，崩裂时发出响声。祁彪佳说："天数都这样了，还能怎么办！还能怎么办！宗老，你赶紧回到山里，你再有本事，到后来只能和我一样的下场。"说着起身，临出门时又贴在我耳边说："完成《石匮书》。"然后就洒脱地离开了。

　　余但闻犬声如豹，惊寤^①，汗浴背^②。门外犬吠嗥嗥^③，与梦中声接续。蹴儿子起^④，语之。次日抵家，阅十日，镳儿被缚去，果有逼勒助饷之事。忠魂之笃，而灵也如此。

【注释】

①寤（wù）：睡醒。

②浴：浸透，湿透。

③嗥嗥（háo）：动物吼叫的声音。

④蹴（cù）：踢。

【译文】

　　我只听见外面狗像豹子一样狂吠着，一下惊醒了，吓得汗流浃背。门外狗的叫声不断，和梦中的声音相接续。我赶紧踢醒儿子，把梦中之事告诉他。第二天我们回到家里，过了十天，儿子镳儿被人绑去，果真有威逼勒索让我出钱资助军饷的事。祁彪佳忠魂如此诚笃，而且还如此灵验。

附录二

自为墓志铭

　　蜀人张岱，陶庵其号也。少为纨绔子弟，极爱繁华，好精舍，好美婢，好娈童，好鲜衣，好美食，好骏马，好华灯，好烟火，好梨园，好鼓吹，好古董，好花鸟，兼以茶淫橘虐，书蠹诗魔，劳碌半生，皆成梦幻。

　　年至五十，国破家亡，避迹山居。所存者，破床碎几，折鼎病琴，与残书数帙，缺砚一方而已。布衣疏食，常至断炊。回首二十年前，真如隔世。

　　常自评之，有七不可解：向以韦布而上拟公侯，今以世家而下同乞丐，如此则贵贱紊矣，不可解一；产不及中人，而欲齐驱金谷，世颇多捷径，而独株守於陵，如此则贫富舛矣，不可解二；以书生而践戎马之场，以将军而翻文章之府，如此则文武错矣，不可解三；上陪玉皇大帝而不谄，下陪悲田院乞儿而不骄，如此则尊卑溷矣，不可解四；弱则唾面而肯自干，强则单骑而能赴敌，如此则宽猛背矣，不可解五；夺利争名，甘居人后，观场游戏，肯让人先，如此则缓急谬矣，不可解六；博弈摴蒲，则不知胜负，啜茶尝水，则能辨渑淄，如此则智愚杂矣，不可解七。

　　有此七不可解，自且不解，安望人解？故称之以富贵人可，称之以贫贱人亦可；称之以智慧人可，称之以愚蠢人亦可；称之以强项人可，称之以柔弱人亦可；称之以卞急人可，称之以懒散人亦可。学书不成，学剑不成，学节义不成，学文章不成，学仙，学佛，学农，学圃，俱不成。任世人呼之为败子，为废物，为顽民，为钝秀才，为瞌睡汉，为死老魅也已矣。

初字宗子，人称石公，即字石公。好著书，其所成者，有《石匮书》《张氏家谱》《义烈传》《琅嬛文集》《明易》《大易用》《史阙》《四书遇》《梦忆》《说铃》《昌谷解》《快园道古》《傒囊十集》《西湖梦寻》《一卷冰雪文》行世。

生于万历丁酉八月二十五日卯时，鲁国相大涤翁之树子也，母曰陶宜人。幼多痰疾，养于外大母马太夫人者十年。外太祖云谷公宦两广，藏生牛黄丸，盈数簏，自余因地以至十有六岁，食尽之而厥疾始廖。

六岁时，大父雨若翁携余至武林，遇眉公先生跨一角鹿，为钱唐游客，对大父曰："闻文孙善属对，吾面试之。"指屏上《李白骑鲸图》曰："太白骑鲸，采石江边捞夜月。"余应曰："眉公跨鹿，钱唐县里打秋风。"眉公大笑，起跃曰："那得灵隽若此！吾小友也。"欲进余以千秋之业，岂料余之一事无成也哉！

甲申以后，悠悠忽忽，既不能觅死，又不能聊生，白发婆娑，犹视息人世。恐一旦溘先朝露，与草木同腐，因思古人如王无功、陶靖节、徐文长皆自作墓铭，余亦效颦为之。甫构思，觉人与文俱不佳，辍笔者再。虽然，第言吾之癖错，则亦可传也已。

曾营生圹于项王里之鸡头山，友人李研斋题其圹曰："呜呼！有明著述鸿儒陶庵张长公之圹。"伯鸾高士，冢近要离，余故有取于项里也。明年，年跻七十，死与葬，其日月尚不知也，故不书。铭曰：

　　穷石崇，斗金谷。盲卞和，献荆玉。老廉颇，战涿鹿。赝龙门，开史局。馋东坡，饿孤竹。五羖大夫，焉能自鬻？空学陶潜，枉希梅福。必也寻三外野人，方晓我之衷曲。

（张岱）

《陶庵梦忆》序

　　陶庵老人，著作等身，其自信者，尤在《石匮》一书。兹编载方言巷咏、嘻笑琐屑之事，然略经点染，便成至文。读者如历山川，如睹风俗，如瞻官阙宗庙之丽，殆与《采薇》《麦秀》同其感慨，而出之以诙谐者欤？

　　老人少工帖括，不欲以诸生名。大江以南，凡黄冠、剑客、缁衣、伶工，毕聚其庐。且遭时太平，海内晏安。老人家龙阜，有园亭池沼之胜，木奴秫粳，岁入缗以千计。以故斗鸡、臂鹰、六博、蹴鞠、弹琴、劈阮诸技，老人亦靡不为。

　　今已矣。三十年来，杜门谢客，客亦渐渐辞老人去。间策杖入市，市人有不识其姓氏者，老人辄自喜，遂更名曰"蝶庵"，又曰"石公"。其所著《石匮书》埋之琅嬛山中。所见《梦忆》一卷，为序而藏之。

　　　　　　　　　　　　　　　　　　　（佚名　《砚云甲编》本）

《陶庵梦忆》跋

陶庵老人，不著姓氏，卷中曰"岱"，曰"宗老"，曰"张氏"，曰"绍兴"。考《浙江通志》，张岱，字宗子，山阴人。明末避乱剡溪山，意绪苍凉，语及少壮秾华，自谓梦境。著书十余种，率以"梦"名，而《石匮书》纪前代事尤备。

此帙为舅兄学林胡氏藏本，奇情奇文，引人入胜，如在山阴道上，应接不暇。惜其余各种不概见也，然恐老人狡狯，所云《石匮书》埋之琅嬛山中，非伊家茂先，孰过琅嬛福地而问之？瓯山金忠淳识。

《省志》止称其家世通显，未详祖父何人。今观《舌华录》载"张氏兄弟不饮酒"一则，有"张状元诸孙"之语，以证老人所谓"太仆公"及"先文恭"者，盖其曾祖天复，嘉靖进士，官太仆卿；祖元汴，隆庆状元，谥文恭；父汝霖，万历进士。卷中言"先父相鲁先王"，以其曾任山东副考，或与藩邸有旧耳。因阅《舌华》，参考志传，备载其家世如此。淳又识。

（金忠淳　《砚云甲编》本）

《陶庵梦忆》识语

《陶庵梦忆》序见瓯山金氏本，刻入《砚云甲编》，书仅一卷，十失六七。此本余从王竹坡、姚春漪得之，辗转抄袭，多有脱讹，置筐中且十年矣。

岁辛亥，游岭南，暇时翻阅，粗为点定，或评数语于后，意之所至，无容心也。客过寓见者，请公同好，遂以付梓。而是书不著姓氏，卷中曰"张氏"，曰"岱"，曰"宗老"，据金氏考《浙江通志》，张岱，字宗子，山阴氏族，晚境著书，率以"梦"名，惟《石匮书》埋之琅嬛山中，世未尽见。

恭阅《钦定四库全书简明目录》，谷应泰因张岱《石匮藏书》排纂编次，为《纪事本末》八十篇，虽非正裁，别调孤行，是《石匮书》竟以不传陶庵。

陶庵自云"名根一点，坚固如佛家舍利，劫火勿失"，兹幸名列御书，幽光不泯，天之所以予陶庵者固甚厚矣，《梦忆》出诸游戏，而俗情文言，笔下风发，亦今亦古，自名一家，洵非奇才不能。余厘为八卷，即以金氏本原序弁诸首。时乾隆甲寅秋七月，仁和王文诰纯生甫识。

（王文诰）

《陶庵梦忆》跋

右《陶庵梦忆》八卷，明张岱撰。按，岱字宗子，山阴人。考邵廷采《思复堂集·明遗民传》：称其尝辑明一代遗事为《石匮藏书》。谷应泰作《纪事本末》，以五百金购请，慨然予之。又称明季稗史，罕见全书，惟谈迁编年、张岱列传具有本末。应泰并采之以成《纪事》，则《明史纪事本末》固多得自宗子《石匮藏书》暨《列传》也。阮文达《国朝文苑传稿》略同。

是编刻于秀水金忠淳《研云甲编》，殆非足本，序不知何人所作，略具生平，而亦作一卷，岂即忠淳笔欤？乾隆甲寅，仁和王文诰谓从王竹坡、姚春漪得传钞足本，实八卷，刻焉。顾每条俱缀"纯生氏曰"云云。纯生殆文诰字也。又每卷直题"文诰编"，恐无此体。兹概从芟薙，特重刻焉。

昔孟元老撰《梦华录》，吴自牧撰《梦粱录》，均于地老天荒，沧桑而后，不胜身世之感，兹编实与之同。虽间涉游戏三昧，而奇情壮采，议论风生，笔墨横恣，几令读者心目俱眩，亦异才也！

考《明诗综》沈邃伯《敬礼南都奉先殿纪事诗》"高后配在天，御幄神所栖。众妃位东序，一妃独在西。成祖重所生，嫔德莫敢齐"云云。《静志居诗话》"长陵每自称曰：'朕高皇后第四子也。'然奉先庙制，高后南向，诸妃尽东列，西序惟硕妃一人，盖高后从未怀妊，岂惟长陵，即懿文太子，亦非后生也。世疑此事不实，诵沈诗，斯明征矣"云云。兹编"钟山"一条，即纪其事，殆可补史乘之缺。

又王贻上《分甘余话》"柳敬亭善说平话，流寓江南；一二名卿遗老左袒良玉者，赋诗张之，且为传传。余曾识于金陵，试其枝，与市井之辈无异"云云。而是编"柳敬亭说书"一条，称其"疾徐轻重，吞吐抑扬，入情入理"，亦见其持论之平也。

咸丰壬子展重阳日，南海伍崇曜谨跋。

（伍崇曜　《粤雅堂丛书》）

《陶庵梦忆》序

平伯将重刊《陶庵梦忆》，叫我写一篇序，因为我从前是越人。

光绪二十三年（一八九七年），祖父因事系杭州府狱，我跟着宋姨太太住在花牌楼，每隔两三天去看他一回，就在那里初次见到《梦忆》。是《砚云甲编》本，其中还有《长物志》及《槎上老舌》，也是我那时所喜欢的书。张宗子的著作似乎很多，但《梦忆》以外，我只见过《於越三不朽图赞》《琅嬛文集》《西湖梦寻》三种。他所选的《一卷冰雪文》，曾在大路的旧书店中见过，因索价太昂未曾买得。我觉得《梦忆》最好，虽然文集里也有些好文章，如《梦忆》的纪泰山，几乎就是《岱志》的节本；其写人物的几篇，也与《五异人传》有许多相像。《三不朽》是他的遗民气的具体的表现，有些画像如姚长子等未免有点儿可疑，但别的大人物恐怕多有所本，我看王谑庵像觉得这是不可捏造的，因为它很有点儿个性。

《梦忆》大抵都是很有趣味的。对于"现在"，大家总有点儿不满足，而且此身在情景之中，总是有点儿迷惘似的，没有玩味的余暇。所以人多有逃现世之倾向，觉得只有梦想或是回忆是最甜美的世界。讲乌托邦的是在做着满愿的昼梦，老年人记起少时的生活也觉得愉快，不，即是昨夜的事情也要比今日有趣：这并不一定由于什么保守，实在是因为这些"过去"才经得起我们慢慢地抚摩赏玩，就是要加减一两笔也不要紧。遗民的感叹也即属于此类，不过它还要深切些，与白发宫人说天宝遗事还有点儿不同，或者好比是寡妇的追怀罢。

《梦忆》是这一流文字之佳者，而所追怀者又是明朝的事，更令我觉得有意思。我并不是因为民族革命思想的影响，特别对于明朝有什么情分，老实说，只是不相信清朝人——有那一条辫发拖在背后会有什么风雅，正如缠足的女人我不相信会是美人。

《梦忆》所记的多是江南风物，绍兴事也居其一部分，而这又是与我所知道的是多么不同的一个绍兴。会稽虽然说是禹域，到底还是一个偏隅小郡，终不免是小家子相的。讲到名胜地方原也不少，如大禹的陵，平水，蔡中郎的柯亭，王右军的戒珠寺、兰亭等，此外就是平常的一山一河，也都还可随便游玩，得少佳趣，倘若你有适当的游法。但张宗子是个都会诗人，他所注意的是人事而非天然，山水不过是他所写的生活的背景。说到这一层，我记起《梦忆》的一二则，对于绍兴实在不胜今昔之感。

明朝人即使别无足取，他们的狂至少总是值得佩服的，这一种狂到现今就一点儿都不存留了。不知从什么时候起的，绍兴的风水变了的缘故罢，本地所出的人才几乎限于师爷与钱店官这两种，专以苛细精干见长，那种豪放的气象已全然消灭，那种走遍天下找寻《水浒传》脚色的气魄已没有人能够了解，更不必说去实行了。他们的确已不是明朝的败家子，却变成了乡下的土财主，这不知到底是祸是福！"城郭如故人民非"，我看了《梦忆》之后不禁想起仙人丁令威的这句诗来。

张宗子的文章是颇有趣味的，这也是使我喜欢《梦忆》的一个缘由。我时常这样想，现代的散文在新文学中受外国的影响最少，这与其说是文学革命的还不如说是文艺复兴的产物，虽然在文学发达的程途上复兴与革命是同一样的进展。在理学与古文没有全盛的时候，抒情的散文也已得到相当的长发，不过在学士大夫眼中自然也不很看得起。我们读明清有些名士派的文章，觉得与现代文的情趣几乎一致，思想上固然难免有若干距离，但如明人所表示的对于礼法的反动则又很有现代的气息了。

张宗子是大家子弟，《明遗民传》称其"衣冠揖让，绰有旧人风轨"，不是要讨人家欢喜的山人，他的洒脱的文章大抵出于性情的流露，读去不会令人生厌。《梦忆》可以说是他文集的选本，除了那些故意用的怪文句，我觉得有几篇真写得不坏，倘若我自己能够写得出一两篇，那就十分满足了，但这是欲羡不来，学不来的。

平伯将重刊《陶庵梦忆》，这是我所很赞成的：这回却并不是因为我从前是越人的缘故，只因《梦忆》是我所喜欢的一部书罢了。

（周作人）

重刊《陶庵梦忆》跋

有梦而以真视之者，有真而以梦视之者。夫梦中之荣悴悲欢犹吾生平也，梦将非真欤？以往形相悉疾幻灭，抽刀断水水更流矣，起问日中已久矣，则明明非梦而明明又是梦也。凡此人人所有，在乎说得出与否耳。谚曰："痴人说梦。"说梦良非雅致；然既是梦何妨说说，即使不说也未必便醒了。况同斯一梦，方以酣适自喜，不以寤觉相矜也。

明张宗子以五十载之豪华幻为一梦，写此区区八卷之书。自序言明"又是一番梦呓"，且谓"名心难化"，彼固未尝不知之，知之而仍言之，是省后世同梦者多也。

作者家亡国破，披发入山，"遥思往事，忆即书之，持向佛前，一一忏悔"，作书本旨如是而已。而今观之，奇姿壮采，于字里行间俯拾即是，华秾物态，每"练熟还生，以涩勒出之"，画匠文心两兼之矣。

其人更生长华胠，终篇"着一毫寒俭不得"。然彼虽放恣，而于针芥之微莫不低徊体玩，所谓"天上一夜好月与得火候一杯好茶，只可供一刻受用，其实珍惜之不尽也"。然则五十年瞥走之光阴里，彼真受用得此一刻了。梦缘可羡，而入梦之心殆亦不可及。

凡此心境，草草劳人如我辈者，都无一缘领略。重印此书，使梦中人多一机遇扩其心眼。痴人说梦，将有另一痴人倾耳听之，两毋相笑。于平居暇日，"偶拈一则，如游旧径，如见故人"，殆可不废乎？若当世名流目此为小道，或斥为牟利新径，则小之可"愚摈勿读，读亦勿卒"，大之以功令杜其流传，喜得作者姓张，小生不姓张，亦无妨于"吾家"也。

此书校读得燕大沈君启无之助，更得岂明师为作序，两君皆好读《梦忆》者。

（俞平伯）

中华经典名著
全本全注全译丛书
（已出书目）

阅微草堂笔记　　　　　　词品

格言联璧　　　　　　　　闲情偶寄

曾国藩家书　　　　　　　古文观止

曾国藩家训　　　　　　　聊斋志异

劝学篇　　　　　　　　　唐宋八大家文钞

楚辞　　　　　　　　　　浮生六记

文心雕龙　　　　　　　　三字经·百家姓·千字

文选　　　　　　　　　　　文·弟子规·千家诗

玉台新咏　　　　　　　　经史百家杂钞

二十四诗品·续诗品